对外经济贸易大学图书馆馆务志
（2006~2010年）

Annals of the University of International Business and
Economics Library, 2006-2010

齐晓航 著
Xiaohang Qi

墨子出版社
Mozi Press

ISBN: 979-8-9857472-0-1

Editor: Jun Wang
English Translation: Jiuguang Wang
Publishing Coordinator: Jiuguang Wang

Printed by Mozi Press & IngramSpark in the United States.

First printing edition 2022.

Mozi Press
750 Forest Ave #202
Birmingham, MI, 48009

ISBN: 979-8-9857472-0-1

责任编辑：王军
英文翻译：王久光
出版责任人：王久光

美国墨子出版社与英格拉姆火花出版

2022 年第一版印刷

墨子出版社
750 Forest Ave #202
Birmingham, MI, 48009
美国 密西根州 伯明翰市

内容提要

　　《对外经济贸易大学图书馆馆务志》(简称《馆务志》)以事件发生时间为序，记述了对外经济贸易大学图书馆(中国北京)2006～2022年期间发生的行政管理和各类业务方面的重要事件和特殊事件。

　　本书为《馆务志》第一册，记录时间为2006～2010年。这5年间，恰逢图书馆新馆设计、施工、装修、布局、搬家、重新开放的时期，因此本册主要记述了图书馆新馆建设的各类事件，从考察设计方案，到奠基施工；从玻璃幕墙招标，到各个房间的家具配备；从搬家方案的制订，到新馆各楼层的布局，乃至按计划如期重新开放的各个环节的重要事件。

　　除新馆建设之外，本册还记录了个别部门岗位人员及工作量调整、查改馆藏书目数据、复查40.5万册电子书、完成学校交办的本科教学评估的工作、党建评估工作及举办各类重要活动等情况。

Synopsis

Annuals of the University of International Business and Economics Library (*Annuals of the UIBE Library*, or *Annuals for short*) records important and special events in the administration and operation of the UIBE Library (located in Beijing, China) in chronological order.

As the first volume of the *Annuals*, this book records the five years from 2006 to 2010, which coincided with the period of design, construction, decoration, interior arrangements, relocation, and reopening of the new UIBE Library. It mainly describes various events in the construction of the new UIBE Library, from the evaluation of the design plan, groundbreaking and construction, public bidding of the glass curtain wall, arrangement of furniture for each room, formulation of the moving plan, assignment of the interior floor plan, to the planned reopening of various departments of the library.

In addition, this volume records the restructuring of positions and workloads in some administrative departments, review and revision of bibliographic data, auditing of 405,000 electronic books, evaluation of undergraduate teaching assigned by the university, evaluation of the activities to strengthen and develop the Communist Party of China, and various other important activities and events.

序　言

2005 年 4 月底，我被时任校长的陈准民任命为对外经济贸易大学图书馆副馆长。自那时起我一直参与图书馆事务管理决策，图书馆的重大事项都身在其中有幸经历了；馆里日常的一线具体业务，我也还承担着一部分，工作生活细碎小事也没有置身事外。如此，论观察图书馆工作的视角独特性和全面性，我这里成了近水楼台，记载并写作《对外经济贸易大学图书馆馆务志》（以下简称《馆务志》）有得天独厚的条件。

记录和写作《馆务志》之初，主要是为了备忘。2006 年 1 月，《馆务志》集成第一期，经时任馆长邱小红同意，发布在图书馆内部网络办公平台（OA）上，反应良好。馆员们认为，大家可以通过这份《馆务志》较为全面地了解图书馆的工作动态，特别是就此可以知道馆领导在干什么了；馆领导觉得，这既打通馆务公开的便利渠道，又可以全面了解图书馆员工们的工作状态，更可将《馆务志》作为向主管校长主动汇报工作的现成文字材料。这一举多得的好事，愈往后愈加显出了其重要作用，激励我坚持不辍，不计其繁简，哪怕只是记记"流水账"。每天下班前的最后一事，就是必须完成它。这一记就是 16 年，直到 2022 年年初离任。

一、《馆务志》的作用

（一）《馆务志》已经且更将成为重要的馆史资料

1. 图书馆馆务即日常行政和具体业务两部分。《馆务志》条目收录的，主要是图书馆日常工作中发生的重要事件或有特点的事件，偏重行政管理方面事件。至于基础业务数据，计算机网络管理系统时刻在统计和记录，故不在本《馆务志》的记录范围内。

2. 沿着《馆务志》的时间线，回溯查阅某日某事，如探囊取物。把其中相似或有共性的内容条目统计、归纳、分类，直接可为有关报告或研究提供可靠文献依据。

例如，根据对《馆务志》信息数据的分类统计可以看到，2006 年，我校经历第一次教育部本科教学水平评估，当年校级领导（正副书记、校长）共有 26 人次到图书馆与馆领导班子成员讨论图书馆工作；2007 年，校级领导到馆 7 人次。转绘成柱状图，先只看到跌宕的变化，再对照查阅《馆务志》，其妙自名。

（二）《馆务志》长期是馆务公开的重要渠道和有效方式

1. 2005 年 10 月，图书馆开通内部信息管理平台系统（OA），正好用来发布《馆务志》，恰逢其时。

2. 2006 年 2 月以后，逢月初的第一个工作日，就把经馆长审核批准的上月《馆务志》置顶发布在 OA 上，本馆人员可自行阅览和下载。

3. 逢寒假和暑假，就把两个月份的《馆务志》，开学后一并发布，全体馆员借以了解图书馆最新工作动态。有"三重一大"事件，就把前因后果连带着摆明，让大家一目了然，监督有据。

（三）《馆务志》是汇报工作动态的有效方式

每月第一个工作日把《馆务志》在图书馆内部 OA 上置顶发布，之后再用邮件方式主动呈送给主管图书馆工作的副校长，以便校领导及时了解图书馆的工作动态。这一主动推送工作动态信息的模式，得到了全部 6 任主管校长的肯定和赞扬。

2. 在历次图书馆向学校提交的重要文件中，从《馆务志》摘录的条目内容，或是从《馆务志》引用的原文，都担当着最得力的支撑作用。在历次本科教学评估、党建评估、固定资产清查、各种认证等过程中，凡报告标明引用了《馆务志》中所记载的详细条目、信息，无不令评估专家们赞叹和信服。

（四）《馆务志》对其他事项常有佐证作用

1.《馆务志》除在上述各类评估、各类检查、各类审计工作中发挥过重要的文献支撑作用之外，更曾在图书馆代校长应诉的 9 起知识产权官司中，直接在法庭上成为有效证据，为图书馆和学校洗脱侵权指控。

2. 在 2017 年 6 月的校级党建评估中，共有涉及五年来"三重一大"事件原始记录合计 300 多页的内容，被从《馆务志》中提取出来，经编辑压缩成 18 页，呈交纪检监察处，把图书馆的"馆务公开"讲得明明白白。

二、《馆务志》收录范围

（一）大事小情均有记录

行政和业务的重大事件没有不记录的，而涉及员工切身利益的具体情况也有所反映。例如以下两则：

1. 2015 年 3 月 24 日（周二），校党委在学校 OA 上发布《关于闫静等同志任免的通知》（外经贸学党发〔2015〕5 号）称，经校党委常委会研究决定，任命闫静同志为图书馆直属党支部书记。免去吕云生同志图书馆直属党支部书记职务，转任副处级调研员……

2. 2016 年 9 月 2 日（周五），校工会在学校 OA 中发布《关于

报送领取 2016 年中秋节慰问品名单的通知》称，……山楂汽酒，每人 1 箱（每箱 24 罐，每罐 320 毫升），53 元 / 箱；好家米富硒小米，每人 1 件（每件 20 袋，每袋 100 克），55 元 / 件；草原汇香白蘑酱，每人 1 件（每件 2 盒，每盒 3 瓶，每瓶 180 克），55 元 / 件。

前者是馆务大事，后者似乎显得细碎。然而学校工会发东西事关馆内每位员工，把校工会通知的主要内容收进《馆务志》发布出去，馆员们一清二楚，大家省时省心。

（二）正负面消息均记录

《馆务志》记载的事件要确保真实，无论事件本身性质好坏，均予如实记录。

1. 2016 年 4 月 20 日（周三），党委组织部在学校信息平台中发布《关于对拟表彰的优秀共产党员、优秀党务工作者、先进基层党组织的公示》称，……拟表彰优秀党员彭某……拟表彰先进基层党组织图书馆直属支部……

2. 2006 年 11 月 1 日，校监察审计处处长黄捷约见馆长邱小红，通报了朝阳工商局转告的图书馆涉嫌收受商业贿赂的消息。

前者明显属于正面消息，后者则属于各单位颇为避讳的负面消息。我能够在记录《馆务志》过程中，始终秉承着尊重事实的原则，全面、真实地记录事件，以反映图书馆工作的原貌。

（三）侧重变化、简略常规

《馆务志》所记，求其反映工作动态，常规情况免着笔。下列两条，援引为例：

1. 2016 年 7 月 4 日（周一），新员工张士男（女）报到，被安排在流通阅览部前台实习。

2. 2016 年 7 月 11 日（周一），暑假开始，执行暑假开放时间表并提供暑假期间相应的服务。

（四）有事要记无事则免

《馆务志》记的既是流水账，就只摆事实，无须论述、分析。从一开始，就未曾想要事无巨细、锱铢必较地覆盖每天每事，那也是实在办不到的。譬如 2016 年 7 月 11 日起学校开始放暑假，此后的 20 天内，只有 13 日、27 日和 31 日这 3 天分别各记录了 1 条信息，共 3 条。

三、《馆务志》出版前的修订

2006~2022 年 1 月 18 日，历时 16 年，《馆务志》逐月发布在图书馆内部网络上，没有间断过。通读它，虽是电子文件，还是可见体例不一，疏密参差。为这次出版，统一对历年的《馆务志》做了如下修订。

（一）删除了部分后缀

删除了部分缀在名字后面的"老师""同志""先生"和"小姐"等称谓，但遇到馆外人名后面，原来就有的"老师""先生"或"同志"，保留了。

（二）统一了"星期"的标注

2006~2014 年的《馆务志》中，只记日期未标星期，此次加上了。

（三）统一了时刻的标注方式

本次出版前，统一了时刻的标注方式，全部改为 24 小时制。

（四）修正了部分显见错误。

本次出版前还修改了《馆务志》原文中的明显错误，多字掉字、日期错误、字符错误、个别用词不妥等。

（五）修改了部分表达方式

为保护学生的隐私，将原稿中的某些真实姓名，改为"姓＋某"的表达方式。

四、《馆务志》的出版

《馆务志》成书，即天然地成为专门映射对外经济贸易大学图书馆的重要史料，想必来读、来查、来使用者，或许只有与本图书馆密切相关的寥寥数人，但是动手编辑出版集成 16 年原稿的《馆务志》，委实是一项不小的工程。《馆务志》拟分四册编辑出版，这四册《馆务志》原来只是自己做副馆长时的工作记录，普普通通，平铺直叙，从未作聚沙、集腋之想，而 16 年积累下来，摆在这里，它是真实的重要的资料，清晰折射出对外经济贸易大学图书馆这一段历史。它的内容早已在历年学校年鉴中被引用做图书馆部分的重要、基本素材。若论在 16 年的 32 个学期中，它的内容被馆内外各方面征集、借重、引用的次数，也已无法细数。花心力编辑出版这四册《馆务志》，既是对图书馆 2006~2022 年历史的总结，也将成为包括我本人在内的图书馆人的历史记忆。

齐晓航

2022 年 2 月 22 日

目录

2006 年

1 月	2	7 月	29
2 月	4	8 月	34
3 月	7	9 月	38
4 月	14	10 月	43
5 月	19	11 月	48
6 月	23	12 月	54

2007 年

1 月	62	7 月	84
2 月	65	8 月	89
3 月	66	9 月	90
4 月	71	10 月	94
5 月	75	11 月	97
6 月	79	12 月	102

2008 年

1 月	108	3 月	115
2 月	113	4 月	121

5 月 ·················· 131   9 月 ·················· 176

6 月 ·················· 141   10 月 ················· 188

7 月 ·················· 153   11 月 ················· 198

8 月 ·················· 168   12 月 ················· 205

2009 年

1 月 ·················· 218   7 月 ·················· 256

2 月 ·················· 223   8 月 ·················· 259

3 月 ·················· 226   9 月 ·················· 260

4 月 ·················· 236   10 月 ················· 264

5 月 ·················· 243   11 月 ················· 268

6 月 ·················· 250   12 月 ················· 272

2010 年

1 月 ·················· 282   7 月 ·················· 311

2 月 ·················· 287   8 月 ·················· 314

3 月 ·················· 288   9 月 ·················· 315

4 月 ·················· 293   10 月 ················· 320

5 月 ·················· 300   11 月 ················· 323

6 月 ·················· 305   12 月 ················· 329

2006 年

1 月

1 月 3 日（周二）

校维修中心粉刷图书馆楼内墙，油漆墙裙门窗的施工进入第 3 天。

1 月 5 日（周四）

（1）图书馆馆务会讨论通过了副馆长齐晓航撰写的《对外经济贸易大学图书馆财务管理办法》《对外经济贸易大学图书馆工作人员考核奖惩办法》《对外经济贸易大学图书馆岗位职责》《对外经济贸易大学图书馆岗位细则》四份文件。

（2）下午，期刊部、参考咨询部工作人员听取于晶晶所做的有关 CNKI 使用方法的讲座。

1 月 10 日（周二）

馆长办公会（馆长邱小红，副馆长吕云生、齐晓航），讨论了下学期流通部人事安排和自动化部的业务工作。

1 月 11 日（周三）

（1）图书馆办公室在 OA 上公示《对外经济贸易大学图书馆处理工作人员意见、建议的办法》。

（2）图书馆与吴浩茹、孙志兰签订劳务合同。

1 月 13 日（周五）

（1）查改馆藏中文图书书目数据第一阶段工作结束，共查改数据 56 万条。实际修改书目数据 25736 条，查出索书号有明显错误的数据 6393 条，查出"无当前指定记录的"条码号 10.2 万个。其中，000310000~000399999 的 9 万条码是连续空号，间断的空条码号 12336 个。

（2）齐晓航完成《关于查改馆藏中文图书书目数据的报告》。

1 月 14 日（周六）

（1）寒假开始，施工方进入图书馆采编部和会议室施工。

（2）馆长邱小红，副馆长吕云生、齐晓航出席由校长办公室在诚信楼三层国际会议厅召开的中层干部会。

1 月 19 日（周四）

（1）副馆长齐晓航代表图书馆出席在北京理工大学图书馆召开的"北京地区高校图书馆 2005 年工作总结暨 2006 年新年馆长联谊会"。

（2）副馆长吕云生出席由教务处在诚信楼 12-18 室召开的本科评建工作会。会后布置寒假中的评建工作任务。

1 月 23 日（周一）

图书馆楼内，除办公室以外的粉刷、油漆施工和保洁工作结束。

1 月 24 日（周二）

（1）图书馆工会主席马兰和副馆长齐晓航，前往离职老职工谢志刚家中探望，代表图书馆工会和行政向谢师傅多年来为图书馆安全保卫工作所做的贡献表示感谢，并向他和他的家人预祝春节快乐。工会主席马兰还向谢师傅赠送了节日礼品和慰问金。

（2）图书馆楼粉刷、油漆主要施工项目结束，发通知全面恢复假期开放。

2 月

2 月 1 日（周三）

（1）馆长邱小红离京赴美进修，副馆长齐晓航到机场送行。

（2）馆党支部书记、副馆长吕云生正式全面主持图书馆工作并具体分管采编部、自动化部、视听资料部和期刊部；副馆长齐晓航分管办公室、参考咨询部和流通部。

2 月 7 日（周二）

校维修中心下午开始对馆办公室进行粉刷、油漆施工。

2 月 14 日（周二）

校维修中心粉刷、油漆图书馆楼的施工结束。

2 月 16 日（周四）

（1）副馆长吕云生、齐晓航参加由校长办公室在诚信楼三层国际会议厅召开的中层干部会。会议主题：学校本科评估工作进入倒计时。

（2）合同制工作人员陈莹申请辞工（陈莹于 2005 年 11 月 21 日起在流通部出借厅书库管理岗任职），经副馆长齐晓航批准后办理了相关手续。

（3）10：30，在图书馆会议室召开新学期第一次馆务会，副馆长齐晓航提交《对外经济贸易大学图书馆工作人员参加馆外活动的规定》和《对外经济贸易大学图书馆文献采购程序规定》两文件呈会议讨论，会议还讨论恢复挂牌服务和在各部推广工作日志制度等问题。

（4）13：30，副馆长吕云生主持全馆人员大会并总结了上学期主要工作，布置本学期工作任务。副馆长齐晓航通报了有关装修、查改馆藏中文书目数据和规章制度修改工作的情况。

（5）全馆人员大会后，各部门组织召开本部门例会。副馆长吕云生出席采编部例会，副馆长齐晓航出席参考咨询部、流通部和办公室三部门的集体例会。

2 月 17 日（周五）

副馆长吕云生签发《关于实施工作日志制度的通知》。

2 月 20 日（周一）

（1）以副校长王正富为组长的 5 人专家组到图书馆检查寒假期间的本科教学评建工作，并对下阶段评估工作做出具体指示。

（2）校维修中心合作商家经理李藤慧派人给图书馆楼一层北门加装防盗门。

2 月 21 日（周二）

高秀娟、侯逊言两位女士到图书馆试工。

2 月 22 日（周三）

（1）副馆长吕云生、齐晓航，自动化部主任段英，参考咨询部主任汪雪莲在图书馆会议室会见北京世纪超星信息技术有限公司（以下简称"北京超星公司"）大区经理王宏一行，商谈处理历史遗留问题和加强今后合作的问题。

（2）首都经济贸易大学图书馆参考咨询部主任杨阳来电话，请求协助利用图书馆《中文社会科学引文索引》查询王文举的《博弈论应用与经济学发展》和弃聿东的《中国经济运行的垄断与竞争》被引用情况，以及近 3 年来王文举和弃聿东论文和专著的被引用情况。

2 月 23 日（周四）

（1）9：30，副馆长吕云生在会议室主持采编部工作会议。副馆长齐晓航，采编部主任廖琼，编目主管景京，验收登录员杜文涛、蔡淑清，中文图书编目员尚喜超、丁江红、刘秀深，西文图书采编员赵红涤出席会议，范利群记录。会议议题：确定今年"十·一"前的工作任务。

（2）11：15，湖北三新书业有限公司北京区域经理尹生兵、经理助理刘金霞来访，分别与副馆长吕云生、齐晓航和采编部主任廖琼在图书馆会议室洽谈合作事宜。

（3）13：30，根据学校有关通知要求，吕云生、齐晓航、段英、廖琼、刘福军、汪雪莲、魏志宏、景京、李顺、陈长仲、马兰出席了在宁远楼报告厅召开的全校教职工大会。校党委书记王玲、校长陈准民布置了本学期的工作。

2 月 24 日（周五）

（1）14：00，副校长胡福印视察图书馆，听取了副馆长吕云生和齐晓航的工作汇报并对评估工作做了具体指导。

（2）19：00，采编部西编室洗手池下水管爆裂，因馆值班员来全喜报修和抢修及时未造成财产损失。

2 月 28 日（周二）

北京畅想书源信息技术有限公司区域经理廖海涛分别会见采编部主任廖琼、副馆长齐晓航，介绍有关光盘资料整合系统。

3 月

3 月 2 日（周四）

北京畅想书源信息技术有限公司区域经理廖海涛会见副馆长吕云生、参考咨询部主任汪雪莲，介绍有关光盘资料整合系统。

3 月 5 日（周日）

信息学院 2005 级大班 38 位同学、经贸学院的 20 位同学和商学院 2003 级的 51 位同学分别来到图书馆北区书库、南区书库、参考阅览厅、国外版本图书借阅厅参加了义务劳动。

3 月 7 日（周二）

当晚，因服务器故障，ILASII 系统无法运行。

3 月 8 日（周三）

自动化部主任段英联系有关公司修理服务器。ILASII 系统仍不能正常运行，全天停止所有借还书业务和其他后台工作。

3 月 9 日（周四）

9：40，ILASII 系统恢复正常运行，所有业务恢复提供服务。

3 月 10 日（周五）

副馆长吕云生、齐晓航会见来访的北京图联华夏图书有限公司业务员，谈有关合作事宜。

3 月 11 日（周六）

15：11，流通部孙志兰报称：ILAS 系统出现故障。副馆长齐晓航立即与自动化部主任段英、系统维护员王鸣心、夏宇红等联

系，30分钟后王鸣心率先赶到现场处理问题，当晚段英即与有关公司联系，希望他们周日能派人加班修理。

3月12日（周日）

维修公司派人维修服务器，自动化部主任段英全天值守。

3月13日（周一）

（1）15:00，副馆长吕云生、齐晓航参加由校长办公室在诚信楼12-16室召开的有关图书馆评建工作协调会。校长陈准民，副校长刘亚、胡福印，教务处长仇鸿伟，财务处副处长黄潮发，计算机中心主任孙强以及校办代表、宣传部代表出席。会议讨论了有关图书馆电子资源宣传、E卡开通借书功能、电子图书采购、采编部人事调整等问题。校领导指示：在协助各院系做好整合图书资源的同时，加大纸质图书的采购和入藏量，力争在9月30日前，完成入藏图书10万册的指标，加大电子图书的采购数量，力争年入藏电子图书35万册。

（2）图书馆向校长陈准民，副校长胡福印呈报《关于图书馆采编部主任（主管）兼中文图书采购员廖琼同志任职情况的调查报告》（初稿）

（3）副馆长吕云生、齐晓航在图书馆会议室会见到访的北京超星公司业务员，商谈购买电子图书的有关事宜。

3月15日（周三）

（1）教辅党总支书记张建华，副馆长吕云生、齐晓航在图书馆会议室，与采编部主任廖琼谈话，了解采访进度，传达学校新下达的采购任务指标。廖琼承认前一阶段没有完成采购任务的事实，并同意中文图书采购员改为景京的提议。廖琼口头请辞采编部主任职务。

（2）副馆长吕云生、齐晓航在图书馆会议室会见到访的万方数据股份有限公司（以下简称"万方数据公司"）京津地区副总经理庞敏一行。

3月16日（周四）

（1）北京语言文化大学图书馆馆长齐沛一行来图书馆进行对口交流。双方馆员就本科评估的有关议题进行了讨论。

（2）馆长邱小红在美国与副馆长吕云生、采编部主任廖琼通电话，讨论采编部问题。

（3）14:00，副馆长吕云生、齐晓航出席在北京化工大学图书馆举办的"北三环—学院路地区高校图书馆联合体工作会议"。正式签订了有关馆际互借协议，并参与讨论了联合体今年工作要点。会后，在北京化工大学图书馆副馆长杨守文的引领下，参观了北京化工大学图书馆。

3月17日（周五）

（1）15:30，副校长胡福印，教辅党总支书记张建华，副馆长吕云生、齐晓航，采编部廖琼、景京、杜文涛、蔡淑清、刘秀深、赵红涤、丁江红出席在图书馆会议室召开的采编部工作协调会（尚喜超请假）。副校长胡福印强调了本科评建的重要性，明确了图书馆的任务指标，并要求图书馆领导采取有效措施，调整人力，及时检查监督任务完成情况，确保图书馆今年的入藏文献指标如期完成。采编部与会人员纷纷发言表示：希望构建和谐的工作环境，努力完成学校下达的任务。

（2）图书馆向副校长胡福印、教辅党总支书记张建华提交《关于图书馆采编部主任（主管）兼中文图书采购员廖琼同志任职情况的调查报告》（二稿）

（3）参考咨询部主任汪雪莲受副馆长吕云生的指派，于2006年3月17~21日出席了由万方数据公司、中国科学技术信息研究所、国家科技图书文献中心、中国科学技术情报学会、《数字图书馆论坛》编辑部主办的"三亚论坛——信息资源助力自主创新"研讨会。

3月20日（周一）

（1）14:30，副馆长吕云生、齐晓航在会议室约见采编部主任廖琼，正式接受了廖琼于3月15日提出的辞去采编部主任的请求，并讨论了廖琼的工作安排。

（2）16:11，副馆长吕云生、齐晓航与中文图书代理采购员景京在会议室约见国林风书店业务员，洽谈有关合作事宜。

3月21日（周二）

（1）副馆长齐晓航接受学生记者采访，回答了有关图书馆在评建工作中的措施和现状等问题。

（2）副馆长吕云生、齐晓航在会议室约见采编部廖琼，讨论有关调整岗位问题，廖琼接受了参考咨询部电子阅览室岗位的安排。

（3）副馆长吕云生、齐晓航在会议室会见书尚公司总经理芦晓雪，商谈有关图书采购事宜。

（4）副馆长吕云生、齐晓航在会议室会见北京世纪金典图书有限公司百万庄图书大厦区域经理陈强，商谈有关图书采购事宜。

（5）副馆长吕云生、齐晓航在会议室会见图联公司代表，商谈有关图书采购事宜。

3月22日（周三）

（1）10:00，馆务会讨论通过了《对外经济贸易大学图书馆处理工作人员意见、建议办法》《对外经济贸易大学图书馆文献采购程序规定》和《对外经济贸易大学图书馆工作人员参加馆外活动的规定》三文件；讨论通过了由副馆长齐晓航出任采编部代理主任和由景京出任代理中文图书采购员的提议；讨论通过了调整采购范围、调整增加复本量的方案、调整合作书商的提议。

（2）副馆长吕云生、齐晓航在会议室会见上海科技情报研究所《全国报刊索引》编辑部王之善，观看了电子版的《全国报刊索引》演示。

（3）副馆长吕云生、齐晓航在会议室会见北京畅想书源信息技术有限公司区域经理廖海涛，再次听取有关电子资源整合平台的解释。

（4）副馆长吕云生、齐晓航在会议室会见风入松书店营销部经理马玉福一行，商谈有关图书采购事宜。

（5）副馆长吕云生、齐晓航在会议室会见北京市新华书店网上书店副经理李红光，商谈有关采购图书事宜。

3 月 23 日（周四）

（1）9:00，在图书馆会议室召开 2006 年第 3 次采编部工作会议。副馆长吕云生宣布：接受廖琼辞去采编部主任的请求，任命齐晓航为采编部代理主任。解聘廖琼中文图书采购员，改聘景京为代理中文图书采购员。采编部代理主任齐晓航对采编部下一阶段的工作安排做了说明。

（2）流通部主任魏志宏再为北京化工大学图书馆办理 5 个馆际互借证。

（3）为响应中央建设社会主义新农村的号召，经图书馆期刊部米渝玲联系，向河北省孟村回族自治县文化教育局捐赠过刊800 册。

3 月 24 日（周五）

（1）李燕茹到馆试工。

（2）校基建处邓工、维修中心高工来视察图书馆二层平台，筹备修缮工作。

（3）受副馆长吕云生委派，参考咨询部主任汪雪莲、咨询员于晶晶出席在北京大学图书馆召开的"北京地区高校图书馆服务创新研讨会"。

3 月 25 日（周六）

受馆党支部书记、副馆长吕云生委托，副馆长齐晓航出席了 3 月 25~26 日在密云北京世豪国际酒店召开的"北京地区高校图书馆'十一五'整体化建设馆长论坛"。听取了北京市信息办副主任李洪所做的《"十一五"北京市信息化建设与发展》，北京市教委发展规划处处长彭斌柏所做的《北京市教育"十一五"建设与发展规划》，CALIS 管理中心副主任陈凌所做的《CALIS "十一五"的设想及其对北京地区高校图书馆整体化建设的要求》以及中央党校图书馆馆长崔永琳所做的《党校系统图书馆的"十一五"建设》四报告。

3 月 27 日（周一）

（1）副馆长吕云生、齐晓航在会议室会见湖北三新公司市场部经理齐书华，听取了齐书华经理对日前该公司为图书馆提供采访数据统计滞后一事的解释。

（2）副馆长吕云生、齐晓航，自动化部主任段英，视听资料部主任刘福军，参考咨询部主任汪雪莲在会议室共同会见了北京畅想书源信息技术有限公司区域经理廖海涛一行，第三次听取有关电子资源整合平台的解释和演示。

（3）徐德隆到馆试工。

3 月 28 日（周二）

副馆长齐晓航代表图书馆接受了由期刊部米渝玲转交的河北孟村回族自治县文化教育局赠予图书馆的锦旗一面，上书"扶贫结硕果 吹开友谊花"以感谢图书馆日前响应中央"建设社会主义新农村"的号召向该县捐赠 800 册过刊的善举。

3 月 29 日（周三）

副馆长吕云生、齐晓航在会议室会见北京一百易科技有限责任公司副总经理郑立新、总经理助理吴雨浓一行，商谈有关英语听说训练平台的试用事宜。

3 月 30 日（周四）

（1）副馆长、馆办公室主任、采编部代理主任齐晓航在图书馆会议室主持了 2006 年第 4 次采编部工作会议，蔡淑清、丁江红、杜文涛、景京、刘秀深、尚喜超、赵红涤出席了会议。会议议题：通报一周来的工作情况，说明有关业务规则，明确各岗位的责任，协调工作进度。

（2）副馆长吕云生、齐晓航在会议室与杜文涛讨论有关验收登录工作。

（3）副馆长、馆办公室主任、采编部代理主任齐晓航向副校长胡福印汇报了采编部的工作，并得到胡校长的具体指示。

3 月 31 日（周五）

（1）副馆长吕云生、齐晓航在会议室约见杜文涛，继续讨论有关验收登录工作。

（2）副馆长吕云生、齐晓航与视听资料部主任刘福军讨论二层平台地砖颜色问题，选定基建处邓工推荐的 FC49 型号地砖。

4 月

4 月 3 日（周一）

（1）8：40，副馆长吕云生、齐晓航在会议室约见采编部验收登录员杜文涛第 3 次讨论工作问题。杜文涛表示：经过审慎思考，认为目前采编部的工作压力很大，难以承受，希望调换岗位，服从工作安排。

（2）8：55，副馆长吕云生、齐晓航在会议室会见湖北三新公司经理尹生兵，听取了他对日前一段时间该公司业务波动情况的解释。

（3）10：04，馆办公室在 OA 上发布《关于在全馆范围内公开招聘验收登录员的通知》。

（4）全馆恢复挂牌服务。

（5）书尚公司派姬艳珍来图书馆采编部帮工。

4 月 4 日（周二）

（1）副馆长齐晓航与湖北三新业务员刘金霞商谈有关合作事宜。

（2）受馆党支部书记、副馆长吕云生委托，副馆长齐晓航会见书生公司业务员韩超商谈有关电子图书采购事宜。

（3）副馆长齐晓航与蔡淑清、杨振杰、姬艳珍（书尚公司业务员）讨论验收登录程序。

4 月 5 日（周三）

商学院孙燕等 20 多位同学到图书馆义务劳动，参加六层书库捆报纸、下架图书等工作。

4 月 6 日（周四）

（1）9:00，副馆长齐晓航，馆党支部组织委员刘宝玫、宣传委员于晶晶出席在网络中心二层会议召开的教辅党总支和行政联席会议。教辅党总支书记张建华主持会议。教辅党总支副书记王海涛、网络中心主任孙强、电教中心主任杜建新、体育部主任李凤桥出席会议。会议议题：教辅各单位宣传工作。

（2）教辅党总支书记张建华到馆视察工作，了解采编部人员调整后的工作进展情况。

（3）副馆长吕云生、齐晓航在图书馆会议室会见华艺数位股份有限公司副总经理陈毓麒，听取了有关台湾数据库的介绍。

（4）副馆长吕云生、齐晓航在图书馆会议室会见武汉大学研究生何俊丽同学，听取了其来图书馆工作意向的说明。

（5）图书馆与刘金霞签订劳务合同，聘请其为编目审校员。

（6）图书馆刘秀深通过评审，获得副研究馆员职称。

4 月 7 日（周五）

（1）9:30~15:30，受馆党支部书记、副馆长吕云生的委托，副馆长齐晓航以面试官的身份参加了由校人事处在教育技术中心 206 教室举办的"教辅、行政部门工作人员聘任面试会"。

（2）9:30~14:33，ILASII 系统出现故障。

（3）杜文涛交接采编工作，拟前往国外版本图书借阅厅供职。

4 月 8 日（周六）

采编部景京致电采编部代理主任齐晓航：书尚公司提供的编目数据质量不高，无法进行登录工作。齐晓航立即与书尚公司经理芦晓雪联系，通报有关编目数据质量问题，并要求该公司尽快解决存在的问题。

4 月 9 日（周日）

书尚公司经理芦晓雪及书尚公司编目员到馆修改该公司提供的编目数据。

4 月 10 日（周一）

（1）副馆长、采编部代理主任齐晓航会见湖北三新公司经理尹生兵。尹经理通报了即将于 5 月 18 日召开图书采购会的计划。

（2）副馆长齐晓航会见北京超星公司业务员吴天艳。

（3）在流通部供职的李燕茹，因个人交通问题无法解决而辞工（3 月 24 日来馆试工）。副馆长齐晓航批准了其辞工的请求，并为其办理了相关手续。

4 月 11 日（周二）

100e 公司派人到图书馆视听资料部安装试用软件。

4 月 12 日（周三）

10:00，馆党支部书记、副馆长吕云生主持图书馆全体党员会。副馆长齐晓航应邀向全体党员通报了前一阶段采编部人事调整和业务改革的有关事宜。馆党支部书记、副馆长吕云生要求全体党员要充分发挥"保持先进性教育"的成果，积极投身到本科教学评估的工作中，努力在本职工作中再创佳绩。

4 月 13 日（周四）

8:15~9:00，采编部第 5 次工作会议：调整工作程序，规范著录。

4 月 14 日（周五）

（1）图书馆电子资源宣传巡展活动在图书馆楼二层大厅举办。

（2）采编部景京向副馆长吕云生、齐晓航汇报有关要求书商提供文字服务承诺和让利比例等问题。

4 月 16 日（周日）

校维修中心启动对图书馆楼二层平台的维修施工。

4 月 17 日（周一）

流通部张晓领获我校远程学院国际贸易专业大专学历。

4 月 18 日（周二）

16:30，馆党支部书记、副馆长吕云生，副馆长齐晓航代表图书馆出席新图书馆楼动工典礼。副馆长吕云生在典礼上发表了简短的讲话。

4 月 19 日（周三）

书友会 2 位同学在副馆长齐晓航的陪同下，第三次参观图书馆的采编部和书库。

4 月 20 日（周四）

（1）馆党支部书记、副馆长吕云生，副馆长齐晓航在会议室会见北京北大方正电子有限公司（以下简称"北大方正公司"）贾利杰、张宏宇，商谈购买电子图书的有关事宜。

（2）馆党支部书记、副馆长吕云生，副馆长齐晓航出席第 6 次采编部工作会议。

4 月 25 日（周二）

副馆长齐晓航约见研究生刘芬同学，当面回复其在本月 22

日写给图书馆信中的七点建议，感谢其对图书馆工作的关注和支持，并对具体疑问进行了解释。

4 月 26 日（周三）

馆党支部书记、副馆长吕云生，副馆长齐晓航，参考咨询部主任汪雪莲，视听资料部主任刘福军在会议室先后约见了北京超星公司吴天艳、书生公司韩超、时代盛典公司周和平，分别与他们商谈了购买电子图书的有关事宜。基本确定了采购顺序、采购数量、价格及其他增值服务项目。

4 月 27 日（周四）

召开馆务会，讨论了更换磁条的问题、电子图书采购的问题、延长视听部和文艺厅开放时间的问题，并原则通过了 2006 年版《对外经济贸易大学图书馆规章制度汇编》。

4 月 28 日（周五）

馆党支部书记、副馆长吕云生，副馆长齐晓航应邀考察北京超星公司总部，与该公司几位经理讨论了电子图书采购事宜。

4 月 29 日（周六）

全校运动会，全馆关闭。

4 月 30 日（周日）

馆党支部书记、副馆长吕云生，副馆长齐晓航巡视全馆，慰问工作人员并检查挂牌服务的执行情况。

5 月

5 月 1 日（周一）

浙江八益实业公司为图书馆文艺图书借阅厅、中文期刊阅览厅安装书架，共 23 节。

5 月 7 日（周日）

8∶30~11∶30，馆党支部书记、副馆长吕云生，副馆长齐晓航出席在诚信楼三层国际会议厅召开的"统一思想　全面推进本科评建工作"会议。

5 月 8 日（周一）

（1）流通部调整了通俗小说借阅室的服务项目：5 月份只阅览不借出，并陆续办理退证手续；拟于 6 月份关闭该室，退证由馆办公室负责办理。

（2）全面推出馆际互借服务，向读者提供了 30 家兄弟院校图书馆的名单。

（3）校工会消息：经过 4 月 29 日、30 日的激烈比赛，我校第 37 届运动会已经落下帷幕，图书馆获得教工团体总分第六名（118.5 分）、教工乙组混合 4x100 米第三名的成绩。

5 月 9 日（周二）

（1）新华在线公司经理魏尚出席图书馆电子资源宣传活动。

（2）国林风书店经理刘秋军来洽谈有关派人来图书馆协助新书加工的事宜。

5 月 10 日（周三）

（1）国林风公司派韩雪超来图书馆协助工作。

（2）图书馆接收《中华再造善本》第 3 批图书，150 种。

（3）受馆党支部书记、副馆长吕云生的委托，副馆长齐晓航，副研究馆员白晓煌出席了在诚信楼 13-14 召开的"图书馆新馆水源热泵空调系统"的招标会。副校长王正富，招标办主任、财务处处长安玉华，基建处处长任鸣鹤，资产管理处副处长刘志宏以及维修中心、纪检监察部门的代表共同听取了 4 家公司的应标报告，最后经过讨论，一致通过了北京西亚特科技有限公司的投标方案。

（4）15:00，馆党支部书记、副馆长吕云生在会议室主持文献采购工作会。齐晓航、陈长仲、段英、景京、汪雪莲、赵红涤出席会议。会议确定了今年文献采购经费的划分比例、具体进度和质量要求。

5 月 11 日（周四）

（1）副馆长、采编部代理主任齐晓航主持采编部第 7 次工作会，并发表了题为《采编部下一阶段工作的思路》讲话。蔡淑清、丁江红、景京、刘秀深、尚喜超、赵红涤出席了会议。

（2）馆党支部书记、副馆长吕云生，副馆长齐晓航在图书馆会议室会见我校出版社社长刘军一行，商谈有关图书采购事宜。

5 月 16 日（周二）

（1）因电力扩容施工全校停电。图书馆在 17:30 以前，停止借还书服务。

（2）16~18 日，受馆党支部书记、副馆长吕云生的委派，视听部主任刘福军应邀参加北大方正公司在北京国际会议中心举办的"2006 中国电子书产业年会"。会议议题有："转型——互联网时代的内容服务战略"，"中外电子书发展年度报告"，"互联网时代的读者阅读调查数据发布"，"出版社向内容服务提供商转型的思考与实践"，"图书营销联盟"启动仪式，"版权保护在出版业转型中的重要性"，"2005 年中国高校图书馆电子资源采购分析"及"世界最新移动阅读技术报告"。

（3）16~19 日，于晶晶代表图书馆参加由 CALIS 管理中心主办、JALIS 管理中心和南京师范大学图书馆承办的"CALIS 数字资源整合与服务创新研讨会暨第四届国外引进数据库培训周"。

5 月 17 日（周三）

（1）因图书馆服务器改造，中午至下午时段，网络中断。

（2）教辅、体育部联合党总支书记张建华到馆视察，了解评建工作进展情况。

5 月 19 日（周五）

（1）副馆长齐晓航、中文图书采购员景京一同会见风入松书店经理马福，与其讨论由该公司向书尚公司派来的姬艳珍支付晚班加班费的问题。

（2）副馆长齐晓航与书尚公司经理芦晓雪通电话。齐晓航要求书尚公司严格控制图书质量，注意补配复本的准确性，并肯定了书目数据质量的提高；承诺尽快为已经到馆图书结算账款。

5 月 22 日（周一）

副馆长齐晓航、中文采购员景京与书尚公司经理芦晓雪分别商谈有关让利比例、图书质量和配书准确率问题。

5 月 23 日（周二）

（1）副馆长齐晓航代表馆党支部书记、副馆长吕云生出席

"十一五"期间"211 工程"建设研讨会。校长陈准民、副校长林桂军出席会议并讲话。

（2）副馆长齐晓航代表图书馆与时代盛典公司签订采购36000 册电子图书协议。

5 月 24 日（周三）

（1）副馆长齐晓航与国林风书店经理刘秋军商谈增派人员和具体人员安排问题。

（2）副馆长齐晓航会见龙源期刊公图高校事业部区域经理刘丽一行，讨论龙源期刊试用和采购意向等问题。

5 月 25 日（周四）

应首都医科大学图书馆馆长马路邀请，副馆长齐晓航出席首都医科大学图书馆 Web of Science 开通仪式，并听取了 Web of Science 的使用说明。

5 月 29 日（周一）

副馆长齐晓航会见北京佑霖弘业电子技术有限公司业务部经理董延刚，接收了该公司有关门禁系统的资料。

5 月 30 日（周二）

馆党支部书记、副馆长吕云生，副馆长齐晓航，中文图书采购员景京在图书馆会议室会见中国人民大学出版社直销中心业务经理徐文勇、外版部销售经理王泽武，洽谈有关合作购书事宜。

5 月 31 日（周三）

（1）召开馆务会，馆党支部书记、副馆长吕云生强调：坚持挂牌上岗，这项政策的执行不单是为本科评建，也是为竖立起良好的服务形象，希望各部门加强监督。进一步提高服务质量，要尽最大可能满足读者需求，存在问题，要及时沟通。重视预评估，做好有关的基础工作。自动化部门要努力争取在 6 月中旬前完成电子图书安装工作，并为采编部假期加班期间做好技术支持工作。副馆长齐晓航通报了有关调整合作书商的设想：暂停与书尚公司、风入松公司的合作，拟与人大出版社和我校出版社进行尝试性合作。

（2）书尚公司业务员姬艳珍结束在图书馆的工作任务，交接工作。

（3）馆党支部书记吕云生出席学校党总支书记通气会。会议议题：认真做好评建工作，严防高校内的经济违规现象发生。

（4）副馆长齐晓航出席学校"信息化校园建设（一期）项目工作汇报"会。

6 月

6 月 1 日（周四）

（1）以校党委副书记杨逢华为组长的学校专家小组再次到图书馆检查评估工作，建议进一步规范评建文档。

（2）13:30，本学期第二次全馆会在参考阅览厅召开。馆党支部书记、副馆长吕云生通报了前一阶段评建工作的进展情况，对下一阶段的工作提出要求；副馆长齐晓航传达学校 5 月 7 日中层干部会精神：严格质量管理。

（3）副馆长齐晓航出席流通部例会，他要求工作人员做好本职工作，不断提高服务质量，加强业务学习，真正达到以评促建

的目的。

（4）馆领导接受刘福军同志建议，为晚间开放的各区间配手持应急灯。

6月2日（周五）

（1）图书馆的电子资源巡展活动在诚信楼大厅举办。

（2）馆党支部书记、副馆长吕云生，副馆长齐晓航，参考咨询部主任汪雪莲一同会见龙源期刊公图高校事业部区域经理刘丽，洽谈采购龙源期刊网的有关事宜。

（3）教辅、体育部联合党总支书记张建华到馆视察工作，听取了副馆长齐晓航对采编部近期工作的汇报。

6月3日（周六）

受馆党支部书记、副馆长吕云生委托，副馆长齐晓航出席了在宁远楼三层报告厅举办的2006年卓越学院首届毕业生典礼。

6月5日（周一）

（1）图书馆视听资料部延长晚间开放时间。调整后，每周延长开放27.5小时。

（2）中文图书采购员景京、副馆长齐晓航分别会见北京首发精典文化发展中心图书装备部市场二部主任刘红喜一行，讨论有关合作事宜。经研究，暂不与之合作。

6月6日（周二）

（1）启动电子图书复查项目：为保证新入藏的电子图书质量、避免重复采购，经馆领导研究决定，由参考咨询部组织人力对新购入的40余万册电子图书的内容进行逐条审核。

（2）馆党支部书记、副馆长吕云生，副馆长齐晓航，馆党支部组织委员刘宝玫、宣传委员于晶晶出席了在计算机中心会议室召开的教辅、体育部党总支召集的党政联席会议。教辅党总支书记张建华主持会议，他向与会者传达了学校有关廉政建设、安全稳定、宗教问题、处理突发事件等问题的指示精神。

（3）副馆长齐晓航会见中国科技资料进出口公司销售总监李建军一行，讨论有关该公司与我校英语学院联合举办"为书找人为人找书——2006 年海外学术新书百家高校巡回展"有关事宜。该展览将于 6 月 7~16 日在诚信楼 14-04 举办，英语学院师生将现场为图书馆选书。

（4）副馆长齐晓航会见书尚公司总经理芦晓雪，商谈尽快与该公司结清书款等事宜。

6 月 7 日（周三）

（1）馆党支部书记、副馆长吕云生，副馆长齐晓航，自动化部主任段英在会议室一同会见北京恒鑫智盛科技有限公司销售经理张卫一行，商谈有关"ISC 远程访问 IP 通系统"有关事宜。

（2）副馆长齐晓航会见台湾元照智胜出版集团行销协理黄国钟、客户服务中心周泽华，商谈有关在图书馆举办书展的有关事宜。

（3）《对外经济贸易大学图书馆规章制度汇编（2006 年 6 月）》印刷完成，向所有工作人员发放，并呈送有关校领导。

6 月 8 日（周四）

馆党支部书记、副馆长吕云生出席学校本科评建会，学校对预评工作提出具体要求。

6 月 9 日（周五）

（1）流通部王东全来馆办公室领取表格和有关通知，办理退休手续。

（2）书生公司经理韩超来电话与副馆长齐晓航商谈有关签订电子图书采购合同以及书目检查等有关事宜。

6 月 10 日（周六）

（1）中文图书采购员景京、副馆长齐晓航分别会见湖北三新公司经理尹生兵，讨论了进一步合作的可能性。

（2）馆党支部书记、副馆长吕云生，副馆长齐晓航在图书馆会议室会见书生公司经理韩超，讨论并签订了采购电子图书的合同。

6 月 13 日（周二）

自动化部夏宇红代表图书馆出席在北京工业大学召开的第八届北京高校图书馆信息服务学术年会。

6 月 14 日（周三）

（1）台湾元照智胜公司派人在图书馆二层大厅举办为期两天的书展。

（2）国林风公司派王庆喜来馆协助验收登录工作。

6 月 15 日（周四）

（1）馆党支部书记、副馆长吕云生代表图书馆向学校领导汇报有关评建工作。

（2）采编部严格审核书目数据，从 C200622 批开始，对每条数据的每一个字段均进行审校，并对错误字段做记录；之后返给分编人员再次进行编审。

（3）馆党支部书记、副馆长吕云生，副馆长齐晓航在会议室会见中国科技资料进出口公司北京分公司销售总监李建军一行，商谈有关赠书和采购等问题。

6 月 16 日（周五）

（1）以校党委副书记杨逢华为组长的学校专家小组第三次到图书馆检查评估工作。

（2）教辅、体育部联合党总支书记张建华到图书馆视察工作，询问评建准备工作。

6 月 18 日（周日）

ILASII 系统出现故障，自动化部主任段英、王鸣心到馆抢修。

6 月 19 日（周一）

副校长胡福印来图书馆视察评建准备工作。

6 月 20 日（周二）

（1）副馆长齐晓航，参考咨询部主任汪雪莲，馆员白晓煌、崔玉良、华犁、夏宇红、于晶晶在知行楼 205 室召开参考咨询部复查电子图书业务会。讨论了复查电子图书的规则以及工作量计算标准等问题。

（2）馆党支部书记、副馆长吕云生，副馆长齐晓航在会议室会见北京超星公司董事长史超一行，观看了该公司电子图书检索系统的演示。

6 月 21 日（周三）

预评估专家刘金鉴教授到图书馆考察，在听取了副馆长吕云生的工作汇报后，参观了图书馆的部分阅览室和出借厅。

6 月 22 日（周四）

副馆长齐晓航与北大方正公司贾利杰通电话，通报了该公司提供的电子图书数量不足和存在严重质量问题的情况，希望他尽快向公司有关领导汇报，待图书馆全部检查结果出来后，再与北

大方正公司就上述问题进行交涉。

6 月 23 日（周五）

馆党支部书记、副馆长吕云生，副馆长齐晓航以及各部门主任出席在宁远楼召开的本科评估预评专家意见反馈会，听取专家对我校评估工作的点评。

6 月 26 日（周一）

（1）馆党支部书记、副馆长吕云生出席在诚信楼三层国际会议厅召开的"211 工程"验收汇报会。

（2）馆党支部书记、副馆长吕云生，副馆长齐晓航在图书馆会议室约见陈传贵，商谈更换图书磁条的有关事宜。

（3）馆党支部书记、副馆长吕云生，副馆长齐晓航在图书馆会议室会见北京佑霖公司代表，商谈更换磁条的有关事宜。

（4）副馆长齐晓航会见新华书店总店经理贾斌，讨论进一步扩大书目渠道的有关事宜。

（5）副馆长齐晓航与北大方正公司贾利杰通电话，约定明天下午与该公司技术人员和公司高层领导会晤，讨论北大方正公司电子图书存在的质量问题。

6 月 27 日（周二）

馆党支部书记、副馆长吕云生，副馆长齐晓航在图书馆会议室会见北大方正公司数字内容事业部副总经理王海涛，北京地区经理贾利杰以及该公司技术、售后服务部等一行 5 人。副馆长齐晓航再次向北大方正公司说明了该公司日前向图书馆提供的电子图书存在数量不足和质量问题，并表达了图书馆对方正电子图书质量的不满。北大方正公司表示会认真对待图书馆的意见，并商定在图书馆全部检查工作结束后，再商议解决方案。

6 月 28 日（周三）

一名即将毕业离校的男同学向图书馆捐赠了《会计史研究》等 7 册图书和 2 册期刊，未留姓名。

6 月 29 日（周四）

（1）副馆长齐晓航主持召开第 8 次采编部业务工作会议，通报本学期工作情况，安排暑假工作。

（2）副馆长齐晓航再次主持召开电子图书复查工作会议，深入讨论复查标准和工作量等问题。

6 月 30 日（周五）

国林风公司委派的外援韩雪超被公司召回。

7 月

7 月 3 日（周一）

（1）馆党支部书记、副馆长吕云生，副馆长齐晓航在图书馆会议室会见北京赛沃阜科技有限公司区域经理王立强、部门经理杨黎明，商谈有关更换 3M 磁条事宜。

（2）9:00~12:00，馆党支部书记、副馆长吕云生，副馆长齐晓航，自动化部主任段英，视听资料部主任刘福军，参考咨询部主任汪雪莲，流通部主任魏志宏，期刊部周红，党支部组织委员刘宝玫、宣传委员于晶晶，图书馆工会主席马兰出席在图书馆会议室召开的馆务扩大会议。吕云生主持会议。会议经过民主评议和无记名投票，评选出 2005~2006 学年的"优秀"工作人员：景京、段英、马兰、于秀春、魏志宏、陈凤军、白晓煌、汪雪莲、颜长森、刘福军、姜玉芬、刘宝玫。此外，经过慎重研究和投票决定，廖琼的考核结果为"基本合格"。

（3）受馆党支部书记、副馆长吕云生委派，副馆长齐晓航出席了在诚信楼13-14会议室召开的由教育部主办的"规范高校收费管理，治理商业贿赂视频会"。教育部部长周济、中纪委驻教育部纪检组组长田淑兰发表重要讲话。

（4）机械工业出版社派宇楠来馆协助分编工作。

7月4日（周二）

（1）校党委副书记杨逢华，纪检监察部部长黄捷，教辅、体育部联合党总支书记张建华到馆调研有关图书让利的来源和使用情况，并对图书馆的图书让利问题做出具体指示。

（2）中国地震局消息，据我国地震台网测定，今天上午11时56分，在河北文安发生5.1级地震，震中位于北纬38.9度，东经116.3度，北京地区有震感。图书馆有明显震感，于12:05分在OA上发布通知，要求各阅览室、办公室打开大门，以便人员疏散。

（3）副馆长齐晓航与浙江省苍南县金乡文华塑膜工艺厂经理陈传贵通话，商谈更换磁条事宜。

7月5日（周三）

（1）馆党支部书记、副馆长吕云生，副馆长齐晓航在图书馆会议室再次会见浙江省苍南县金乡文华塑膜工艺厂经理陈传贵，讨论有关磁条更换事宜。

（2）图书馆计算的结算金额与新华书店市店的对账单数据不符，经查，系图书馆记录有误。为此，将召开验收登录会议专门讨论验收规范问题。

（3）13:38，期刊部徐向伟来馆办公室报告，报纸阅览室钥匙被反锁在房间内，申请用备用钥匙开门。

（4）应校教务处处长仇鸿伟的邀请，副馆长齐晓航出席院系主任会，并向各院系主任宣讲有关图书采购中应注意的若干问题。

7月6日（周四）

（1）副馆长齐晓航主持采编部第9次业务会。分别与分编人员和验收登录人员讨论有关701字段著录规则和验收的规范程序问题。

（2）副馆长齐晓航主持合同制工作人员会议。总结本学年工作，听取合同制工作人员的意见，并签订劳动合同。

（3）馆党支部书记、副馆长吕云生，办公室秘书范利群出席学校本科评建工作会。

（4）期刊部陈洪莉来采编部进行适应性验收登录工作。

7月7日（周五）

（1）副馆长吕云生、齐晓航与流通部主任魏志宏再议有关更换磁条的问题。拟接受北京赛沃阜科技有限公司的邀请去工商大学、清华大学等兄弟院校图书馆考察。

（2）图书馆聘请范利群、刘宝玫、刘福军、杨娅丽、张金龙和周红等人审阅学校的自评报告，并提出修改意见，于7月8日上午进行研讨。

7月8日（周六）

（1）馆党支部书记、副馆长吕云生，副馆长齐晓航出席在诚信楼三层国际会议厅召开的学校中层干部会。

（2）外援赵佳来馆进行适应性分编工作，王鸣心为其添加新用户。

（3）图书馆咨询平台无法登录，待查。

（4）暑假自今天开始至8月13日，8月14日上班。办公室、采编部、参考咨询部、流通部安排了除开放日以外的轮流加班任务，为评估做准备。

7月10日（周一）

（1）8:30，在图书馆会议室召开了《对外经济贸易大学本科教学水平评估报告》的研讨会。馆党支部书记、副馆长吕云生主持会议，副馆长齐晓航、范利群、刘宝玫、刘福军、张金龙和周红等参加了本次会议。大家对《报告》中存在的问题提出了各自的修改意见。

（2）10:30，馆党支部书记、副馆长吕云生，副馆长齐晓航在图书馆会议室约见廖琼。就廖琼日前向教辅、体育部联合党总支书记张建华及人事处提交的《关于廖琼同志2005—2006年度考核的几点疑问和说明》中涉及的考核等级和考核依据等问题交换了意见。

（3）馆党支部书记、副馆长吕云生，流通部主任魏志宏应北京赛沃阜科技有限公司的邀请前往中国传媒大学和北京理工大学图书馆考察磁条更换事宜。

7月11日（周二）

（1）暑假内的首次开馆。8:10，发现ILASII系统有故障，报自动化部，请求维修。自动化部主任段英立即回应，王鸣心和段英先后到馆抢修系统。10时许修复。

（2）中国教育图书进出口公司经理丰云来访，分别会见中文图书采购员景京和副馆长齐晓航。丰云经理向景京了解书目质量和到书情况，向齐晓航解释了依据教育部的规定改变图书折扣政策的有关问题。

（3）13 时许，发现图书馆 OA 系统有故障，报自动化部维修。

7 月 12 日（周三）

（1）馆党支部书记、副馆长吕云生，副馆长齐晓航，流通部主任魏志宏在图书馆会议室再次会见北京赛沃阜科技有限公司区域经理王立强、部门经理杨黎明及 3M 公司客户代表刘昕亮一行。观看了他们对 3M 磁条和国产磁条冲消磁的演示，并前往基藏图书阅览室，现场检测了分别加装 3M 磁条和国产磁条进行冲消磁后，通过防盗检测仪的情况。

（2）馆党支部书记、副馆长吕云生，副馆长齐晓航第三次会见浙江省苍南县金乡文华塑膜工艺厂经理陈传贵，商谈有关更换磁条的施工问题。

7 月 13 日（周四）

图书馆向北京赛沃阜科技有限公司购买 3M 磁条 5 万枚。

7 月 17 日（周一）

北京智多利文化用品有限公司开始更换参考阅览厅磁条的施工。

7 月 20 日（周四）

信息学院向图书馆呈送书单，请图书馆协助采购图书。

7 月 25 日（周二）

参考阅览厅磁条更换完毕。开始更换国外版本图书借阅厅图书磁条。为确保磁条检测的准确性，紧急添置 3M 监测仪一台。

7月27日（周四）

再向北京赛沃阜科技有限公司购买 3M 磁条 5 万枚。

7月28日（周五）

（1）馆党支部书记、副馆长吕云生出席在中水会议室召开的"新馆电梯开标会"。

（2）商学院送来书单一份，请图书馆协助采购图书。

8 月

8月1日（周二）

副馆长齐晓航约见北京时代圣典科技有限公司（以下简称"时代圣典公司"）经理周和平及该公司技术人员，向他们了解有关电子图书制作的技术问题，并向他们通报了该公司产品存在瑕疵的情况。

8月2日（周三）

计算机中心主任孙强来电话，要求图书馆自动化部主任段英尽快与 ILASII 公司人员联系，希望 ILAS 公司能配合我校信息整合系统的施工。

8月14日（周一）

（1）开学上班，执行假期间断开放时间。

（2）副校长胡福印，教辅、体育部联合党总支书记张建华到馆视察工作，听取了副馆长吕云生、齐晓航的工作汇报。

（3）13:30，召开新学期第一次馆务会。馆党支部书记、副馆长吕云生主持会议，副馆长齐晓航，视听资料部主任刘福军，参考咨询部主任汪雪莲，流通部主任魏志宏，期刊部主任周红出席会议。会议安排了本学期工作：按期完成图书入藏任务、完成电子资源宣传与使用情况统计、更换和加装磁条、筹备宣传文字材料和相关图片等。

8 月 15 日（周二）

（1）馆党支部书记、副馆长吕云生出席中共对外经济贸易大学十届三次全委（扩大）会议。

（2）金融学院传书目一份到馆邮箱 tsgggxx@126.com 中，请图书馆协助采购。

8 月 16 日（周三）

毕业于南京大学公共管理学院行政管理学系的硕士研究生卢玲玲分配到馆工作。

8 月 18 日（周五）

国林风书店外派人员王庆喜离职。

8 月 19 日（周六）

（1）参考咨询部白晓煌通过了北京市高级专业技术资格评审委员会的评审，被评定为图书资料研究馆员，证书编号：ZGA30000639。

（2）采编部赵红滗通过了北京市高级专业技术资格评审委员会的评审，被评定为图书资料副研究馆员，证书编号：ZGB30006307。

8 月 21 日（周一）

北大方正公司贾利杰来电话约谈方正电子书问题。

8月23日（周三）

9:00~12:00，馆党支部书记、副馆长吕云生，副馆长齐晓航，参考咨询部主任汪雪莲，咨询员于晶晶会见了北京方正阿帕比技术有限公司（以下简称"方正公司"）营销部高级客户经理贾利杰一行四人。副馆长齐晓航以方正电子书中的"历史地理"类检查结果为例，就方正电子书中存在的各类质量问题向方正公司提出正式交涉。齐晓航向方正公司人员逐一演示了各类具体问题的实例，汪雪莲向方正公司通报了图书馆检查方正电子书其他类别中存在问题的情况。馆党支部书记、副馆长吕云生指出：希望方正公司认真核查电子书中存在的问题，确实注重产品质量，充分考虑用户的利益，妥善解决本次交易中的各类问题。

方正公司贾利杰对方正电子书出现的这些问题给图书馆带来的麻烦表示歉意，对图书馆工作人员核查出问题表示感谢，方正公司将以图书馆提供的有关资料为线索，全面检查、整改方正电子书，并尽快提交有关检查整改报告，之后，再与图书馆具体协商有关问题的处理方案。

8月24日（周四）

副校长胡福印到馆视察评建准备工作，听取了副馆长齐晓航关于暑假期间图书馆的评建工作汇报。

8月25日（周五）

（1）校资产管理处副处长、评建基础组联络员刘志宏到馆沟通统计数据等问题。

（2）廖琼向馆党支部书记、副馆长吕云生呈交《关于廖琼同志2005—2006年度考核的几点疑问和说明》第2稿（8月12日补充），并再次强调了其个人的意见。

（3）图书馆向副校长胡福印，教辅党总支书记张建华以及学校人事处正式提交《图书馆关于廖琼同志考核结果等有关问题的答复材料》。

（4）图书馆"应知应会"本科评建专题知识竞赛开赛。

8 月 28 日（周一）

（1）9:00，副校长胡福印，教辅党总支书记张建华，处级组织员程东信，教辅党总支副书记王海涛，计算机中心主任孙强，体育部主任李凤桥，技术教育中心主任杜建新，图书馆支部书记吕云生，图书馆副馆长齐晓航，图书馆党支部宣传委员于晶晶等出席在计算机中心会议室召开的教辅单位党政联席会议。会议总结上学期党总支的工作、布置本学期工作、传达了学校十届三次党委扩大会议精神。

（2）北京赛沃阜科技发展有限公司经理王立强到馆为新购置的检测仪进行软件升级和调试。

8 月 29 日（周二）

图书馆党支部召开全体党员会。传达了学校十届三次党委扩大会议精神及王玲书记讲话，讨论主题党日活动安排，宣布刘秀深转正为中共正式党员，还讨论了组织发展等问题。

8 月 31 日（周四）

校党委宣传部副部长王海涛到馆视察在图书馆楼二层大厅安装液晶显示屏的有关事宜。

9 月

9 月 1 日（周五）

（1）评建办通知图书馆，本科生当量数由 14457.4 人，调整为 14438 人。

（2）副馆长齐晓航与陈传贵讨论有关北区更换磁条的事宜。

9 月 4 日（周一）

（1）馆党支部书记、副馆长吕云生，副馆长齐晓航会见北京超星公司董事长助理阎云德，朗润书店房亚伟一行，听取了有关纸书与电子书（照片格式）同步发行的介绍。

（2）校长陈准民，副校长胡福印，教辅党总支书记张建华，教辅党总支副书记王海涛等到馆视察评建准备工作。听取了副馆长齐晓航的工作汇报后，巡视了图书馆楼各阅览服务区间。

（3）ID 为 Kathryn 的读者在咨询平台上发帖表扬流通部赵万霞："我是本校在职研究生，不住在校内，9 月 1 日注册后到图书馆借书，虽已到 11 点半午休时间，但赵万霞老师听说我不住在学校后，非常热情地帮我办理了借书事宜，在此感谢赵老师，并对赵老师处处为学生着想、热心为同学服务的精神提出表扬"。

9 月 6 日（周三）

副馆长齐晓航出席在中水会议室召开的"图书信息中心幕墙开标会"。

9 月 7 日（周四）

图书馆新开放时间表和牌匾正式挂牌。

9 月 11 日（周一）

副馆长齐晓航会见"书友会"新任负责人杨露露同学，讨论有关新阶段合作事宜。

9 月 12 日（周二）

馆长邱小红归国，正式上班。

9 月 13 日（周三）

副校长胡福印到馆视察工作，与馆长邱小红会谈。

9 月 14 日（周四）

（1）馆长邱小红、副馆长齐晓航会见国研网教育事业部总经理汪世俊一行，听取了国研网新产品的介绍。

（2）副馆长齐晓航会见卡西欧（上海）贸易有限公司教育办公设备事业部电子辞典课客户部经理邬晓玉，陪同邬察看了参考阅览亭、国外版本借阅厅、国外期刊阅览厅，并讨论了使用电子辞典的有关事宜。

（3）白晓煌、夏宇红代表图书馆出席由基建处召集的新馆信息点布局研讨会，计算机中心有关人员出席了会议。

（4）13：30，参考阅览厅全馆会。馆党支部书记、副馆长吕云生通报了暑假评建工作的进度，并对下一阶段评建工作提出具体要求，向大家介绍了今年毕业分配到馆工作的卢玲玲。馆长邱小红做了美国进修情况的通报。教辅党总支书记张建华对评建冲刺阶段提出"做好本职工作，模范做好本职工作"的要求。

9 月 18 日（周一）

（1）副校长胡福印、王正富一行视察图书馆公共区域的环

境，并对二层大厅和图书馆楼外观的整改做了具体指示。

（2）馆长邱小红、副馆长齐晓航出席了在诚信楼三层国际会议厅举办的本科教学评估培训会。

9月19日（周二）

教辅、体育部联合党总支书记张建华、副书记王海涛视察图书馆评建准备工作。

9月20日（周三）

参考咨询部白晓煌出席华北地区高校图书馆协会第二十届学术会议。邱小红、白晓煌撰写的论文《时间与空间——试论大学新图书馆建设中的两个要素》被评为大会优秀论文。邱小红撰写的《图书馆伦理学与大学图书馆文献资源建设》《也谈高校图书馆建筑前期策划》，白晓煌撰写的《高校新馆在网络信息资源与传统文献的博弈中崛起》《江、浙、川三省大学新馆考察辨析》分别被评为交流论文。

9月21日（周四）

（1）馆长邱小红，副馆长齐晓航，工会主席马兰前往病休的杨娅丽家中探望。

（2）21~25日，期刊部主任周红受馆长邱小红的指派，出席了由中国图书进出口总公司报刊部主办的进口期刊研讨会。会上Emerald Group Pub.Ltd. 和 NewsBank 两家外商推介了各自的产品。

9月22日（周五）

（1）馆长邱小红，副馆长齐晓航前往北京方正阿帕比技术有限公司，听取了方正公司高级客户经理贾利杰对日前图书馆检查历史、地理类方正电子书问题的答复，并与方正公司副总经理王海涛进行了会谈。

（2）馆长邱小红出席方正公司主办的"如何改变电子书供不应求局面研讨会"。

9 月 25 日（周一）

（1）馆长邱小红，副馆长吕云生、齐晓航视察图书馆南北两区各服务区间和各办公室，检查评建准备工作情况。

（2）副馆长齐晓航会见北京育人之园图书有限公司北京市场部经理张志宏、业务主管李岩岩一行，讨论了有关合作的事宜。

（3）视听资料部主任刘福军策划、制作的图书馆历史照片在会议室布展。

（4）馆长邱小红出席在中水会议室召开的"新图书馆装修研讨会"。

（5）流通部主任魏志宏、采编部景京报称：《新世纪英语口语教程》《悲惨世界》《马克思主义政治经济学原理》三册书被法学院学生杨某私自置换过。

（6）时代圣典公司周俊杰陪同河北科技师范学院图书馆馆长一行参观了图书馆视听资料部，并了解了图书馆时代圣典电子书的使用情况。

9 月 26 日（周二）

（1）馆办公室主任齐晓航参加了在计算机中心 403 室举办的"对外经济贸易大学信息平台"使用方法的培训。

（2）馆长邱小红向各部门主任演示了图书馆自评报告的 PPT 文件，之后与各部门主任一起，再次视察了图书馆楼各房间的环境卫生状况。

（3）副馆长齐晓航受馆长邱小红的委托，接待了北京市朝阳区工商局的人员。齐晓航回答了工商人员有关图书馆近年来图书

折扣的收入和支出情况的问题。马兰和景京作陪。

9月27日（周三）

（1）通过采编部人员的共同努力，截至C200649批和G200652批，已经完成登录中文图书101，002册。

（2）经贸学院办公室主任刘台照来电话，请求图书馆派人支援经贸学院资料室的图书整理工作。

9月28日（周四）

（1）10：00，在图书馆会议室，各部门主任再次观摩了邱小红馆长所做的图书馆自评报告PPT，并提出修改意见。

（2）12：00，图书馆楼一层宣传展板制作完成，各楼层租摆的鲜花到位。

（3）以刘亚副校长为组长的学校专家组到馆，对图书馆的评建工作进行了模拟检查。副校长胡福印，教辅党总支书记张建华出席。专家对图书馆的自评报告和PPT汇报材料以及支撑材料提出了中肯的意见和建议。

（4）北京联合大学图书馆信息部周丹老师来电话，与副馆长齐晓航讨论了有关建立馆际互借的可能性。

（5）19：40，副馆长齐晓航，工会主席马兰正式约见法学院学生杨某，齐晓航向杨同学通报了图书馆检查其借书历史记录后发现的问题，并要求杨同学利用"十一"黄金周的时间认真思考自己的所作所为，在"十一"后向图书馆提交其对违反图书馆和学校规章制度情况的说明和其对所犯错误的认识及解决方案的书面材料。

9月29日（周五）

（1）馆长办公会（邱、吕、齐），再次讨论有关自评报告的修改问题。

（2）因图书馆评估工作紧张，故图书馆承接的协助经贸学院资料室整理图书的任务，转请北京城市学院图书馆派人增援。

（3）正式通知图书馆外聘人员吴浩茹，合同到期后将不再续签劳务合同。

10 月

10 月 4 日（周三）

4~6 日，执行黄金周开放时间，向读者开放：8:30~11:30，13:30~16:30。

10 月 6 日（周五）

副馆长齐晓航代表馆长邱小红、副馆长吕云生和工会主席马兰对在黄金周期间参与开放值班的同事表示感谢！并向大家呈送了中秋节的慰问——月饼。

10 月 7 日（周六）

（1）馆长邱小红，副馆长吕云生、齐晓航出席在诚信楼三层国际会议厅召开的学校中层干部会，听取校领导对本科评估工作的动员和部署。

（2）13:30，在参考阅览厅召开全馆会。馆长邱小红向大家演示了图书馆自评报告 PPT，并做了评估前的最后动员。

（3）馆长办公会（邱、吕、齐），讨论有关评建后的工作安排。

（4）采编部代理主任齐晓航向馆长邱小红、副馆长吕云生提出辞去采编部代理主任职务的请求。

10 月 9 日（周一）

（1）馆长办公会（邱、吕、齐），讨论了图书馆自评报告PPT 的进一步修改、经贸学院资料室图书资料整理项目、撤掉原通俗小说阅览室电话 5014 以及法学院学生违章等问题。

（2）采编部书目审校员刘金霞因个人原因正式提交书面辞职申请。

10 月 10 日（周二）

副校长刘亚一行再次到图书馆视察评建准备工作，要求图书馆安排在专家巡视时播放有关新图书馆的动画。

10 月 11 日（周三）

副校长胡福印到馆审查图书馆自评报告 PPT 文件。

10 月 12 日（周四）

副校长胡福印再次到馆审查图书馆自评报告 PPT 文件。

10 月 13 日（周五）

（1）期刊部米渝玲获得学校工会组织的教职工摄影大赛社会题材一等奖，视听资料部刘福军获校园题材一等奖。

（2）校长陈准民，副校长胡福印一行最后一次检查图书馆迎评准备工作。

（3）法学院学生杨某退还馆藏图书 25 册，并提交了"忏悔录"一份。

（4）副馆长齐晓航完成《关于图书馆派专业人员协助经贸学院资料室整理图书项目的报告》。

10 月 16 日（周一）

（1）馆长邱小红，副馆长齐晓航出席在诚信楼三层国际会议厅召开的"对外经济贸易大学本科教学工作水平评估汇报会"。

（2）教育部专家组成员在所有校领导的陪同下，参观图书馆国外版本图书借阅厅。馆长邱小红向专家简要介绍了图书馆情况，专家观看了新图书馆的模拟动画演示。

（3）馆长办公会（邱、吕、齐），再次讨论有关法学院学生杨某的违章问题。

（4）副馆长齐晓航签发《关于认真办理借还书、续借手续的通知》。

（5）图书馆向朝阳区工商局提交 2005~2006 年图书折扣收入统计表。

（6）编目审校员刘金霞离职，代理采购员景京代表馆长邱小红和采编部代理主任齐晓航为其送行。

（7）为教育部专家徐真华联系采购图书馆馆藏图书《城市竞争力评价的结构方程模型研究》，机械工业出版社陈强请"小红马"快递公司于 20:30 送到。

10 月 19 日（周四）

馆长办公会（邱、吕、齐），讨论了主管增补方案、北京市高校图书馆优秀工作者人选提名、继续更换磁条问题和采编部业务工作等问题。

10 月 20 日（周五）

馆长邱小红，副馆长吕云生、齐晓航出席在诚信楼三层国际会议厅召开的"对外经济贸易大学本科教学工作水平评估意见反馈会"。

10 月 21 日（周六）

教辅、体育部联合党总支组织党员和部主任前往白洋淀雁翎队纪念馆参观，住宿白洋淀。

10 月 22 日（周日）

教辅、体育部联合党总支组织党员和部主任参观冉庄地道纪念馆后于 17 点返回学校。

10 月 23 日（周一）

（1）图书馆正式通知防火控制室值班员周重，合同期满后将不再续签劳动合同。图书馆要求周重今天即交接完工作。

（2）图书馆聘请陈长利今起在防火控制室上岗，试用期一个月。

（3）应涉嫌偷换馆藏图书的法学院学生杨某之约，副馆长齐晓航再次与其谈话。杨某再次退回《全彩中国建筑艺术史》等 4 册图书和"忏悔录"第 2 稿；工会主席马兰参与了谈话。

10 月 24 日（周二）

（1）副校长胡福印，教辅党总支书记张建华到馆慰问图书馆员工，感谢大家为学校本科教学水平评估工作所做的努力。

（2）中国传媒大学图书馆副馆长卢晋来访，副馆长齐晓航陪同参观了图书馆楼各对外服务区间；中午馆长邱小红与卢晋共进午餐，交流了有关评估和管理方面的经验，副馆长齐晓航作陪。

（3）馆长邱小红出席在中国矿业大学图书馆召开的北京高校图书馆联合体馆长会。

10 月 25 日（周三）

（1）馆长邱小红，副馆长齐晓航，流通部主任魏志宏会见陈传贵，商讨继续更换磁条有关事宜。

（2）受馆长邱小红的委托，副馆长齐晓航出席在行政楼 222 室召开的"本科教学评估整改工作会议"。

10 月 26 日（周四）

（1）馆长邱小红主持采编部第 10 次工作会议。感谢大家为评建所做的努力，为配合新馆管理模式的改革，将中文图书登录和中文图书分编工作定额分别从 130 册／天和 60 册／天，调整为 150 册／天和 80 册／天。齐晓航请辞采编部代理主任职务。

（2）副校长胡福印宴请教辅、体育部所有中层干部，感谢大家为学校本科教学评估工作所做的努力。馆长邱小红，副馆长吕云生、齐晓航出席。

10 月 27 日（周五）

图书馆范利群同志撰写的《工欲善其事，必先利其器——关于文献信息检索》一文获中国图书馆学会第三届青年学术论坛征文三等奖。

10 月 30 日（周一）

馆长邱小红，副馆长齐晓航在图书馆会议室第三次约见法学院学生杨某，邱馆长希望杨同学正视自己的错误，诚实坦率地交代问题，认真撰写材料。杨同学承认了第 2 稿"忏悔录"中仍然存在隐瞒事实的情节。

10 月 31 日（周二）

副馆长齐晓航会见北京宏图锦绣文化发展有限责任公司业务部经理魏维，向其了解有关编目市场的行情。

11 月

11 月 1 日（周三）

（1）校监察审计处处长黄捷约见馆长邱小红，通报了朝阳工商局转告的图书馆涉嫌收受商业贿赂的消息。

（2）校党委副书记杨逢华指示：立即将现行的码洋结算方式改为实洋结算。

11 月 2 日（周四）

（1）校监察审计处处长黄捷，馆长邱小红和我校法律顾问一同前往北京市朝阳区工商局，接受工商局的质询；邱小红馆长代表图书馆向朝阳工商局提交了《关于图书馆图书折扣问题的情况说明》。

（2）副馆长齐晓航会见世纪金典公司经理陈强一行，商谈有关实洋结算的事宜。

（3）副馆长齐晓航陪同"书友会"8 位同学第 3 次参观图书馆，走访了采编部和流通部书库。

11 月 3 日（周五）

（1）馆长邱小红代表图书馆与北京新华书店首都发行所有限公司签订了图书采购实洋结算合同。

（2）范利群受副馆长齐晓航的委托，参加了在朝阳门北小街 71 号召开的首图评标会。

（3）图书馆工会响应由校工会、校学生会宣传中心、校新闻网、经贸学院团学联、校红十字会和爱心社共同发起的"呼唤关爱　拯救生命"——为我校经贸学院 2003 级学生吴凡捐款的活动，号召图书馆工作人员捐款。

11 月 6 日（周一）

（1）馆长办公会（邱、吕、齐），讨论采购工作会、馆务会议题。

（2）副馆长齐晓航会见武汉缘来文化传播有限责任公司金晖智，商谈有关适用数据库问题。

（3）流通部工作人员在为海关系王同学办理还书和离校手续时发现，该生还回的 2 册图书并非其本人所借，且所借的 5 册图书全部逾期；经与该生协商无果后，交由馆办公室处理。

（4）北京超星公司吴天艳来电话询问图书馆电子书验收进度，并敦促结账。

（5）受校领导和馆领导的委托，由魏志宏、白晓煌与资产管理处副处长刘志宏组成的新图书馆密集书架和普通书架考察小组结束了在江、浙两省为期一周的考察，了解了诸多厂商信息和兄弟院校图书馆建设经验。

11 月 7 日（周二）

图书馆工会响应校工会发起的"关于开展送温暖献爱心捐赠活动"，号召图书馆工作人员捐款捐物。

11 月 8 日（周三）

（1）图书馆工作人员参加了"北京市朝阳区选举委员会小关地区分会对外经济贸易大学选区人民代表大会代表"的选举。

（2）副馆长齐晓航会见北京康邦科技有限公司营销二部经理罗中伟一行，讨论有关图书馆硬件设备和网络方面合作的可能性。

11月9日（周四）

（1）9:30~10:00，在图书馆会议室召开文献采购工作会议。馆长邱小红向大家传达了校党委副书记杨逢华的指示：文献采购立即采用实洋结算方式。经讨论后决定：如年底经费有结余，不再预付公司款项而转结下一年度。

（2）10:00~12:00，在图书馆会议室召开馆务会。讨论通过了《关于同套而分卷作者不同的著者号码取号原则》，通过了馆长办公会提议（提名景京为北京市高校图书馆优秀馆员的候选人），通过了《关于做好补充调整图书馆部分主管民意调查的通知》。

11月10日（周五）

（1）方正公司高级客户经理贾利杰与副馆长齐晓航通电话，同意图书馆提出的按合同金额65%结算今年采购电子图书的方案。

（2）15:40，图书馆收到校监察审计处转来的《北京市工商行政管理局朝阳分局听证告知书（京工商朝经检听告字（2006）第1号》之复印件。校监察审计处处长黄捷先后约见馆长邱小红、副馆长齐晓航讨论有关申辩问题。

（3）馆办公室马兰参加学校人事处、财务处举办的培训班。

11月13日（周一）

（1）图书馆向学校纪委呈报针对《北京市工商行政管理局朝阳分局听证告知书（京工商朝经检听告字（2006）第1号》的《申辩书》。

（2）法学院学生杨某来访，退回《西方建筑史》等9册图书和悔过书一份。副馆长齐晓航与其进行了第四次谈话。

11 月 14 日（周二）

（1）由学校工会发起的"送温暖、献爱心"捐赠活动结束，图书馆员工共捐赠各类衣物 32 件和现金 200 元。

（2）由校工会、校学生会宣传中心、校新闻网、经贸学院团学联、校红十字会和爱心社共同发起的"呼唤关爱　拯救生命"——为我校经贸学院 2003 级学生吴凡捐款活动结束，图书馆 39 位工作人员共捐款 3930 元。

（3）副馆长齐晓航会见一百易公司客户经理田军，讨论了有关适用数据库的问题。

（4）流通部开始对二层书库的图书更换磁条，除 D、F、H、K 四类图书之外，其他各类图书暂停借阅（大约两周时间）。

11 月 15 日（周三）

（1）馆长邱小红代表图书馆与方正公司就图书馆购买的方正电子书项目，签订了补充协议。

（2）副馆长齐晓航会见宁波市万达金属箱柜有限公司北京分公司经理邵宏，听取了其对图书馆新馆密集架设计和参与招标的设想和建议。

（3）馆长邱小红出席由教育部信息中心在湖南长沙召开的数字图书馆建设研讨会。

11 月 16 日（周四）

（1）8:30，在馆党支部书记、副馆长吕云生，副馆长齐晓航，工会主席马兰的监督下，现场开启选举图书馆主管候选人的票箱。视听资料部主任刘福军唱票，马兰计票，吕云生、齐晓航监票。

（2）10:00，由馆领导，各部门主任，馆党支部组织委员、宣传委员，工会主席和双代会代表组成的馆务扩大会议在会议室召开。讨论通过了馆长办公会关于提名得票前 11 名候选人作为入围主管候选人的提议；通过了公布民意调查结果的方案和进行第二轮民主选举的决定。

（3）图书馆颜长森、刘宝玫在校工会组织的冬季长跑比赛中分别获得男子丁组和女子丁组一等奖；王秀凤获女子乙 2 组第 3 名；刘福军、徐向伟参加了其他组别的比赛，并获纪念奖。

11 月 17 日（周五）

（1）8:30，视听资料部主任刘福军，流通部主任魏志宏，副馆长齐晓航，工会主席马兰分别代表党、政、工，一起监督密封第二轮投票票箱。

（2）图书馆工会主席马兰出席于 11 月 17~18 日在北京南宫宾馆召开的教代会主席团暨工会委员会扩大会。

11 月 20 日（周一）

（1）副馆长齐晓航会见北京天润盛名科技有限公司销售代表黄靖一行，听取了黄先生对光盘管理设备的介绍。

（2）副馆长齐晓航会见方正公司高级客户经理贾利杰和营销部客户经理张宏宇一行。自明年起，方正公司对口图书馆业务由张宏宇负责。

（3）法学院学生杨某来访，询问图书馆就其偷换图书事件的处理意见。

（4）经贸学院办公室主任刘台照来电话，转达院长赵忠秀约见图书馆馆长邱小红的邀请，以感谢图书馆派人协助经贸学院资料室整理图书资料圆满完成。

11 月 21 日（周二）

编目主管景京受副馆长齐晓航委托出席了在清华大学图书馆举办的编目研讨会。

11 月 22 日（周三）

（1）经馆长办公会讨论（邱、吕、齐）决定，鉴于目前图书馆人员经费紧张的局面，自 2006 年 12 月起，停止发放所有工作人员的馆内津贴。

（2）副校长王正富，基建处处长任鸣鹤、副处长冯二未，基建资产保卫联合党总支书记祁雪栋到馆与馆长邱小红、副馆长齐晓航、流通部主任魏志宏一起座谈新图书馆楼大厅装修、密集书架的安装问题。

（3）副馆长齐晓航会见 3M 公司业务代表，听取了有关该公司代理的产品——"座席管理系统"介绍。

（4）副馆长齐晓航会见商学院志愿者团代表，讨论了有关该院志愿者团为图书馆提供公益服务的有关事宜。

（5）副校长胡福印到馆视察工作，听取了副馆长齐晓航就有关主管民主选举和图书馆人员经费等情况所作的工作汇报。

11 月 23 日（周四）

（1）8:30，在馆长邱小红、副馆长齐晓航、视听资料部主任刘福军、工会主席马兰和群众代表丁江红的监督下开启了第二轮主管选举的票箱。之后，丁江红现场唱票，马兰计票，刘福军监票，对第二轮选票进行了统计。

（2）11:00，在图书馆会议室召开第二次馆务扩大会议。讨论通过了由馆长办公会提名的马兰、王鸣心、颜长森、刘秀深为主管的增补方案。邱馆长还向大家解释了馆内津贴停止发放的

原因。

（3）教辅、体育部联合党总支组织党员和入党积极分子参观在中国革命军事博物馆举办的纪念中国工农红军长征胜利 70 周年展览。

11 月 24 日（周五）

馆长邱小红出席北京高校图书馆联合体 CNKI 数据库联合采购会议。

11 月 27 日（周一）

16:00，采编部景京受馆长邱小红委托，向人文学院郑俊田院长咨询有关是否购买《中国旧海关史料》的意见，郑院长明确表示，应该购买该套资料。

12 月

12 月 1 日（周五）

（1）馆长邱小红出席北京市高校图书馆工作委员会主办的高校图书馆馆长研讨会。

（2）宗丽华到馆试工。

12 月 4 日（周一）

（1）馆长办公会（邱、吕、齐），讨论了新馆密集书架、普通书架的布置方案和新馆自动化设备的有关计划草案。

（2）副馆长齐晓航会见校学生会权益部学生霓雅洁、王碧岳。齐晓航回答了有关图书馆 FPT 使用问题、存包和丢包问题、工作人员服务态度问题等。

（3）副馆长齐晓航会见商学院学生志愿者协会负责人，讨论有关接受志愿服务的事宜。

12 月 5 日（周二）

（1）馆长邱小红、副馆长齐晓航、参考咨询部主任汪雪莲、咨询员于晶晶在图书馆会议室约见北京超星公司经理王红、吴天艳，商谈有关超星电子书质量和结算价格的有关问题。为避免双方损失的进一步扩大，图书馆提议按合同金额的63%结算。北京超星公司代表表示，待请示后尽快答复。

（2）副馆长齐晓航会见商学院辅导员孟大维一行，讨论签订《志愿服务基地共建协议书》和当天晚间的志愿服务活动等有关事宜。

（3）18:30，商学院志愿者团的40余名同学分为两组，分别在校图书馆南区和北区进行志愿服务活动。志愿活动的主要内容为清洁整理馆藏图书。此次活动让同学们加深了对学校图书馆的了解，也通过行动诠释了商学院志愿者团服务学校的宗旨。

12 月 6 日（周三）

（1）馆长邱小红、副馆长齐晓航、参考咨询部主任汪雪莲、咨询员于晶晶在图书馆会议室约见时代圣典公司代表，商谈有关该公司图书质量问题和有关赔偿问题。为避免双方损失的进一步扩大，图书馆提出按结算金额的50%追偿赔偿款的方案。时代圣典公司代表表示，待请示后尽快答复。

（2）副馆长齐晓航会见法学院学生杨某，通报了有关其偷换图书馆藏书问题的处理意见。

（3）副馆长齐晓航代表图书馆与商学院代表孟大维老师正式

签订《志愿服务基地共建协议书》。

12 月 7 日（周四）

（1）馆长邱小红、副馆长齐晓航、代理中文图书采购员景京在图书馆会议室会见新华书店新华出版物流通有限公司图书馆供应中心市场部经理王娅娣、业务员黄娟，讨论了有关图书采购合作的事宜。

（2）副馆长齐晓航会见了北京金商祺系统集成有限责任公司业务经理曹爱国，听取了曹先生对其公司产品的介绍。

（3）副馆长齐晓航会见了北京义华数图科技有限公司资源发展事业部大区经理王扬。

（4）馆长邱小红、副馆长齐晓航出席在诚信楼三层国际会议厅召开的校党委中心组（扩大）专题报告会。聆听了教育部直属高校工作司司长高文兵所做的"学科建设与战略规划"报告。

12 月 8 日（周五）

（1）馆长邱小红、代理中文图书采购员景京前往凤山温泉，出席由湖北三新公司主办的 2007 年图书订购会。

（2）副馆长齐晓航，参考咨询部主任汪雪莲，咨询员于晶晶、华犁在图书馆会议室约见书生公司副总经理周文伟、区域经理韩超一行 4 人，商谈有关电子图书质量和结算价格问题。为避免双方损失的进一步扩大，图书馆提出按合同金额的 40% 结算货款的方案。书生公司代表表示，待请示后尽快答复。

12 月 11 日（周一）

（1）馆长办公会（邱、吕、齐），讨论磁条更换项目的变更方案和实施细节，讨论人事安排，讨论临时调整崔玉良请丧假期间的人员方案和采编部工作量标准等问题。

（2）书生公司来电话商讨修改电子书数据的有关事宜。

12 月 12 日（周二）

北京超星公司派技术人员到馆修改该公司电子书阅读平台和数据。

12 月 13 日（周三）

（1）馆办公室主任齐晓航参加由网络与计算机中心举办的"对外经济贸易大学校园信息平台"使用培训。

（2）国际经济贸易学院院长赵忠秀、党总支书记胡东旭、院办主任刘台照等五人宴请馆长邱小红、副馆长齐晓航，感谢图书馆日前在本科评估之前协助该院完成了整理资料室藏书的项目。

（3）副馆长齐晓航接待一名来访女研究生，听取了她对图书馆工作人员服务态度不好的投诉意见，并向她解释了有关规章制度的含义。

12 月 14 日（周四）

（1）馆长邱小红，副馆长吕云生、齐晓航会见了来图书馆求职的毕业于北京联合大学的文松，听取了她个人工作、学习的介绍情况，并询问了相关问题。

（2）馆办发布《关于学习使用"对外经济贸易大学校园信息平台"的通知》，要求工作人员尽快领取个人账号和密码，并及时修改。

（3）馆长邱小红，副馆长吕云生、齐晓航，流通部主任魏志宏，参考咨询部白晓煌，自动化部王鸣心一起讨论有关新馆办公家具的布局方案。

12 月 15 日（周五）

（1）馆长邱小红，副馆长吕云生、齐晓航，流通部主任魏志

宏，视听资料部主任刘福军，参考咨询部白晓煌，自动化部王鸣心继续讨论有关新馆办公家具的布局方案。

（2）馆长办公会（邱、吕、齐），讨论并原则通过了人员经费使用方案，待学校正式批复图书馆的相关请示后，提交调整后的馆务会议讨论结果。

（3）参考咨询部主任汪雪莲代表图书馆出席由教育部社科司、CASHL 管理中心主办，北京大学图书馆承办的中国高校人文社会科学文献资源建设研讨会暨 CASHL 学科中心正式启动大会。

（4）书生公司区域经理韩超与副馆长齐晓航通电话，讨论书生公司电子书结算方案，口头达成协议，但双方均需请示领导后再做决定。

12 月 18 日（周一）

（1）馆长办公会（邱、吕、齐），讨论人事调整方案并与有关部门主任谈话。

（2）书生公司区域经理韩超与副馆长齐晓航通电话，再次讨论书生公司电子书结算方案，原则通过了按合同金额 70% 价格结算。

（3）北京超星公司区域经理王红与馆长邱小红通电话，原则同意图书馆方提出的结算方案。

12 月 19 日（周二）

（1）馆长邱小红、副馆长齐晓航约见北京赛沃阜科技有限公司经理王立强一行，商谈继续购买 3M 磁条的有关事宜。

（2）馆长邱小红、副馆长齐晓航约见北京智多利文化用品有限公司经理陈传贵，商谈更换磁条的有关事宜。

（3）馆长邱小红与书生公司区域经理韩超签订补充协议，确定了本次购买书生电子书的金额，为学校节省了资金 98813 元。

12 月 20 日（周三）

（1）副馆长吕云生、齐晓航，自动化部主任王鸣心，视听资料部主任刘福军重新讨有关新馆计算机及其他设备的采购方案。

（2）受馆长邱小红委托，副馆长齐晓航与北京赛沃阜科技有限公司经理王立强、北京智多利文化用品有限公司经理陈传贵、北京超星公司吴天艳分别商讨采购磁条、结算部分人工费用和确定结算折扣等问题。

12 月 21 日（周四）

（1）馆长邱小红，副馆长吕云生、齐晓航分别主持分管部门会议，宣布各部门主任名单。

（2）图书馆在学校校园信息平台和图书馆内部 OA 上发布《关于调整聘任各部门主任的决定》。

（3）馆领导和各部门主任出席在诚信楼三层国际会议厅召开的"对外经济贸易大学党风廉政建设和治理商业贿赂专题会"。

（4）图书馆与北京超星公司最终达成以合同金额 70% 的结算方案，并以 24.64 万元的金额结账，为学校节省文献购置费 10.56 万元。

（5）馆长邱小红、副馆长齐晓航、自动化部主任王鸣心、中文图书采购员景京一起讨论了 2007 年 ISBN 号由 10 位升级为 13 位后，图书馆管理系统的应对方案：要求书商继续提供 10 位的 ISBN 号，直至 ILAS 系统升级。

12 月 25 日（周一）

（1）馆长办公会（邱、吕、齐），讨论本周召开馆务会议题，

《图书馆领导班子2006年工作汇报》以及新馆家具和设备采购修正方案。

（2）时代圣典公司销售经理周和平致电副馆长齐晓航，约定周三上午就该公司电子书质量问题进行磋商。

12月26日（周二）

（1）受馆长邱小红委托，副馆长齐晓航出席在北京师范大学举办的"北京地区高校图书馆工作总结暨2007年馆长新春联谊会"。

（2）采编部景京被北京地区高等学校图书馆工作委员会和北京高教学会图书馆工作研究会评为"2005—2006年度北京地区高等学校优秀图书馆工作者"。

（3）由校人事处副处长杨洪义主持，在图书馆会议室召开了图书情报系列职称评审会。图书馆馆长邱小红、副馆长吕云生出席了会议。出席会议的评审员有陈长仲、刘福军、魏志宏、张洪流、张晶静、周红等。

12月27日（周三）

副馆长齐晓航会见时代圣典公司区域经理周和平和北京销售经理何悦，商谈有关电子书补偿方案，原则达成补偿3万册扫描书的协议。

12月28日（周四）

调整各部门主任后的第一次馆务会在会议室召开。馆长邱小红主持会议，吕云生、齐晓航、李顺、刘福军、刘秀深、马兰、汪雪莲、王鸣心、颜长森、周红出席会议。

12月31日（周日）

副馆长齐晓航会见北京北天堂文化传播有限责任公司业务经理梁军，讨论有关合作事宜。

2007 年

1月

1月2日（周二）

（1）图书馆34位员工接受了北京超星公司在中石化北京石油培训中心举办的超星电子书业务培训，吴天艳经理做了专题讲座。

（2）馆长邱小红向大家通报了有关工资套改的消息。

1月3日（周三）

图书馆工会组织员工和部分职工家属前往"天龙源"和"雪世界"滑雪场活动。

1月4日（周四）

图书馆教代会代表吕云生、刘宝玫、刘福军、马兰、汪雪莲、赵万霞出席对外经济贸易大学第六届教代会暨第十三届工代会第二次会议。

1月5日（周五）

（1）馆长邱小红出席学校职能部门召开的"新馆装修研讨会"。

（2）馆长邱小红、副馆长齐晓航接待北京市海淀区人民法院法官陈坚、徐立平，签收了《北京市海淀区人民法院民事裁定书[（2007）海民初字第79号]》。图书馆根据裁定书的要求，指派自动化部主任王鸣心为"超星数字图书馆"电子版图书进行证据保全提供便利。

1 月 8 日（周一）

馆长办公会（邱、吕、齐），讨论调整采编工作量、全馆会议题、合同工问题。

1 月 9 日（周二）

（1）副馆长齐晓航代表图书馆与时代圣典公司签订接受该公司赠送 3 万册扫描图书的协议。

（2）图书馆被北京百万庄图书大厦有限公司评为"最佳合作伙伴"。景京同志代表图书馆接受了印有"见证双赢利，见证发展"的荣誉证书和水晶纪念奖杯。

1 月 10 日（周三）

范利群同志被评定为图书资料系列馆员职称。

1 月 11 日（周四）

（1）馆长办公会（邱、吕、齐），讨论了《对外经济贸易大学教材和图书采购工作管理办法（暂行）（征求意见稿）》、更换磁条的结账细节等问题。

（2）13：30，全馆在编工作人员出席在参考阅览厅召开的"图书馆二级教职工代表大会"。成立了图书馆二级教代会，选举产生了以吕云生为主席，马兰为副主席，丁江红、刘福军和赵万霞为成员的图书馆二级教代会主席团。馆长邱小红向图书馆二级教代会汇报了图书馆工作，教辅、体育部联合党总支书记张建华到会讲话，副馆长齐晓航主持了会议。

1 月 12 日（周五）

（1）副馆长齐晓航主持召开了本学期合同制工作人员会议。正式通知所有合同制人员，合同到期后，将不再续签劳动或劳务合同。

（2）副校长胡福印召集教辅、体育部联合党总支四部门的所有中层干部，为即将退休的前教辅、体育部联合党总支书记程东信饯行，胡校长代表学校感谢程东信多年来为学校所做的贡献。馆长邱小红，副馆长吕云生、齐晓航出席。

（3）北京超星数字图书馆有限公司（以下简称"北京超星图书馆"）经理吴天艳来访，向图书馆赠送了400张"读秀图书搜索"免费试用卡；向副馆长齐晓航通报了有关该公司图书涉嫌侵权案的进展情况，并对因此案而给图书馆带来的不便表示歉意。

1月16日（周二）

（1）受馆长邱小红的委托，副馆长齐晓航出席在诚信楼三层国际会议厅召开的"对外经济贸易大学2006年度教学工作会议"。

（2）北京超星公司董事长助理阎云德分别会见馆长邱小红和副馆长齐晓航，向图书馆通报有关该公司与中国标准出版社官司的进展情况。

1月17日（周三）

馆长邱小红，副馆长吕云生、齐晓航出席在诚信楼三层国际会议厅召开的"校级领导班子2006年述职及民主测评会"，听取各位校领导的述职报告，并为各位校领导打分。

1月18日（周四）

馆党支部书记、副馆长吕云生，副馆长齐晓航出席北京超星公司举办的新春团拜会。

1月19日（周五）

（1）馆长邱小红出席北京高校图书馆联合体在中国中医研究院图书馆召开的馆长会。

（2）副校长胡福印，教辅党总支书记张建华到馆视察工作，感谢图书馆工作人员一年来的努力工作，并勉励图书馆工作人员在新的一年里继续努力工作，为新馆建设做出更大贡献。

（3）本学期最后一个工作日，馆党支部书记、副馆长吕云生，副馆长齐晓航巡视全馆，并代表馆长邱小红向大家提前拜年。

1 月 20 日（周六）

（1）馆长邱小红，副馆长吕云生、齐晓航出席在诚信楼三层国际会议厅召开的中层干部会，校长陈准民总结了 2006 年的工作，布置了 2007 年的任务；校党委书记王玲讲话。

（2）馆长办公会（邱、吕、齐），讨论了新馆建设、家具、设备、装修方案。

1 月 23 日（周二）

（1）寒假内的第一次开馆。

（2）3M 公司送来图书馆订购的磁条 188 箱。

1 月 26 日（周五）

16:07，一位女性读者电话投诉工作人员未到 16:00 就拒绝为其提供外借服务。

2 月

2 月 26 日（周一）

新华书店、第三极书店派窦静波、谢微林两位女士到馆试工。

2月27日（周二）

副校长胡福印到馆视察开学准备工作，听取了副馆长齐晓航的汇报。

3月

3月1日（周四）

（1）教辅、体育部联合党总支书记张建华到馆视察图书馆新学期开学工作。

（2）副馆长齐晓航分别陪同馆长邱小红，馆党支部书记、副馆长吕云生巡视图书馆楼和北区各区间，看望开学第一天到馆工作的所有工作人员。

（3）因春运期间客票难求等原因，王红、于晶晶、周红等同志告假未到馆。

3月2日（周五）

副馆长齐晓航会见北京瑞达文仪办公家具有限公司销售总监吕有和北京圣奥家具制造有限公司运作部经理栾晓琳，听取了他们对其产品的介绍。

3月4日（周日）

校纪委委员、馆长邱小红出席对外经济贸易大学党委十届四次全会。

3月5日（周一）

（1）馆长办公会（邱、吕、齐），讨论本学期主要工作，讨论参考咨询部、流通部工作安排，讨论通过了卢玲玲转正请求。

（2）馆长邱小红签署意见同意了卢玲玲的转正请求，并向学校人事处呈报了有关材料。

（3）接校人事处通知，图书馆为白晓煌、米渝玲办理退休手续。

（4）信息学院40位同学志愿者到馆参加义务劳动。

3月8日（周四）

（1）图书馆工会主席马兰代表图书馆工会向图书馆所有女职工祝贺"三八节"。马兰代表图书馆工会提出的向女职工发放"三八节"补贴的建议，得到了馆领导的支持。

（2）馆长邱小红，副馆长吕云生、齐晓航，馆党支部组织委员刘宝玫、宣传委员于晶晶出席在网络与计算机中心二层会议室召开的教辅、体育部联合党总支党政联席会议。党总支书记张建华主持会议，并向大家传达了日前召开的学校党委十届四次会议、学校安全稳定工作会议和党总支书记通气会的精神；各部门行政领导汇报了本学期工作计划。

（3）校纪委委员、馆长邱小红出席学校党委理论中心组的民主生活会。

3月9日（周五）

图书馆党支部召开全体党员会，讨论推选北京市党代会代表事宜。

3月12日（周一）

（1）馆长办公会（邱、吕、齐），讨论了人员经费追加问题、返聘人员补贴问题、派人参加北图举办的两业务会问题、是否参加第7届高校图书馆运动会问题及廖琼申请调换岗位问题。

（2）校长陈准民到馆视察工作，听取了馆长邱小红的工作汇报。

（3）副馆长齐晓航会见北京世纪京泰家具有限公司牛永伟，听取了有关该公司及产品的介绍。

（4）副馆长齐晓航再次会见商学院志愿者团代表，商谈有关电子资源培训和志愿活动事宜。

（5）教辅、体育部联合党总支书记张建华到馆视察工作，馆长邱小红、副馆长齐晓航分别汇报了开学以来图书馆的工作情况。

（6）湖北三新公司派遣李明霞到馆协助图书加工工作。

3月15日（周四）

（1）馆长邱小红、副馆长齐晓航分别会见万方数据公司总经理助理兼区域经理李维一行，李维邀请图书馆派人出席2007年三亚论坛。

（2）11:35~12:35，副馆长齐晓航主持召开了流通部业务工作会议，讨论并听取对有关部分岗位工作量调整等提议的意见和建议。图书馆工会委员、二级教代会主席团成员列席了会议。

3月16日（周五）

（1）一名日语系学生建议图书馆视听资料部恢复磁带复制业务，副馆长齐晓航在请示了馆长邱小红后，与视听部主任刘福军协商决定，有条件地恢复该业务。

（2）一名四年级女生要求图书馆向其提供本人的借书记录。副馆长齐晓航在核验了其有效证件后，向其提供了借书记录的副本。

（3）北京超星图书馆区域经理王红和经理吴天艳，分别致电馆长邱小红、副馆长齐晓航，通报了有关作者状告该公司和图书馆电子书侵权案的进展情况。

3 月 19 日（周一）

（1）馆长办公会（邱、吕、齐），讨论了廖琼申请调动岗位的问题；有条件地恢复磁带复制业务问题；在保护读者隐私和图书馆工作数据的前提下，向读者提供借阅记录的问题；准备应诉超星电子书侵权案问题；基藏阅览室李顺承担北区外借任务后，由合同制人员在周四下午补足工作时间、集中上架问题。

（2）在图书馆 OA 上发通知，以三层食堂火灾为警示，加强安全防火意识。

3 月 20 日（周二）

（1）经学校人事处审核，卢玲玲转正后定为"普岗 3"，自本月起执行。

（2）图书馆收到由学校法务办转来的北京市海淀区人民法院传票[（07）民字第 9275 号]，要求图书馆派人于 4 月 19 日上午9 时到 44 号法庭应诉有关闫树军诉图书馆超星电子书侵权案。

（3）受馆长邱小红委托，副馆长齐晓航前往首都经贸大学图书馆，与中央财经大学图书馆馆长韩志萍、首都经贸大学图书馆副馆长谭乃立、李琳一起与中国教育图书馆进出口公司报刊电子文献进口部副经理谢泽贵、电子文献科副科长刘湉以及 EBSCO 销售总监公丕俭讨论了有关 Econlit with Full Text 团购的可行性。

（4）馆长邱小红出席校党建和思想政治工作评估责任书签字仪式。

3 月 22 日（周四）

（1）副馆长齐晓航会见万方数据公司总经理助理兼区域经理

李维，接受邀请出席2007年三亚论坛。

（2）副馆长齐晓航会见北京优士创新科技发展有限公司销售代表魏胡葵。

3月23日（周五）

23~27日，受馆长邱小红委托，副馆长齐晓航出席了由万方数据公司、《科技日报》《经济日报》和《数字图书馆论坛》主办的"2007三亚论坛——开放联合·成就创新之道"研讨会。

3月26日（周一）

（1）馆长邱小红会见了教育部、财政部以及专业会计师事务所组成的联合考察小组，回答了考核小组对图书馆新馆设备需求项目中的有关问题。

（2）受馆长邱小红的委派，采编部主任周红于3月26~30日出席了在国家图书馆召开的"文献采购招标研讨会"。

3月29日（周四）

本学期第一次馆务会。各部主任汇报了开学以来各部门的工作情况；馆长邱小红布置了本学期的工作，包括党建评估工作、新馆搬迁筹备工作、读者满意度调查工作、图书馆管理软件的考察工作、图书采购的招标工作等。会议讨论通过了以重庆维普取代CNKI和恢复与武汉三新公司合作的提议。副馆长吕云生要求对工作人员和读者进行安全教育。副馆长齐晓航向大家通报了有关人员的退休和晋级情况。

4 月

4 月 2 日（周一）

（1）馆长办公会（邱、吕、齐），讨论了作者闫树军诉图书馆超星电子书侵权案的处理方案，举办电子书培训和主题党日活动安排。

（2）外经贸学人字［2007］042 号文件通知：卢玲玲被评定为助理馆员。

4 月 3 日（周二）

副馆长齐晓航会见北京金智康电子设备有限公司经理袁琍，听取了其对该公司防盗设备、门禁系统等的介绍。

4 月 5 日（周四）

（1）受馆长邱小红委托，魏志宏出席在北京大学图书馆召开的"永磁换可冲消磁研讨会"。

（2）副校长王正富约见馆长邱小红，讨论新馆建设中的问题，并通报了新馆建设进度。

（3）副馆长齐晓航会见同方知网（北京）技术有限公司（以下简称"同方知网公司"）副总经理王俊杰、销售经理李晓燕一行三人。齐晓航向王经理一行通报了有关调整图书采购方向的初步意向，表明了图书馆就 CNKI 数据库续订的态度：希望得到更加优惠的价格，以解决经费紧张而产生的续订困难问题。

（4）副馆长齐晓航代表图书馆向北京超星图书馆表示：同意

更换涉嫌侵权而因发诉讼的图书。

（5）馆长邱小红出席在行政楼 222 会议室召开的校长工作汇报会。

（6）副馆长齐晓航会见国泰安信息技术有限公司北京客服经理秦孟凯，听取其对该公司产品"中国教学研服务领航者"的介绍。

（7）受馆长邱小红的委托，副馆长齐晓航对馆藏有关"非洲"图书品种和数量进行了统计，为外语学院教学评估提供了数据支持。

（8）图书馆工会主席马兰根据学校工会的通知要求，向每位会员发放了 150 元的春游费，同时扣缴了相应的会费。

（9）校长办公室转来两位教师的来信，要求恢复订购 CNKI 数据库。

4 月 6 日（周五）

（1）6~7 日，范利群代表图书馆出席由北京市高校图书馆工作委员会在中国人民大学图书馆举办的"图书馆本科教学评估经验交流研讨会"。

（2）副馆长齐晓航接待学生读者，倾听有关恢复订购 CNKI 数据库的意见。

4 月 9 日（周一）

馆长办公会（邱、吕、齐），共同接待继教院脱产学历部 2006 级学生李旭娥。其投诉说，周日在图书馆基藏图书阅览室将书包挂在门内的挂包处，后发现书包丢失。与同方知网公司销售经理李晓燕会谈有关 CNKI 服务和续订问题。

2007 年

4 月 12 日（周四）

（1）副馆长齐晓航会见时代圣典公司代表周和平，通报了有关受赠电子图书陈旧的问题。

（2）3M 公司王立强与副馆长齐晓航通电话允诺：如公司批准图工委联合采购的协议价格，将对图书馆已经购买的磁条采取价格保护的政策。

（3）副馆长齐晓航陪同我校会计专业与澳大利亚 CPA 联合考察小组参观图书馆，并回答了考察组提出的有关电子资源方面的问题。

（4）学校领导批准了图书馆提交的《关于在〈应诉委托协议书〉上加盖校章的请示》（2007 请字 0307 号）的提议：由北京超星图书馆承担所有侵权责任并代理图书馆出庭应诉闫树军诉图书馆超星电子书侵权案。

4 月 13 日（周五）

副校长胡福印到馆视察工作，并转来由前国务院副总理李岚清撰写的《原来篆刻这么有趣》一书，该书扉页有作者亲笔题写的"赠对外经济贸易大学图书馆"。

4 月 16 日（周一）

（1）馆长办公会（邱、吕、齐），讨论了清产核资进度、党建评估进度、学校运动会筹备、重庆书市参会、"五一"放假及开放安排、处级后备干部推荐等问题。

（2）中午，副馆长齐晓航接待了学生社会团的访问，回答了有关图书馆电子资源保有情况、电子资源使用情况以及宣传推广方面的问题。

4 月 18 日（周三）

临时馆长办公会（邱、吕、齐），再次讨论了有关处级后备

73

干部推荐程序问题，并将具体方案呈报教辅党总支书记张建华审阅；张建华书记批准了图书馆的推选方案后，由办公室副主任马兰逐一电话征求符合条件候选人的意见，并向所有工作人员发放推荐意见表。

4 月 19 日（周四）

（1）馆长邱小红，副馆长齐晓航会见标典国际（香港）集团公里区域经理张德谢，听取了张先生对其经销的图书防盗设备的介绍。

（2）下午全校运动会，部分田径项目举行。

（3）教辅党总支书记张建华到馆视察工作，分别会见馆长邱小红、副馆长齐晓航，商议调任卢玲玲任党总支党建评建工作专职干事的有关事宜。

（4）受馆长邱小红委托，副馆长齐晓航出席在同方科技大厦召开的"2007 年 CNKI 产品与服务发布全国巡回会议暨 2006 年北京 CNKI 应用排行发布会"。

4 月 20 日（周五）

20~26 日，副馆长齐晓航、采编部主任周红、视听资料部主任刘福军、中文图书采购员景京出席第 17 届全国书市。

4 月 23 日（周一）

馆长办公会（邱、吕，齐出差），讨论了正副处级后备干部推荐人名单、七层书库图书是否更换磁条问题、因周日姬晓娟摔伤后借调到党总支工作的卢玲玲工作时间安排等问题。

4 月 28 日（周六）

（1）学校工会向所有会员发放"五一"过节费（现金），标准为每人 200 元。

（2）副馆长齐晓航与教辅党总支书记张建华商议，为保证图书馆的正常业务的开展，并协助党总支完成党建评估工作，决定卢玲玲自 5 月 7 日起隔天轮流在图书馆和党总支任职。

（3）人事处发文，景京、魏志宏退休。

4 月 29 日（周日）

全校运动会，图书馆闭馆。戴陈获得女子乙组第 2 名、女子 60 米第 2 名；卢玲玲获得女子甲组 800 米第 4 名；于晶晶获得女子甲组铅球第 4 名；丁胜民获得男子丙组自行车慢骑第 4 名；王秀凤获得女子丙组自行车慢骑第 4 名；任立艳获得女子乙组跳绳第 6 名。

5 月

5 月 4 日（周五）

根据学校"五一"放假的通知精神，5 月 4 日～6 日国内期刊阅览厅、国外报刊阅览厅、国外版本图书借阅厅、参考阅览厅、基藏图书阅览室（北区）、报纸阅览室（北区）实行间断开放。

5 月 7 日（周一）

馆长办公会（邱、吕、齐），讨论了七层书库图书更换加装磁条问题、新馆门禁系统单独招标咨询问题、参加全国经济类院校馆长会问题、廖琼调换岗位问题、卢玲玲和范利群轮流替班基藏阅览室的安排问题。

5月8日（周二）

副馆长齐晓航会见学生会权益部代表，听取了同学们对图书馆一线工作人员服务质量的意见和建议，并回答了同学们有关电子资源使用和新馆建设方面的问题。齐晓航表示，感谢并欢迎同学们不断对图书馆工作提出意见、建议，同时也希望通过学生社团加强与学生的沟通，以便使同学们更加理解图书馆的工作。

5月10日（周四）

（1）馆长邱小红，副馆长齐晓航会见北京化工大学图书馆副馆长杨守文一行四人，向同行介绍了图书馆采购和验收电子图书的经验。

（2）馆长邱小红，副馆长吕云生、齐晓航出席了在诚信楼三层国际会议厅召开的"教育部巡视工作动员大会"。

5月11日（周五）

据北京高校图书馆工作委员会网站（bjgxtgw.ruc.edu.cn）5月10日公布的消息："华北高校图协第二十一届年会北京高校图工委推荐论文名单"，图书馆有三篇文章入选，其中汪雪莲撰写的《高校知识管理中的学科馆员》和齐晓航撰写的《在电子图书验收过程需注意的若干问题》入选"优秀论文"，白晓煌撰写的《刍议高校复合型图书馆发展模式》入选"交流论文"。

5月14日（周一）

（1）馆长办公会（邱、吕、齐），讨论了有关固定资产清查统计数据的问题及有关举办电子图书培训等问题。

（2）14~19日，于晶晶代表图书馆出席在成都召开的"Calis数字资源管理与长期存取研讨会暨第五届国外引进数据库培训周"。

5 月 15 日（周二）

馆长邱小红、副馆长齐晓航、参考咨询部主任汪雪莲分别会见同方知网公司销售经理李晓燕，与其签订了 CNKI 续订合同，并协商了有关培训计划。

5 月 16 日（周三）

（1）馆长邱小红会见方正公司高级客户经理贾利杰。

（2）副馆长齐晓航约见了两公司派驻图书馆流通部协助工作的两位女士，对两人日前工作中出现的缺勤、工作态度不积极、午休时间过长等问题提出了警示。

5 月 17 日（周四）

流通部主任刘秀深，助理馆员卢玲玲应邀出席在中国人民大学图书馆召开的"北京地区高校图书馆读者服务研讨会"。卢玲玲以作者身份在会上代表图书馆做了题为《精确统计分析，实施精细管理——2006 年对外经济贸易大学图书馆流通部主要业务量统计分析报告》的主题发言。

5 月 21 日（周一）

馆长办公会（邱、吕、齐），讨论了采编部人事调整问题，重庆馆长会、新东方产品发布会、方正年会的参会事宜，本周四馆务会议题，资产清查问题，读者问卷调查问题。

5 月 24 日（周四）

馆务会，各部门主任汇报本部门工作情况，其中采编部因两书商书库搬家而影响图书到馆速度，流通部因人力紧张而造成图书归架不及时是现阶段的主要问题。馆长邱小红通报了近期图书馆党建评估、新馆筹备、清查资产、读者满意度调查等主要工作的进度。副馆长齐晓航传达了人事处有关评选优秀教育工作者的

通知精神，馆务会成员讨论一致通过推选魏志宏为优秀教育工作者候选人。

5月25日（周五）

（1）图书馆工会响应学校工会关于开展2007年"博爱在京城、博爱在朝阳、博爱在惠园"捐款救助活动的号召，在图书馆OA上发布消息，开展募捐活动。

（2）馆长邱小红应邀出席新东方多媒体学习库发布暨圆梦工程启动仪式。

（3）副馆长齐晓航、工会主席马兰等前往雾灵山庄考察下周活动的团餐、住宿、会议室等条件。

5月28日（周一）

（1）馆长办公会（邱、吕、齐），讨论周末培训的有关细节安排。

（2）28~29日，馆长邱小红出席在重庆工商大学图书馆召开的全国经济类院校图书馆馆长年会，并发表了题为《快餐文化背景下的高校图书馆》的演讲。

5月30日（周三）

（1）5月30日~6月2日，馆长邱小红陪同校长陈准民访问香港。

（2）副馆长齐晓航应邀出席由北大方正集团有限公司在北京大学百周年纪念讲堂召开的"创新·共赢——2007年中国数字出版产业年会"。

（3）5月30日~6月5日，采编部赵红涤代表图书馆出席在大连市召开的"第二届全国图书采编工作研讨会暨外文图书文献采集研讨会"，会议由国家图书馆主办，中国图书进出口（集团）

总公司、中国图书商报、中国图书馆学会资源建设与共享专业委员会协办。会议旨在推动全国图书馆图书采访工作领域内的学术研讨，促进同行业工作人员的交流，构建图书馆采访人员、出版社和书商三者之间的交流平台，加速图书行业的国际化进程。

5 月 31 日（周四）

（1）馆党支部书记、副馆长吕云生主持召开图书馆全体党员会。

（2）副馆长齐晓航应党委监察处的要求，赴北京工业大学参观"惩治与预防并举 携手共建和谐校园——预防职务犯罪，警示教育展览"。

（3）副馆长齐晓航会见商学院志愿者团活动部副部长裘欣楠同学，讨论了共建志愿活动基地挂牌有关事宜。

6 月

6 月 1 日（周五）

（1）1~2 日，图书馆组织员工赴雾灵山庄，举办书生电子书培训暨"全力提升服务品质，共创图书馆事业的跨越式发展主题党日活动"。

（2）一位先生来电话声称图书馆购买的方正电子书涉嫌侵权，且已经做了证据保全，如不同意协商解决，则起诉图书馆。已将情况通报给方正公司有关人员。

6 月 4 日（周一）

（1）馆长办公会（邱、吕、齐），讨论有关接待以香港何柱国、刘孪雄为核心的考察小组的问题；与采编部主任周红一起讨论分编岗位工作量的调整问题。

（2）副校长王正富到馆视察工作，与馆长邱小红、副馆长齐晓航讨论有关新馆建设的问题。

（3）副馆长齐晓航会见商学院志愿者团长助理王兴同学，商议有关志愿者团实习基地挂牌仪式的议程问题。

（4）副馆长齐晓航会见万方数据公司北京地区经理王唯，王经理向图书馆发出"跨越检索·走向知识发现——2007 万方数据产品发布会"参会邀请。

6 月 5 日（周二）

（1）副馆长齐晓航与方正公司高级客户经理贾利杰通电话，沟通有关图书馆方正电子书涉嫌侵权的信息。

（2）16：00，馆长邱小红在行政楼会议室陪同校长陈准民等校领导共同会见香港客人。

6 月 6 日（周三）

（1）副馆长齐晓航会见汤姆森学习出版集团北京代表处营销代表陈晰，听取了陈先生对其公司产品的介绍。

（2）商学院青年志愿者服务团校园图书馆志愿服务基地揭牌仪式举行。商学院志愿者服务团图书馆服务基地正式成立，当日下午 4 点，服务基地揭牌仪式在图书馆二层大厅举行，图书馆馆长邱小红，图书馆党支部书记、副馆长吕云生，副馆长齐晓航，商学院党总支副书记张卫滨，团总支书记兼志愿服务团团长孟大惟等出席了此次揭牌仪式。

6 月 7 日（周四）

馆长邱小红，副馆长齐晓航，参考咨询部主任汪雪莲、咨询员于晶晶共同会见中国教育图书进出口公司报刊电子文献进口部副经理谢泽贵、电子文献科副科长刘湉一行，商讨有关ECONLIT 全文数据库的团购召集事宜。

6 月 11 日（周一）

（1）馆长办公会（邱、吕、齐），讨论了有关王红申请内退的问题、工会和二级教代会酝酿经费提案问题以及 2006~2007 学年工作人员考核问题。

（2）馆党支部书记、副馆长吕云生主持全体党员会。

（3）全馆党员出席在宁远楼召开的全校党员紧急会，副馆长齐晓航以非党中层干部身份应邀列席会议。校党委副书记陈建香主持会议，党委副书记杨逢华通报了党建评估和三楼食堂案的有关情况；副校长林桂军通报了有关重点学科评估的情况；党委书记王玲传达了有关北京市第十四届党代会的文件精神。

（4）教辅、体育部联合党总支书记张建华到馆与馆长邱小红，馆党支部书记、副馆长吕云生讨论有关党建评估问题。

6 月 12 日（周二）

12~16 日，参考咨询部主任汪雪莲应邀出席在内蒙古自治区海拉尔召开的华北高校图协第二十一届年会。汪雪莲撰写的《高校知识管理中的学科馆员》和齐晓航撰写的《在电子图书验收过程需注意的若干问题》入选"优秀论文"；白晓煌撰写的《刍议高校复合型图书馆发展模式》入选"交流论文"，分别获得证书。

6 月 13 日（周三）

学校人事处批准了王红内退的申请。

6月15日（周五）

副馆长齐晓航应邀出席在北京友谊宾馆会议楼召开的由万方数据公司主办的"跨越检索·走向知识发现——2007万方数据产品发布会"。万方数据公司总裁蒋勇青发表了简短的致辞后，公司有关部门经理分别做了主题报告，包括：张春梅题为《没有国界的战争》的报告、赵蕴华题为《DOI——连接科学数据与科技文献的纽带》的报告、吴广印题为《万方数据同意资源整合服务平台》的报告、沈莎莎题为《专利分析软件平台助力企业创新服务》的报告以及王胜海题为《万方数据技术、产品、服务三位一体，激发创新动力》的报告。

6月18日（周一）

馆长办公会（邱、吕、齐），讨论了王红内退后的人员安排问题、于晶晶申请调离图书馆的问题、工作人员考核的问题。

6月19日（周二）

（1）副校长王正富到馆视察工作，与馆长邱小红讨论有关新馆建设的问题。

（2）白晓煌撰写的《刍议高校复合型图书馆发展模式》，范利群撰写的《基于知识服务下的图书馆学科馆员服务模式》均获中国图书馆学会专业图书馆分会2007年学术年会征文三等奖。

6月21日（周四）

（1）召开馆务扩大会议，民主考核工作人员，评选出"优秀"等级的工作人员，分别是：刘秀深、马兰、于秀春、陈洪莉、段英、丁江红、姜玉芬、陈建新、卢玲玲、陈凤军和赵万霞，共11人；其余36位工作人员的考核等级均为"合格"。馆务扩大会议还讨论通过了《关于给予图书馆二级教代会经费支

持的提案》和《关于修改馆务公开制度的提案》两份提案中的
主张。

（2）馆长邱小红，副馆长吕云生、齐晓航出席在宁远楼三层
会议室召开的"本科教学工作水平评估工作情况总结大会"。

6 月 22 日（周五）

（1）校人才交流中心委派闫燕玲到馆协助工作，闫燕玲自即
日起暂时接替王红岗位。

（2）副馆长齐晓航会见学生尹某，询问其曾经借阅的《国际
商法》一书的有关问题。

（3）学校财务处正式批复图书馆 2007 年预算额度：文献购
置费 400 万元、行政办公费 18 万元、人员特贴 50 万元、计算机
维护费 3 万元。

6 月 25 日（周一）

（1）馆长办公会（邱、吕、齐），讨论了个别同学涉嫌偷换
图书的处理问题、出版社王晶求职问题、周四采购工作会议议题
以及 2007 年各项目经费使用安排问题。

（2）馆长邱小红，副馆长吕云生、齐晓航会见出版社编辑王
晶，听取了其调入理由的陈述。

（3）学校人事处发放降温费，每人 200 元（现金）。

6 月 26 日（周二）

人事处签发了参考咨询部咨询员于晶晶调离图书馆的校内调
动函，于晶晶将在国际经济贸易学院供职。

6 月 27 日（周三）

图书馆工会按照学校工会的通知要求，开始自荐"北京健康
之星"候选人活动。

6月 28 日（周四）

（1）馆长邱小红，副馆长吕云生、齐晓航，中外文报刊采购员陈长仲，参考咨询部主任汪雪莲，外文图书采购员赵红涤，采编部主任兼中文图书采购员周红出席文献采购工作会议。2007 年文献采购经费具体额度划分为：中文图书 175 万元、外文图书 60 万元、中外文报刊 90 万元、电子资源 70 万元，另有 5 万元机动费。馆长邱小红要求采购员提交资产报增单，并遵守采购纪律。

（2）临时馆长办公会（邱、吕、齐），讨论了人员特贴和行政经费的使用计划以及复印室请求在假期内持有一层大门钥匙以方便其业务开展的问题。

（3）图书馆党支部的"全力提升服务品质，共创图书馆事业的跨越式发展"主题党日活动，被评为校级 2006 年度综合优秀奖项管理服务类三等奖。

7 月

7月 2 日（周一）

馆长办公会（邱、吕、齐），讨论了上半年工作总结的起草问题、本学期最后一次馆务会议题、馆内津贴标准问题、继续制作宣传资料照片问题、采购工作服问题、暑假期间参加各类学术会议安排问题。

7月 3 日（周二）

（1）第三极公司更换外派图书馆的工作人员，由于秀芳接替谢微林的岗位。

（2）学校工会向会员发放夏游费，每人 150 元（现金）。

7月4日（周三）

下午，在由教育部、全国青联联合举办的"香港青年实业家刘鸣炜先生捐赠仪式"上，刘鸣炜先生向我校捐赠 3000 万元港币，同时向中国教育发展基金会捐赠 2000 万元港币。教育部部长周济，共青团中央书记处书记尔肯江·吐拉洪，全国政协常委、香港星岛新闻集团董事会主席、我校校董何柱国，中国教育发展基金会理事长张保庆等出席捐赠仪式。陈准民校长出席仪式并代表学校接受捐赠，同时向刘鸣炜先生颁发校董聘书。陈准民校长表示，刘鸣炜先生向我校捐赠 3000 万元港币，将用于新图书馆的建设。

7月6日（周五）

（1）教辅、体育部联合党总支书记张建华委派卢玲玲接任于晶晶的教辅、体育部联合党总支秘书职务；馆长邱小红指派卢玲玲与于晶晶交接工作，自即日起在参考咨询部实习。

（2）学校法务办转来李昌奎诉图书馆方正电子书《国际通行职业资格认证考试指南》一书涉嫌侵权起诉书复印件。

7月9日（周一）

（1）馆长办公会（邱、吕、齐），讨论了北京博森板业有限公司提供的新馆阅览桌面的颜色板选取问题，卓越学院留存的 300 人办证问题，近期部分区间因检查不细、关锁读者和工作人员问题，领导班子述职和处级领导干部考核问题，馆务会和全馆会议题，方正电子书涉嫌侵权问题。

（2）于晶晶完成工作交接，赴国际经济贸易学院供职。

（3）接人事处内部调令，王晶由校出版社正式调入图书馆。

（4）馆长邱小红，副馆长吕云生、齐晓航会见方正公司高级客户经理贾利杰、战略规划部版权经理林巍一行，商议有关李昌奎诉图书馆方正电子书侵权案的处理问题。

7月10日（周二）

馆长邱小红，副馆长吕云生、齐晓航，党总支委员刘宝玫出席了教辅、体育部联合党总支党政联席会议。党总支书记张建华主持会议，王海涛、孙强、梅涛、李凤桥出席。张建华传达学校安全稳定会议精神；布置近期中层干部和处级领导班子考核工作；总支工作总结。

7月12日（周四）

（1）9:00，馆务会，讨论通过了2007年度馆内津贴发放标准，讨论通过了对本学年度考核为优秀等级人员的奖励标准，讨论通过了工会提议的发放馆内防暑降温费的议案。

（2）13:30，全体工作人员大会，图书馆处级领导班子和正、副馆长述职，图书馆工作人员对处级领导班子和正、副馆长进行民主测评。

（3）王晶正式报到，接替范利群在基藏图书阅览室替班。

7月13日（周五）

副馆长齐晓航会见北京方正公司战略规划部版权经理林巍，再次商议有关李昌奎诉图书馆方正电子书侵权案的处理问题。

7月14日（周六）

14~18日，白晓煌、范利群应邀出席在云南昆明召开的2007中国图书馆学术年会。白晓煌撰写的《刍议高校复合型图书馆发展模式》和范利群撰写的《基于知识服务下的图书馆学科馆员服务模式》两篇论文，均获得 2007 中国图书馆学术年会三等奖。

7 月 16 日（周一）

（1）馆长办公会（邱、吕，齐外出），讨论了近期会议参会安排。

（2）9:00，副馆长齐晓航受校长陈准民授权委托，前往北京市朝阳区人民法院 46 庭，处理李昌奎诉图书馆方正电子书侵权案的调解问题。北京方正公司战略规划部版权经理林巍一同前往，在张法官的主持下，双方陈述了各自的观点。齐晓航指出：图书馆在合法的公司购买的合法的产品，进行了合法的使用，无过错；不应承担任何经济和法律责任。林巍向法院出示了有关证据后指出：方正电子书的版权问题与客户对外经济贸易大学没有关系，北京方正公司与李昌奎日前有过版权协议，目前李昌奎所诉称的侵权应视为履行合同过程中的违约行为，可与李昌奎在有条件的前提下商议赔偿问题。

7 月 17 日（周二）

（1）馆长邱小红，副馆长吕云生、齐晓航，出席在计算机中心会议室召开的教辅、体育部联合党总支党政联席民主生活会议。党总支书记张建华主持会议，王海涛、孙强、杜建新、梅涛、李凤桥、赵广银出席。与会人员就学习中纪委 7 号文件精神，结合本部门的实际谈了个人的体会。

（2）图书馆致函公共管理学院，向该院通报了该院学生涉嫌偷换图书馆馆藏图书的调查情况。

7 月 19 日（周四）

馆长邱小红、副馆长齐晓航与陈传贵讨论本学期更换磁条项目结账细节问题。

7 月 20 日（周五）

副馆长齐晓航与校办主任余兴发、校法务办周永逸、北京市朝阳区人民法院张法官联系后，前往朝阳区人民法院呈送追加北京方正公司为第三人的申请，但因法院集体学习，文件未能送达。

7 月 21 日（周六）

（1）图书馆正式放假，开始执行暑假开放时间表，暑假期间共开放 13 天。

（2）馆长邱小红，副馆长吕云生、齐晓航出席在诚信楼三层国际会议厅召开的全体中层干部会。校长陈准民就本学期工作进行总结；校长陈准民传达教育部长周济在教育部直属高校岗位设置管理工作部署会议上的讲话精神；副校长徐子健解读教育部直属高校岗位设置管理文件精神；党委书记王玲做总结讲话。

7 月 22 日（周日）

22~28 日，副馆长齐晓航赴江西南昌出席由中国教育图书进出口公司主办的 2007 年外文期刊引进工作研讨及培训会。会议围绕外文期刊的出版动态和价格变化分析、国外图书馆的期刊采购模式探讨、OPEN ACCESS（OA）资源一站式检索服务平台的使用培训、教图公司电子期刊导航平台的使用培训等专题进行了研讨。

7 月 25 日（周三）

25~31 日，副馆长吕云生出席由北京书生数字图书馆软件有限公司在蟹岛举办的"北京高校图书馆文献资源建设研讨会"。

7 月 30 日（周一）

7 月 30 日~8 月 3 日，受馆长邱小红的指派，流通部主任刘秀深出席了由北京方正公司主办的，在湖南张家界召开的"协作·共享——数字资源创新应用"2007 中国数字图书馆可持续发展研讨会。

8月

8月4日（周六）

4~10 日，馆长邱小红出席在甘肃兰州召开的中国图书馆学术年会。

8月6日（周一）

6~9 日，期刊部主任颜长森代表图书馆参加由人大书报资料中心在云南召开的期刊工作研讨会。

8月13日（周一）

13~17 日，参考咨询部主任汪雪莲、自动化部系统管理员段英代表图书馆参加由广西师范大学图书馆、美国斯坦福大学图书馆和中国图书馆学会数字图书馆建设与研究专业委员会共同在广西师范大学举办的"数字环境中的图书馆：社会和技术挑战数字图书馆前沿问题高级研讨班"。

8月15日（周三）

（1）15~16 日，副馆长齐晓航出席由全国高等财经院校图书馆联盟组织、重庆工商大学图书馆协办、北京龙戴特信息技术有限公司承办的，在大连召开的全国高等财经院校图书馆数据库联采暨研讨会。包括上海财经大学、中南财经政法大学、重庆工商

大学、广州商学院和我校在内的中心馆馆长会议确定：第七届全国财经类院校图书馆馆长会议于2008年5月中下旬在济南召开，并初步确定了会议议题。会议讨论了EMIS数据库的团购条件等事宜。

（2）馆长邱小红出席校人事处组织召开的"岗位设置方案征求意见会"。

8月29日（周三）

副馆长齐晓航出席在诚信楼13-14室召开的教育部"加强高校管理，进一步治理商业贿赂视频会议"。

8月30日（周四）

9:30，校党委宣传部副部长王海涛电话通知馆党支部书记吕云生和副馆长齐晓航，请检查图书馆主页中的FTP内容。自动化部主任王鸣心检查并删除了有关读者上传的黄色资料。

9 月

9月3日（周一）

（1）北京服装学院图书馆马卫平老师与副馆长齐晓航通电话，讨论图书馆电子资源版权保护方面的问题。

（2）馆长邱小红、副馆长齐晓航、新馆建设联系人白晓煌应邀赴通州区黎明家具厂参观考察。

9月5日（周三）

中南财经政法大学图书馆馆长黄孟黎与副馆长齐晓航通电

话，讨论文献经费额度和各类文献采购额度等问题。

9 月 6 日（周四）

（1）开学上班，今明两天仍然执行暑假间断开放时间。

（2）馆长邱小红，副馆长吕云生、齐晓航巡视全馆，讨论本学期人事调整方案：姬晓娟病愈上班，继续在基藏书库值班；李顾调至出借厅与刘秀深一起向魏志宏学习部主任工作；因党建评估需要，卢玲玲继续在参考咨询部和教辅党总支两处供职。

（3）副馆长齐晓航会见北京神州泰岳软件技术公司经理。

9 月 7 日（周五）

（1）馆长邱小红，副馆长吕云生、齐晓航出席在诚信楼三层国际会议厅召开的中层干部会。校党委副书记陈建香主持会议，党委副书记杨逢华做了有关党建评估工作进度的报告，副校长徐子健就学校定岗定编工作的情况做了说明，副校长林桂军做了学科建设规划的报告，校长陈准民布置本学期工作并总结发言。

（2）教辅、体育部联合党总支书记张建华来馆考察，分别会见馆长邱小红和副馆长齐晓航，了解新馆建设进度和筹备搬迁情况以及定岗定编的准备情况。

9 月 10 日（周一）

（1）馆长办公会（邱、吕、齐），讨论了原高职学院借用房间改为工会职工之家的问题，根据工会提议发放教师节、中秋节、国庆节补贴每人 500 元的问题。

（2）馆长邱小红、副馆长齐晓航分别会见北京方正公司高级客户经理贾利杰、营销部客户经理沈璐。

（3）北京服装学院图书馆马卫平老师与副馆长齐晓航再通电话，就服装学院图书馆电子书涉嫌侵权问题，向图书馆咨询处理意见。

（4）新华书店北京市店经理李红光与副馆长齐晓航通电话，商议有关派人支援图书加工的问题。李红光经理希望削减委派人员在图书馆的工作时间，副馆长齐晓航表示依然希望得到新华书店的人力支持，具体条件再商议。

9 月 11 日（周二）

校工会发教师节、国庆节补贴，每人 200 元（现金）。

9 月 12 日（周三）

副馆长齐晓航会见商学院志愿者团活动部副部长裘欣楠等三同学，讨论了有关志愿者团活动计划的事宜。志愿者团与图书馆将进行图书实物展览、读者交流会、协助校内学生自主交换图书、多渠道多形式的发布新书通报等。

9 月 13 日（周四）

邱小红、吕云生、刘福军、刘秀深、王鸣心、李颀和范利群代表图书馆出席在宁远楼会议厅召开的全校优秀教师表彰大会。

9 月 14 日（周五）

（1）卢玲玲代表图书馆出席在首都师范大学图书馆举办的"网上报告厅"新产品发布会。

（2）教辅、体育部联合党总支扩大会议在计算中心会议室召开。党总支书记张建华主持会议，党总支副书记王海涛，馆长邱小红，副馆长吕云生、齐晓航，组织委员刘宝玟，党总支秘书卢玲玲，计算中心管理小组孙强、杜建新、梅涛，体育部党支部书记汤悟先出席了会议。张建华传达了学校总支书记通气会和安全稳定工作会议精神，学习了胡锦涛 8.31 讲话精神，布置了本学期总支工作任务。

9 月 16 日（周日）

16~22 日，采编部主任周红赴武汉出席了由湖北省新闻出版管理局主办，湖北省出版物发行业协会、武汉三新书业有限公司承办的"2007 年第六届华中图书交易会暨第三届全国地方版图采会"。

9 月 17 日（周一）

（1）馆长办公会（邱、吕、齐），讨论了党建评估准备工作，馆务会议题，国研网、重庆维普的续订以及是否购买新东方产品，姜淑春反映的宿舍等问题。

（2）馆长邱小红、副馆长齐晓航巡视全馆，检查党建评估准备工作。

9 月 18 日（周二）

馆务会，馆长邱小红主持会议。教辅、体育部联合党总支书记张建华，副馆长吕云生、齐晓航，部门主任李顺、刘福军、刘秀深、马兰、汪雪莲和颜长森出席（周红出差、王鸣心请假）。馆长邱小红布置了党建评估准备工作和本学期重点工作：新馆搬迁准备、人员培训、新书入藏量的保证、系统升级或更换、定岗定编等。张建华书记就党建评估和图书馆的重点工作做了总结发言。

9 月 19 日（周三）

副馆长齐晓航出席由学校党委统战部在行政楼 226 会议室召开的学校重大问题通报会。副校长徐子健和党委副书记杨逢华分别向各民主党派代表和党外民主人士通报了定岗定编和党建评估的情况。

9 月 20 日（周四）

（1）学校检查组莅临图书馆检查党建评估准备工作情况。听取了馆长邱小红的汇报后，在馆长邱小红、副馆长齐晓航的陪同

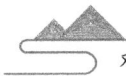

下考察了图书馆的部分开放区间。

（2）副馆长齐晓航会见书友会柳艳霞等同学，讨论了有关同学自发向图书馆捐赠图书的有关事宜。

9 月 22 日（周六）

校党委副书记杨逢华、党委办公室主任袁利新到馆考察党建评估工作的准备情况。听取了馆长邱小红的汇报，副馆长吕云生、齐晓航出席了汇报会。

9 月 24 日（周一）

馆长办公会（邱、齐，吕请假），讨论了检查了全馆党建评估的准备工作情况。

9 月 27 日（周四）

由图书馆和书友会共同发起的向图书馆自愿捐书活动正式启动，书友会收到同学捐赠给图书馆的各类书籍 39 册。

9 月 28 日（周五）

副馆长齐晓航出席在行政楼 218 会议室召开的"关于开展高等教育支出绩效评价工作"会议。

10 月

10 月 4 日（周四）

4~7 日，根据学校"十·一"黄金周放假的通知安排，间断开放部分阅览区间。

10 月 8 日（周一）

（1）由校工会举办的"精彩瞬间"教职工摄影大赛中，视听资料部主任刘福军的《时尚，从这儿出发》获"社会广角"二等奖，《进站口·汉口 2007》和《忙碌之晨·汉口 2007》获三等奖，《OK……，惠园 2007》获"和谐校园"二等奖，《君子之戏——英式橄榄球在惠园》获三等奖。

（2）教辅、体育部联合党总支书记张建华到馆视察黄金周后图书馆工作情况。

（3）馆长办公会（邱、吕、齐），讨论了十一期间起草的 2008 年新馆设备需求报告、图书馆与商学院志愿者团共同举办图书推介活动等问题。

10 月 10 日（周三）

（1）馆长邱小红，副馆长吕云生、齐晓航，党支部组织委员刘宝玫，分工会主席马兰一起讨论了有关举办业务培训活动的计划。

（2）副馆长齐晓航会见由时代圣典更名的"北京东源图情信息咨询服务中心"销售副经理何悦，听取了其对公司重组后业务的介绍。

10 月 11 日（周四）

馆党支部书记、副馆长吕云生，副馆长齐晓航，参考咨询部咨询员卢玲玲出席了图书馆与商学院志愿者团在虹远小广场共同举办的图书推介活动。

10 月 15 日（周一）

副馆长齐晓航会见国研网销售经理王欢，洽谈有关续订数据库问题。

10 月 19 日（周五）

（1）副馆长齐晓航与商学院志愿者团裘欣楠、袁鹏宇同学讨论书展效果等问题。

（2）19~21 日，图书馆党支部、行政和工会组织员工赴山东曲阜感受儒家文化，登泰山饱览祖国河山，并倾听了馆长邱小红做的《利用 LibQUAL+ ™ 开展读者满意度调查——方法和结果分析》专题报告。教辅党总支书记张建华参加本次活动。

10 月 22 日（周一）

（1）馆长邱小红、副馆长齐晓航接受了教育部指派的会计师事务所对图书馆申报的 2008 年新图书馆设备追加项目的质询。

（2）卡西欧公司向图书馆捐赠了 8 台 EW–V2000 型、EW–V3500 型、EW–V3600L 型和 EW–V4000L 型电子辞典，分别置于国外版本图书借阅厅、参考阅览厅和国外报刊阅览厅的显著位置，以方便广大读者使用。副校长胡福印、卡西欧公司副总经理吉田修作、外语学院院长助理郭德玉、卡西欧公司营业副总监欧阳朋、日语系主任赵力伟、卡西欧公司华北课课长付涛和馆长邱小红，以及外语学院 30 余位同学出席了捐赠仪式。卡西欧公司副总经理吉田修作和馆长邱小红分别代表捐赠方和受赠方签订了卡西欧电子辞典的捐赠协议，副馆长齐晓航主持了捐赠仪式。

10 月 25 日（周四）

参考咨询部主任汪雪莲和副馆长齐晓航分别会见北京龙戴特信息技术有限公司北方区域销售经理印政一行。汪雪莲与印政商谈了有关数据库试用和培训的问题，齐晓航再次向印政表达了对 EMIS 数据库的销售方式和相关法律问题的意见。

10 月 27 日（周六）

27~31 日，副馆长齐晓航代表图书馆赴安徽出席了中国图书进出口公司外文期刊部主办的外文期刊引进研讨会。

10 月 29 日（周一）

馆长办公会（邱、吕，齐出差），讨论了有关修改借阅章程中逾期罚款和 E 卡使用权限等条款的问题，讨论了书商派人加工的条件问题。

10 月 30 日（周二）

视听资料部主任刘福军代表图书馆出席在北京大学图书馆一层报告厅举行的，由北京高校图工委与北京大学图书馆共同主办的"多媒体学术资源建设暨服务共享空间研讨会"。

11 月

11 月 1 日（周四）

参考咨询部主任汪雪莲、副馆长齐晓航分别会见武汉缘来文化传播有限责任公司销售总监于智群一行，分别商谈了继续试用数据库等问题。

11 月 5 日（周一）

馆长办公会（邱、吕、齐），讨论了王秀凤病休后的人事安排、修改借阅章程的具体方案、期刊部的人事调整等问题。

11 月 6 日（周二）

（1）教辅、体育部联合党总支书记张建华，馆长邱小红、副馆长齐晓航会见并宴请了原美国西东大学图书馆教授、澳门大学图书馆馆长阎志洪，与阎先生就中美两国图书馆的发展情况进行了广泛的交流。

（2）馆长邱小红，副馆长齐晓航会见校人才交流中心主任安林和目前在人才交流中心挂职的胡京燕，讨论了有关胡京燕下周到图书馆临时接替王秀凤工作的事项。

11 月 7 日（周三）

（1）图书馆与商学院志愿者团共同举办的第 2 次图书展览活动，在宁远楼大厅举行。本次展览的图书 250 册，期刊 50 种。

（2）参考咨询部主任汪雪莲，副馆长齐晓航分别会见网乐互联（北京）科技有限公司教育事业部华北大区经理曹连波，分别商谈了试用数据库和试用协议条款等问题。

11 月 8 日（周四）

副馆长齐晓航代表图书馆应邀出席在通州台湖镇举行的"北京出版发行物流中心开业暨北发图书网开通仪式"。

11 月 9 日（周五）

图书馆工会主席马兰出席学校工会举办的"分工会主席培训会"。会议邀请了北京师范大学工会主席王彬就教代会制度建设情况作报告；各分工会就二级教代会、教职工之家建设情况进行交流；我校通报二级教代会教职工之家建设情况；北京市教育工会主席张青山做学习贯彻十七大精神主题报告。

11 月 12 日（周一）

（1）馆长办公会（邱、吕、齐），讨论了王秀凤病情状况和工作要求问题、王晶技术岗位申请问题等。

（2）在人才交流中心挂职的胡京燕到图书馆流通部出借厅试

工，临时接替王秀凤的工作。

（3）馆长邱小红，副馆长齐晓航和参考咨询部主任汪雪莲会见国研网销售经理王欢，分别商谈有关续订数据库问题和在图书馆经费紧张情况下的合作方式问题。

（4）参考咨询部主任汪雪莲、副馆长齐晓航分别会见中国教育图书馆进出口公司报刊电子文献进口部电子文献科副科长刘湉以及 ProQuest 公司中国地区销售主管尹鹏飞，分别商谈有关续订数据库试用问题。

11 月 13 日（周二）

（1）人事处副处长杨洪义就图书馆合同制工作人员的管理问题与馆长邱小红、副馆长齐晓航进行了磋商，并对图书馆合同制工作人员的签约问题做出了明确的指示。

（2）副馆长齐晓航会见学生会权益部答一丹、何龙凤两同学，讨论了权益部与图书馆合作宣传图书馆和图书馆资源方面的问题。

11 月 14 日（周三）

广州图创计算机软件开发有限公司图书馆系统经理刘海生到馆为图书馆各部主任讲解、演示 SYSTEM INTERLIB 系统的功能，馆长邱小红、副馆长齐晓航、自动化部主任王鸣心、参考咨询部主任汪雪莲、流通部主任刘秀深、流通部副主任李顺、办公室副主任马兰、视听资料部主任刘福军出席了讲座。

11 月 15 日（周四）

（1）馆长邱小红，副馆长齐晓航，图书馆党支部组织委员刘宝玫，网络与技术教育中心管理小组成员杜建新、梅涛，体育部主任李凤桥，体育部党支部书记汤悟先，参加了教辅、体育部联合党总支在计算机中心会议室举办的教辅总支理论中心组学习十七大文件的会议。教辅、体育部联合党总支书记张建华、副书记王海涛分别主持了会议和讲座。

（2）馆长邱小红为主编、副馆长吕云生为副主编，齐晓航、范利群、汪雪莲、白晓煌为编委的《图书馆管理理论与实践》一书，由我校出版社正式出版发行。该书收录了 13 位作者的论文 38 篇，其中 11 位作者为本馆职工；论文时间跨度从 1988~2007 年，论文内容涉及了图书馆学、情报学的各个专题。该书的出版，是对图书馆近 20 年学术研究工作的一个总结。

（3）校纪委委员、馆长邱小红出席学校纪委组织组织召开的"学习十七大精神，研讨下年度工作思路"研讨会。

11 月 16 日（周五）

受馆长邱小红的委托，副馆长齐晓航出席了在基建处六层会议室召开的"平改坡"验收会。学校基建处、监察处、财务处、资产管理处以及"平改坡"的用户单位派人出席了会议。齐晓航代表图书馆对"平改坡"工程验收签署的意见为：应将四层外刊厅过雨后的室内墙壁进行修补，维修顶层的防盗门。

11 月 17 日（周六）

北京市第 2 中学的朱纭增等 8 位同学到图书馆文艺图书借阅厅参加公益劳动，协助图书馆工作人员整理图书、清洁书架，这是图书馆第一次接待校外学生社团的公益性帮助。

11 月 19 日（周一）

馆长办公会（邱、吕、齐），讨论了本月馆务会须讨论的议题，修改借阅章程有关条款、数据库等电子文献的版权防范问题，流通部人事安排问题等。

11 月 22 日（周四）

副馆长齐晓航接受商学院志愿者团电子刊物记者的采访，回答了有关图书馆与商学院志愿者团合作以及新馆建成后图书馆可能推出的新服务等问题。

11 月 23 日（周五）

馆长邱小红陪同副校长林桂军考察基藏库和北区书库，了解图书馆海关文献情况。

11 月 26 日（周一）

馆长办公会（邱、吕、齐），讨论了新馆装饰方案，确定馆务会议题、电子文献采访应遵循的原则等。

11 月 27 日（周二）

保卫处处长李保元、基建处处长任鸣鹤、资产管理处长长梁尔华以及基建保卫资产党总支书记祁雪冻等一行来馆检查图书馆防火安全情况。

11 月 28 日（周三）

（1）参考咨询部卢玲玲出席了在清华大学召开的，由同方知网公司、中国学术期刊（光盘版）电子杂志社共同举办的"中国知网数字出版平台 CNKI 机构／个人数字图书馆建馆系统演示报告会暨专家座谈会"。

（2）副馆长齐晓航会见学生会权益部答一丹等 3 位同学，回答了有关电脑显示"在馆"但工作人员回答没书、服务质量、查询用机数量不足和质量不高等问题。

11 月 29 日（周四）

（1）馆长邱小红主持了馆务会。各部门主任汇报了本学期的主要工作，特别是各类文献采访进度情况；讨论通过了有关电子

资源采购签约中应遵循的六原则；讨论了新馆一层大厅三面墙的装饰方案；讨论了有关修改《借阅章程》的可行性；副馆长齐晓航通报了王秀凤同志的病情和其岗位任务的安排、磁条更换情况、读者投诉情况，并要求各部门继续认真执行馆内有关图书流转的制度、防火安全制度；教辅党总支书记张建华向大家通报了学校党建评估的结果，并布置了学习十七大文件的任务。

（2）馆长邱小红、副馆长齐晓航出席在宁远楼三层会议室召开的"对外经济贸易大学学习十七大报告"会，聆听了北京师范大学党委书记刘川生所做的十七大学习辅导报告，之后邱小红、齐晓航分别参加了各自组别的讨论。

11 月 30 日（周五）

副馆长齐晓航代表图书馆出席在中国人民大学逸夫会议中心举行的 BALIS 管理中心、馆际互借中心、原文传递中心和资源协调中心四个中心授牌仪式。

12 月

12 月 3 日（周一）

馆长办公会（邱、吕、齐），讨论了加入 BALIS 的问题、视频资源 E 卡问题、搬家经费纳入 2008 年预算问题等。

12 月 4 日（周二）

（1）馆长邱小红、参考咨询部主任汪雪莲会见同方知网公司销售经理李晓燕，讨论了有关博硕论文库的采购问题。

（2）副馆长齐晓航分别与经济图书进出口公司郭君瑞、PROQUEST 公司代表尹鹏飞通电话，再次重申续签合同文本中我方坚持的 6 项条款。

12 月 6 日（周四）

（1）馆长邱小红、各部门主任以及采编部工作人员，观看南京汇文图书馆管理系统软件演示，自动化部主任王鸣心主持了演示会。

（2）馆长邱小红及各部门主任观看了卢玲玲对中国知网新平台功能的演示。

12 月 10 日（周一）

馆长办公会（邱、吕、齐），讨论了 CNKI、NEWSBANK、PROQUEST 合同条款修改问题、2008 年预算问题、具体考察搬家方案问题等。

12 月 12 日（周三）

（1）卢玲玲代表图书馆出席了在北京邮电大学图书馆举行的"北京地区高校图书馆文献资源保障体系（BALIS）馆际互借管理中心"揭牌仪式。仪式后，参加了有关 BALIS 馆际互借员和 BALIS 原文传递员的培训。

（2）副馆长齐晓航会见新华书店新华出版物流通有限公司图书馆供应中心市场部经理王娅娣，接受了"2008 北京图书订货会'全国图书馆新书现货看样采购会'邀请函"。

（3）副馆长齐晓航会见商学院志愿者团的同学，商谈共同举办为流浪小动物制作临时蜗居公益活动的有关事宜。

12 月 14 日（周五）

在党委宣传部和网络计算机中心的支持下，图书馆在我校的小天鹅 BBS 站中设立了专版（小天鹅 BBS→贸大风云→书海漫游），以便与读者就与图书馆有关的问题及时沟通。卢玲玲、齐晓航分别任正、副版主。

12 月 17 日（周一）

馆长办公会（邱、吕、齐），讨论了元旦开放问题、全馆会问题、2008 年预算与 2007 年决算问题、BALIS 开通试用问题等。

12 月 19 日（周三）

副校长王正富，基建处处长任鸣鹤到馆，与馆长邱小红讨论有关新馆设备、家具经费的问题。

12 月 20 日（周四）

图书馆与商学院志愿者团共同举办的"冬日暖阳"公益活动在图书馆二层大厅举行。商学院志愿者团的同学在图书馆二层大厅利用废旧的纸箱和过期报纸，为流浪小动物制作了 10 个临时窝居。校长陈准民到场指导并肯定了学生们热心公益的行为。

12 月 21 日（周五）

副馆长齐晓航被中国农工民主党北京市委员会批准加入中国农工民主党（农工京通 2007 年 95 号），成为我校第 5 位民主党派中层干部。图书馆也成为自信息学院、保险学院、国际学院和资产管理处以后的第 5 个由中共党员和民主党派党员共同组成的中层领导班子。

12 月 24 日（周一）

（1）馆长办公会（邱、吕、齐），讨论了全年主要工作总结、提出表扬的工作人员名单和事迹、更换磁条结项问题，发放春节补贴问题，讨论了参考咨询部主任汪雪莲提交的工作意见建议，讨论了参考咨询部和办公室的人事调整问题、王秀凤同志要求恢复工作问题等。

（2）馆办向吴美琴发通知：劳动合同到期后，不再续签。

12 月 26 日（周三）

（1）学校工会发元旦补贴，每人 300 元（现金）。

（2）网络与教育技术中心发布《关于开通在校外访问校内网络资源和国外数据库等资源的通知》：为了方便学校师生在校园网之外访问仅限在我校校园网内才能访问的校内资源（如：图书馆的各种数据库和其他仅限校内使用的网络资源），并提高从校园网外访问我校信息平台等校内网络资源的速度，网络与教育技术中心开通 VPN 服务，学校师生可以在校园网外通过 VPN 访问校内相关资源——由此，我校师生可凭用户名和密码在校外访问图书馆主页。

12 月 27 日（周四）

（1）全馆会，馆长邱小红向全体二级教代会代表汇报本学年工作，通报了图书馆财务收支情况，表扬了周红、颜长森、汪雪莲、卢玲玲、刘福军和王鸣心 6 位做出突出成绩的同志；馆党支部书记、副馆长吕云生向二级教代会代表通报了图书馆领导班子的届中考核结果为"良好"。

（2）由学校 BBS 上帖子得到的消息称，图书馆 FTP 内的MUSIC 项下有读者上传的色情视频，经查属实，立即予以删除。馆领导与自动化部讨论如何监控此类事件的方案。

（3）馆长邱小红赴湖南考察有关院校图书馆搬迁方案。

12 月 29 日（周六）

（1）馆党支部书记、副馆长吕云生，副馆长齐晓航巡视全馆，代表馆长邱小红向大家问候新年，并对元旦期间的防火安全

问题做了提示。

（2）在基藏阅览室供职两年的吴美琴在合同终止日之前，提前来办公室交接工作，签收保险金单据，交还基藏阅览室钥匙后离职。

12 月 30 日（周日）

（1）30~31 日，根据学校元旦放假通知要求，执行周末开放时间。

（2）副馆长齐晓航与冯秀琴商谈劳务合同问题，并为其讲解上架、整架规则。

2008 年

1 月

1 月 2 日（周三）

（1）图书馆与冯秀琴签约，聘用其接替吴美琴在基藏阅览室任职。

（2）因工作需要，卢玲玲与范利群互换岗位，卢玲玲在馆办公室任行政秘书，范利群在参考咨询部任咨询员。

1 月 3 日（周四）

馆长邱小红，副馆长吕云生、齐晓航参加在诚信楼三层国际会议厅召开的"2007 年校级领导班子和领导干部年度考核述职与民主测评大会"，听取了王玲、陈准民、杨逢华、陈建香、徐子健、刘亚、王正富、胡福印和林桂军等校领导的述职报告，并为全体校领导一年来的工作成绩分别打分。

1 月 7 日（周一）

馆长办公会（邱、吕、齐），讨论了参加馆外会议安排、馆务会议题、科研奖励办法讨论、审议《图书馆与读者》创刊号及有关图书馆 FTP 安全问题。

1 月 8 日（周二）

（1）图书馆馆刊《图书馆与读者》创刊号发行。该刊旨在宣传图书馆，加强与读者沟通，实现图书馆教育功能，探索图书馆理论前沿问题，每月第二周周二出版，寒暑假休刊。

（2）参考咨询部主任汪雪莲、副馆长齐晓航分别会见爱墨瑞得出版集团客户营销主管李秋实，听取了李主管对其公司产品的介绍。

1 月 10 日（周四）

图书馆工会主席马兰，图书馆二级教代会主席团主席吕云生，二级教代会代表刘宝玫、刘福军、汪雪莲、赵万霞出席了在诚信楼三层国际会议厅召开的我校"第 6 届教代会暨第 13 届工代会第 3 次会议"；馆长邱小红以学校纪委委员的身份应邀列席了大会。

1 月 11 日（周五）

副馆长齐晓航应邀出席由学校党委统战部主办的新年联谊会。校党委副书记杨逢华、校党委统战部长赵梅宴请了九三学社、民盟和农工党代表，并参加了有关的联谊活动。

1 月 13 日（周日）

资产处副处长、农工经贸大学支部主委牛秀清，副馆长齐晓航、商学院副教授赵秀芝应邀出席由农工党北京市委在长安大戏院举办的 2008 年新春联谊会。

1 月 14 日（周一）

馆长办公会（邱、吕、齐），分析了人员经费使用情况问题，讨论确定馆务会时间，讨论了闫燕玲工作安排问题、BALIS 的经费问题、部分合同制工作人员续聘问题。

1 月 15 日（周二）

据学校行政办公会 2008 年第 3 号会议纪要消息，馆长邱小红、自动化部主任王鸣心出席了"安排新图书馆设备采购工作会议"。副校长王正富主持会议，基建处处长任鸣鹤、财务处处长黄潮发、监察处处长黄捷，审计处处长康永慧、资产管理处副处

长刘志宏出席了会议。会议解决了新馆设备、家具采购资金缺口450 万元的问题。

1 月 17 日（周四）

馆务会，负责新馆事务的联系人白晓煌介绍了新馆家具采购和配置方案；自动化部主任王鸣心介绍了新馆设备采购和配置方案；副馆长齐晓航通报了寒假工作安排并提交审议科研调研成果奖励办法。

1 月 18 日（周五）

（1）馆长邱小红出席在中国人民大学图书馆举办的"北京地区高校图书馆工作总结暨 2008 年馆长新春联谊会"。

（2）校长陈准民向图书馆捐赠图书 8 册：《生命的礼赞》《把梦留住》《文学活动的审美唯度》《程连昌文集》（第二卷）、《中国小说通史》（先唐卷、唐宋元卷、明代卷、清代卷）。

1 月 19 日（周六）

采编部主任周红代表图书馆出席在北京国际会议中心举办的"中国教育图书进出口公司新年联谊会"。

1 月 21 日（周一）

（1）馆长邱小红陪同副校长王正富访问南京市图书馆、江阴市图书馆和昆山市图书馆，学习考察兄弟图书馆的建设经验。

（2）副馆长齐晓航出席由党委组织部主办，在诚信楼三层国际会议厅召开的"院长论坛"。论坛由党委组织部长张楠主持，经贸学院院长赵忠秀，商学院院长张新民，人文与社会科学学院院长戴长征，国际学院院长曹红月，教务处长仇鸿伟，信息学院党总支书记巩喜云先后发表演讲，介绍了考察南京大学和东南大学的体会；校党委书记王玲做了总结讲话。

（3）校工会福利委员会讨论通过了 2007 年下半年困难补助名单和金额。图书馆杨娅丽、詹若清分别获得 1000 元、600 元补助。

1 月 22 日（周二）

（1）参考咨询部范利群代表图书馆出席在诚信楼三层国际会议厅召开的"对外经济贸大学第 15 届教学工作会议报告暨 2007 年度本科教学工作会议"。

（2）副校长胡福印率领职能部门领导巡视图书馆。

1 月 23 日（周三）

（1）图书馆接到商学院《关于请图书馆帮助完成部分数据统计的报告》，副馆长齐晓航召集流通部姬晓娟、期刊部陈长仲、采编部赵红涤、馆办公室卢玲玲等统计相关数据，起草报告。

（2）自动化部主任王鸣心、副馆长齐晓航分别会见北京海量智能数据技术有限公司客户经理李阳，听取了李经理有关希望参与新馆竞标的意向说明，王鸣心和齐晓航分别向李经理介绍了图书馆网络设备需求情况和招标实施情况。

1 月 24 日（周四）

（1）北京市第 2 中学朱纭增等 10 位同学第 2 次到图书馆参加公益劳动，协助图书馆基藏图书阅览室工作人员整理图书、清洁书架。视听资料部主任刘福军为他们拍摄了工作照片。

（2）校党委宣传部向图书馆赠送《惠园情——纪念对外经济贸易大学建校 50 周年征文集》4 册。

（3）学校人事处发紧急通知给各单位，将学校岗位设置三个系列的实施细则、申报表及工作时间表发下，请各单位查收并安排本单位工作，务必在本周内将文件传达到每位教职工并将表格

下发。图书馆立即下发有关文件和相关表格。

（4）参考咨询部范利群代表图书馆参加了在北京诺富特和平宾馆举行的"LexisNexis（律商联讯）2008 新年答谢晚宴"。

（5）图书馆向姜淑春发出书面通知，告之 2 月底合同到期后将不再续签新合同。

1 月 25 日（周五）

（1）馆长办公会（邱、吕、齐），讨论了定岗定编中的疑难问题，并咨询人事处。

（2）学校保卫处副处长袁祥、基建处副处长冯二未、后勤处党总支副书记徐高林、资产管理处副处长刘志宏一行到馆检查安全防火和假期值班工作。

（3）教辅党总支书记张建华到馆视察期末工作。

（4）副校长王正富、基建处处长任鸣鹤到馆考察自动化部机房。

（5）馆长邱小红、副馆长齐晓航巡视全馆，向大家提前拜年并提示离馆前的安全检查工作。

1 月 26 日（周六）

（1）图书馆根据寒假通知安排，正式放假。寒假期间于 1 月 29 日、2 月 1 日、2 月 5 日、2 月 15 日和 2 月 19 日开放 5 次，执行寒假间断开放时间表。

（2）上午，馆长邱小红，副馆长吕云生、齐晓航出席在诚信楼三层国际会议厅召开的中层干部会。校党委副书记陈建香主持会议，校长陈准民传达了有关教育部咨询会的精神，副校长林桂军通报了有关重点学科建设的情况，党委副书记杨逢华传达了纪检监察会议的精神，党委书记王玲传达了有关党建工作会议的精神。校长陈准民对学校定岗定编工作做了简要的动员，商学院院长张新民、经贸学院院长赵忠秀、人文与社会科学学院院长戴长征、信息学院院长陈进、经贸学院党总支书记冷柏军、经贸学院副院长葛赢、商学院副院长范黎波先后就考察南京、上海等地高校的情况做了主题演讲。

（3）副馆长齐晓航出席农工朝阳区委在朝阳宾馆举办的 2008 年新春联谊会。

1 月 30 日（周三）

自动化部主任王鸣心、负责新馆建设的联络人白晓煌出席了在基建处会议室召开的有关新馆设备、家具配置方案的研讨会。

2 月

2 月 3 日（周日）

副馆长齐晓航出席农工党北京市委主办的"关注民生，共建和谐社会"主题系列讲座活动。

2 月 5 日（周二）

校长陈准民、副校长胡福印率职能部门领导到馆视察，检查寒假期间开放情况并慰问坚持开放值班的工作人员。

2 月 21 日（周四）

（1）开学上班，仍然执行假期间断开放时间表。

（2）馆长办公会（邱、吕、齐），讨论保证搬迁期间文献入藏量问题、管理系统更换问题、搬迁方案设计问题、人事安排问

题等。

（3）馆长邱小红，副馆长吕云生、齐晓航巡视全馆，向大家拜晚年。

（4）教辅党总支书记张建华到馆视察图书馆开学准备工作情况。

2月22日（周五）

（1）馆长邱小红，副馆长吕云生、齐晓航出席在诚信楼三层国际会议厅召开的全校中层干部会议。校党委副书记陈建香主持会议，校长陈准民布置了2008年学校的主要工作，党委书记王玲就学校重点工作的开展提出了具体要求。

（2）人事处在学校OA中公示，图书馆卢玲玲由"岗位3"晋升为"岗位2"。

2月25日（周一）

（1）原流通部出借厅管理员于学军与原期刊部报纸阅览室管理员闫燕玲互换岗位，已完成工作交接，各自履新。

（2）馆长办公会（邱、吕、齐），讨论定岗定编的细节问题及全馆会的议题。

（3）副校长胡福印到馆视察新学期工作，听取了馆长邱小红的工作汇报。

（4）馆长邱小红出席由人事处召集的在行政楼222室召开的定岗定编工作会议。

（5）教辅党总支书记张建华到馆与馆长邱小红讨论有关定岗定编问题。

2月26日（周二）

副馆长齐晓航、新馆建设联络人白晓煌会见北京赛沃阜科技有限公司区域经理王立强，讨论有关用于新馆的监测设备安装前的临时存放问题。

2 月 28 日（周四）

（1）图书馆与姜淑春终止了劳动合同，姜淑春离职。图书馆通知资产管理处与姜淑春结算房租、水电费等。

（2）13：30 在参考阅览厅召开全馆会，馆长邱小红传达学校定岗定编工作的精神，现场解答同志们填表中的疑问，全体工作人员现场填报相关表格。

3 月

3 月 3 日（周一）

（1）馆长办公会（邱、吕、齐），讨论了资产处有关家具、设备采购安装问题的意见以及定岗定编问题等。

（2）副馆长齐晓航、采编部主任周红分别会见北京超星公司吴天艳、北京郎润书房亚伟，交换了有关中文图书采购招标、投标的信息。

（3）副馆长齐晓航会见商学院志愿者团裘欣楠等同学，讨论学雷锋日的有关活动安排。

3 月 5 日（周三）

商学院志愿者团裘欣楠等 30 位同学分别到出借厅和基藏图书阅览室参加"学雷锋"日活动，协助工作人员整理书架、清洁卫生。

3 月 6 日（周四）

（1）馆长邱小红、组织委员刘宝玫出席了在电教中心二层会议室召开的教辅、体育部联合党总支党政联席会议。网络与教育技术中心领导孙强、杜建新、梅涛，体育部主任李凤桥、支部书记汤悟先出席了会议。教辅党总支书记张建华主持会议，并传达了学校有关会议精神。副校长胡福印到会讲话，教辅党总支副书记王海涛出席了会议。

（2）副馆长齐晓航出席在农工市委党派楼报告厅召开的"纪念五一口号发表 60 周年"报告会，听取了市委党校校刊编辑部主任李燕奇教授做的专题报告。

（3）中文系黄婕、林东等 5 位同学到基藏图书阅览室参加"学雷锋"日活动，协助工作人员整理书架、清洁卫生。

3 月 7 日（周五）

（1）校长秘书孟令东致电副馆长齐晓航，转达校长陈准民的指示，要求加强馆刊《图书馆与读者》的编审力度，减少或杜绝编辑中的各类校勘失误。

（2）馆长邱小红、副馆长齐晓航会见中国传媒大学图书馆副馆长卢晋，交流有关定岗定编及新馆搬迁等问题。

3 月 10 日（周一）

（1）馆长办公会（邱、吕、齐），讨论了《关于在校新建图书馆设立"法学图书分馆"的请示》（2008 请字 0164 号）的会签意见及定岗定编问题等。

（2）馆务扩大会，邱小红、吕云生、齐晓航、李顺、刘福军、刘秀深、马兰、汪雪莲、王鸣心、颜长森、周红、刘宝玫、赵万霞出席会议。以公开投票表决方式审定了图书馆申报管理岗位和工勤岗位人员级别。

（3）已离职的吴美琴来电话，咨询其保险费和补发工资等事项。

3 月 11 日（周二）

（1）副馆长齐晓航会见 SUN 公司高级客户经理郭爱民一行，郭经理介绍了 SUN 公司的背景及产品情况，并表示希望参与新馆设备的投标。

（2）北京赛沃阜科技有限公司区域经理王立强到馆借出 3M（B2）型磁条 40 万条，这是继去年 1 月 24 日借出 10 万条后的第 2 次，累计借出 50 万磁条。

3 月 12 日（周三）

（1）馆长邱小红先后出席学校纪委工作会议和校务办公会议。校务会议讨论了有关图书馆提前购置新馆用设备、家具等问题的请示。

（2）副馆长齐晓航会见新东方公司客户经理韩超，韩超向图书馆提供了正在试用的数据库使用情况统计数据。

3 月 13 日（周四）

（1）资产管理处副处长牛秀清一行到馆考察，向图书馆咨询有关新馆室内设计和装修的情况。

（2）信息学院 20 位同学到出借厅协助工作人员整理书库，清洁卫生。

3 月 14 日（周五）

自动化部主任王鸣心、视听资料部主任刘福军、新馆建设联络人白晓煌应邀出席在基建处六层会议召开的新馆 LED 显示屏招标会。

3 月 15 日（周六）

（1）馆长邱小红出席中共对外经济贸易大学委员会十届五次全委（扩大）会议。会议主题：深入学习贯彻党的十七大精神，分析我校面临的形势和任务，抓住优势学科创新平台立项这一重大工作，在发展战略上深化认识，在重点工作上破解难题，在管理制度上改革创新，在人才队伍上凝聚力量，切实推进学科建设，全面提升核心竞争力，实现我校的跨越式发展。参会人员：党委委员、纪委委员、各院（系）、部、处党政一把手。

（2）学校通知：15 日 23 点至 16 日 7 点停电，图书馆关闭服务器。

3 月 17 日（周一）

馆长办公会（邱、吕、齐），讨论了图书馆卫生监督组织机构设置方案，"211 工程三期"启动方案，新馆保洁、保卫、维修等问题的解决方案。

3 月 18 日（周二）

（1）参考咨询部主任汪雪莲、副馆长齐晓航分别会见了万方数据公司总经理助理李维和京津销售区经理白志勇一行，听取了他们对万方数据公司与清华同方公司业务纠纷的情况说明。此后他们拜会了馆长邱小红。

（2）科研处处长叶文楼到馆与馆长邱小红讨论了有关"211工程"三期立项和图书馆申报的科研立项等事宜。

（3）图书馆工会主席马兰出席校工会召开的工会主席会，校党委副书记陈建香出席会议，常务副主席胡东旭主持会议，副主席陶建初、工会办公室主任陈人康及 26 位分工会主席参加了会议。会议传达了校党委十届五次会议精神，并部署本学期工会工作。

3月19日（周三）

副馆长齐晓航应邀出席我校统战人士通报会，学校党委统战部部长赵梅主持会议。各级人大代表、政协委员、民主党派负责人及骨干、党外干部、无党派代表人士、侨联负责人出席了会议。校党委副书记杨逢华通报党委十届五次全体（扩大）会议精神，校党委书记王玲与大家座谈。

3月21日（周五）

（1）馆长邱小红出席学校人事处召集的"其他技术系列专业人员岗位级别审核会"，他向评审小组介绍了图书馆申报该系列的专业人员情况，并参与了投票表决。

（2）修改《对外经济贸易大学馆务公开制度》，增加有关"党政联席会议"有关条款，在图书馆 OA 上公示，征求意见。

3月23日（周日）

学校通知：22日23点至23日7点停电，图书馆关闭服务器。

3月24日（周一）

24~27日，馆长邱小红出席在湖南长沙举办的"学科导航4.0暨统一检索解决方案研讨会"。

3月25日（周二）

（1）资产管理处副处长刘志宏到馆与副馆长齐晓航讨论新馆家具配置方案，图书馆向其提供了"2008年请字0017号"文件及有关校务会议纪要的复印件。

（2）卢玲玲代表图书馆出席在北京邮电大学图书馆召开的"BALIS 馆际互借管理培训研讨会"。

（3）6:15，因 ILAS 服务器硬盘故障，向学校 OA 发通知，

暂停借阅服务。

3 月 26 日（周三）

副馆长齐晓航代表图书馆出席在行政楼 220 召开的新员工面试会。

3 月 27 日（周四）

（1）在图书馆会议室召开中文图书采购招标会。财务处韩英主持会议，监察处曹心竹，校工会车秀萍，审计处许彦波、康智云，资产处刘志宏，图书馆齐晓航、马兰分别代表相关部门参与了评标工作。最后，北京新华书店首都发行所有限公司、中国教育图书进出口公司和武汉三新书业有限公司以全票中标。

（2）ILAS 服务器修复，向学校 OA 发通知，恢复借阅服务。

3 月 28 日（周五）

（1）副馆长齐晓航接受学校财务处聘请的专业会计师事务所的质询。回答了有关图书馆文献采购、剔旧的流程以及相关制度的问题。

（2）资产管理处副处长刘志宏到馆与副馆长齐晓航再次讨论新馆家具配置方案，对资产管理处起草的《关于启动新图书馆所需家具采购项目的请示》交换了意见。

（3）教辅、体育部联合党总支书记张建华参加学校管理系列人员岗位级别审核会，学校人事处已原则通过图书馆 7 位申报管理系列人员的级别审核。

3 月 31 日（周一）

馆长办公会（邱、齐，吕请假），讨论了过期报刊剔旧问题、家具采程序问题、BALIS 开通问题、清明节放假问题、《馆务公开》制度的修改等。

4 月

4 月 1 日（周二）

（1）馆长邱小红、副馆长齐晓航分别会见北京超星图书馆区域经理王宏和北京区销售经理冯树东一行，接收了两经理提交的公司新产品宣传资料。

（2）副馆长齐晓航召集 BALIS 联系人卢玲玲，馆际互借负责人李顺，原文传递负责人华犁，商讨开通和提供馆际互借原文传递服务的有关事宜。

（3）馆长邱小红召集 BALIS 联系人卢玲玲，期刊部主任颜长森，期刊采购员陈长仲商讨有关外文期刊目录上传和著录问题。

（4）根据 3 月 27 日中文图书招标的结果，采编部主任周红着手起草与新华书店、教图公司和武汉三新三家中标公司的采购合同。

4 月 2 日（周三）

（1）馆长邱小红、党总支秘书卢玲玲出席在电教中心二层会议室召开的教辅、体育部联合党总支扩大会议。

（2）副校长王正富告知图书馆，从即日起对图书馆楼外两翼楼梯下便道施工，改窄人行道，以增加车位。

（3）为加强教辅党总支对图书馆工作的领导，图书馆 OA 中置顶设置了"总支领导"机构，并为党总支书记张建华、副书记王海涛添加了有关的权限。

4 月 3 日（周四）

10:00，在图书馆召开了党政联席会议，张建华、邱小红、齐晓航、李顼、刘福军、刘秀深、马兰、汪雪莲、王鸣心、颜长森、周红出席了会议。馆长邱小红主持会议。会议听取了各部门主任的工作汇报。馆长邱小红向大家通报了新馆设备采购、南京汇文系统的提前采购计划进度，BALIS 系统平台开通的情况，定岗定编的情况等。会议讨论通过了《对外经济贸易大学图书馆馆务公开制度》和《对外经济贸易大学图书馆科研、调研成果奖励办法》。教辅党总支书记张建华强调了图书馆在学校申报优势学科创新平台中的作用，并对做好安全稳定工作提出了要求。

4 月 4 日（周五）

图书馆首次按照北京市和学校有关通知精神，清明节放假，全馆闭馆。

4 月 7 日（周一）

（1）馆长办公会（邱、吕、齐），讨论了校人才中心派借图书馆工作的闫燕玲、胡京燕两人拟转正问题，江苏汇文软件培训问题；审核中文图书三中标书商合同，审核有关会计师事务所审计意见；讨论了参加下周末党总支主办活动等问题。

（2）在学校 OA、学校 BBS、图书馆 OA、图书馆咨询平台同时发布《关于 BALIS 平台试运行的通知》，标志着图书馆尝试性提供馆际互借和原文传递服务的开始。

（3）副校长王正富到馆与馆长邱小红讨论新馆装修问题。

（4）新馆装饰用牌匾 4 块，在白晓煌的引导下，运至外刊厅暂存。

（5）北京化工大学图书馆来电，提议保留在 BALIS 馆际互借条件下，与图书馆原来的直接互借关系，图书馆原则同意了该提议，互续签一年的协议。

4 月 8 日（周二）

（1）馆长邱小红，视听资料部主任刘福军应邀出席北京联合大学图书馆电子阅览室验收评审会。

（2）副馆长齐晓航会见北京方正阿帕比技术有限公司营销部客户经理沈璐，接收了 4 月 17 日在清华大学召开的"2008 方正阿帕比（Apabi）精品数字资源推介会"的邀请函。

（3）在校办、网络中心、党委宣传部的支持下，图书馆发布《关于 BALIS 平台试运行的通知》在学校主页"公告栏"发布，学校信息平台做置顶设置。

4 月 9 日（周三）

北京市地方税务局通过学校财务处首次向包括柳书平在内的 50 位图书馆工作人员分别颁发了 2007 年个人所得税完税证明。

4 月 10 日（周四）

图书馆收到校长办公室转来编号为 030 署名为"图书馆全体值班员工"的校长信箱来信，来信主要反映的是"国家规定的假期我们也得值班，值班费也是 60 元"的问题，根据校长办公室签署的意见要求，图书馆立即做出书面答复。

4 月 11 日（周五）

（1）8:30~11:30 在图书馆一层会议室，财务处韩英主持了江苏汇文图书馆软件管理系统议标会。监察处孙淑玉，校工会刘鸿良，审计处邓婧，资产处刘志宏，图书馆齐晓航、王鸣心参加了汇文软件的评标。经过与贺纲经理的谈判，贺纲经理向我方承诺了软件的最低报价、维护费标准和相关培训等事宜。评审小组

经讨论后决定：授权图书馆与江苏汇文软件有限公司（以下简称"江苏汇文公司"）继续就具体事宜进一步商谈，在确保产品质量和服务的基础上，尽最大可能维护学校利益。

（2）副馆长齐晓航会见商学院学生会校内实务部丁阎欣同学，讨论有关图书馆与商学院学生会共同举办"书香满惠园"暨"2008 年全民阅读"活动的事宜。

（3）根据学校有关停电通知，图书馆发通知，自 4 月 12 日 17 点至 14 日 8 点，关闭图书馆服务器。

（4）北京中医药大学图书馆来电，提议保留在 BALIS 馆际互借条件下，与图书馆原来的直接互借关系，图书馆原则同意了该提议，互续签一年的协议。

（5）11~14 日，根据校党委关于培训中层干部的安排，馆长邱小红等 18 位中层干部起程赴浙江大学、江南大学参观考察。

（6）《关于下达 2008 年公用经费"切块"预算的通知》（外经贸学财字〔2008〕060 号）的精神，财务处批复 2008 年图书馆文献购置费 500 万元，行政办公经费 18 万元，自动化维护费 3 万元，专项特贴（加班费）50 万元，海关文献整理专项经费 3 万元，总计 574 万元。

4 月 14 日（周一）

（1）副馆长齐晓航再次会见商学院学生会校内实务部丁阎欣同学，讨论有关图书馆与商学院学生会共同举办"书香满惠园"暨"2008 年全民阅读活动"活动的宣传稿内容，并承诺了图书馆承担有关材料的印刷费用。

（2）副馆长齐晓航会见人文学社程希科同学，讨论了人文学社与图书馆共同举办图书和作者的推荐活动的有关活动，明确了双方的义务和工作范围。

（3）副馆长齐晓航会见北京欣瑞通科贸有限责任公司刘吉昌，接收了刘先生提交的该公司有关数据加工业务的宣传资料。

（4）受农工党经贸大学支部主委牛秀清的委托，副馆长齐晓航出席在农工中央总部召开的"中国农工民主党政治交接学习教育活动宣讲团报告会"。农工中央副主席刘晓峰、北京市副主委赵荣国以及农工中央和北京市统战部领导出席了会议。农工党中央主席桑国卫到会做了重要讲话。

4月15日（周二）

15~17日，图书馆与商学院学生会共同举办的"书香满惠园"暨图书馆"2008年全民阅读活动"在宁远楼一层大厅。现场展示了图书馆的部分馆藏书刊和《中国财富》杂志社提供的期刊。

4月16日（周三）

图书馆工会响应校工会号召，在图书馆OA上发出通知，开展为第12届母亲节暨幸福工程救助贫困母亲捐款活动和"生育关怀，慈善献爱"一元捐款活动。

4月17日（周四）

（1）参考咨询部范利群代表图书馆出席了在清华大学图书馆举办的"2008方正阿帕比（Apabi）精品数字资源推介会"。

（2）副馆长齐晓航参加了农工党经贸大学支部在一食堂门前举办的"健康奥运、健康贸大"的主题党日活动，向前来咨询的师生发放了《科学锻炼强身体，健康饮食迎奥运》宣传材料。

4月18日（周五）

（1）校法务办转来海拓律师事务所向图书馆发出的，关于图书馆2008年度中文图书采购合同的律师意见，律师武威建议：

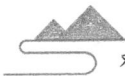

在合同中应明确结算办法、违约金的计算方法和将仲裁改为诉讼等。

（2）财务处退回图书馆提交的《关于读者预存款问题的请示》（2008）请字第 03 号，会签意见是"原则上应按照 BALIS 关于收费及预存款的具体管理办法执行，但从请示文件无法获知 BALIS 相关的具体信息，因此无法提供具体意见"。

4 月 19 日（周六）

19~20 日，图书馆全体党员和主管以上干部邱小红、吕云生、刘宝玫、卢玲玲、白晓煌、陈建新、刘福军、刘秀深、尚喜超、颜长森、张金龙、齐晓航、李顺和范利群参加了教辅党总支在怀柔双阳宾馆举办的"党员与主管干部培训会"。教辅党总支书记张建华会议传达了学校安全稳定工作会议精神，馆长邱小红汇报了南方考察的体会，网络与技术教育中心负责人杜建新通报了定岗定编情况，体育部主任李凤桥简要通报了体育部的工作情况。

4 月 21 日（周一）

（1）馆长办公会（邱、吕、齐），讨论了 2008 年文献购置费划分计划，拟将文献购置费划分为中文图书 170 万元、外文图书 100 万元、中外文期刊 120 万元、电子资源 110 万元，该方案将在 23 日的文献采购会上提交讨论；讨论了收取 BALIS 预存款问题、根据资产处意见调整新馆内办公用房和整合各院系资料室文献问题、草拟新馆搬迁专项经费问题；派人出席全国财经类院校图书馆馆长会等问题。

（2）副馆长齐晓航再次会见人文学社程希科同学，就图书馆与人文学社共同编辑的《开卷有益》细节问题进行了讨论。修订后的第一期《开卷有益》试刊行，并将电子版发往学校 OA、图书馆 OA、学校 BBS 和图书馆咨询平台。

4 月 22 日（周二）

图书馆收到校办转来副校长胡福印、林桂军和党委副书记杨逢华对资产管理处提交的《关于修订我校接受外事礼品及捐赠物品管理办法和图书资料采购及管理办法的请示》（2008）请字第 0330 号的批示，着手起草有关文件。

4 月 23 日（周三）

21:50，闭馆预备铃响以后，夜班值班员陈长利在确知参考阅览厅内仍有读者和工作人员的情况下，拉闸关闭电源，参考阅览厅值班员白晓煌和馆长邱小红对其错误行为给予了严肃批评。

4 月 24 日（周四）

（1）2008 年度文献采购工作会在会议室召开。教辅党总支书记张建华、馆长邱小红、副馆长齐晓航、采编部主任周红、参考咨询部主任汪雪莲、期刊部主任颜长森、外文图书采购员赵红涤、期刊采购员陈长仲、参考咨询部咨询员范利群出席了会议。会议讨论通过了 4 月 21 日馆长办公会就 2008 年各类文献采购经费额度划分的提议。

（2）24~25 日，卢玲玲代表图书馆出席在首都师范大学图书馆举办的"BALIS 资源协调中心挂牌仪式暨'图书馆资源与资源评价'研讨会"。会议在"BALIS 资源协调中心挂牌仪式"后就 BALIS 协调中心的宗旨、任务，文献资源、馆藏资源、用户资源的评价研究，市场需求的评估和电子资源的试用流程、评估体系等问题进行了研讨。卢玲玲代表图书馆就读者预存款问题请示了北京邮电大学图书馆馆长代根兴，代馆长表示，希望了解学校财务处的具体要求，以便由 BALIS 中心起草文件，下发给各学校，以作为收取预存款的政策依据。

（3）下午，蔡淑清、陈长仲、戴陈、丁胜民、姜玉芬、李颀、刘福军、刘秀深、王晶、颜长森、杨振杰、于秀春、于学军和张晓领等 14 人报名参加了学校第 39 届田径运动会的部分田径和趣味项目的比赛。杨振杰获得女子丙组 60 米第一名、戴陈获得第二名；戴陈获得女子乙组跳远第一名；刘福军获得男子丁组垒球投准第三名；蔡淑清获得女子丙组足球射门三等奖。

4 月 25 日（周五）

（1）校长办公室解除了《关于 BALIS 平台试运行的通知》在学校信息平台 18 天的置顶设置。截至目前，注册"馆际互借"的读者有包括图书馆测试注册的齐晓航、卢玲玲、王海涛在内的 18 位（范利群、于小卉、李庆新、胡明鸣、惠敏、陈超、刘莎、邓兴华等）；注册"原文传递"的读者，除图书馆测试注册的齐晓航、卢玲玲、王海涛以外，只有李庆新一位。

（2）14:20，基建处王红伟老师陪同公正会计师事务所张桂梅到馆与副馆长齐晓航讨论向教育部再次申报有关新馆设备追加采购项目的有关事宜；财务处副处长付希珍来电话，要求图书馆重新起草《2008 年图书馆新馆设备追加采购项目申报书》《2008 年图书馆新馆设备追加采购项目可行性报告》《（对外经济贸易大学）2008 年度修购专项设备购置项目概算评估意见表》和《新馆设备设置草图》等文件，并于 4 月 27 日前向财务处呈报。

（3）学校人事处和校工会向在职的 49 位职工分别发放"五一"过节费和"春游费"（现金），分别为每人 300 元和每人 150 元。

4 月 26 日（周六）

（1）26~27 日，因参加学校第 39 届田径运动会开闭幕式，全馆关闭。26 日，图书馆 39 位同志出席了开幕式（参加入场式和看台就坐）；27 日，图书馆 7 位同志出席了闭幕式。

（2）11:20，图书馆向基建处、财务处分别提交重新起草的《2008 年图书馆新馆设备追加采购项目申报书》等 6 文件。

4 月 28 日（周一）

（1）馆长办公会（邱、吕、齐），讨论了 2008 年新馆设备采购追加项目申报中的问题，网络中心对图书馆设备采购方案的意见、建议，总结运动会组织问题。

（2）9:00，由自动化主任王鸣心主持的"金盘图书馆管理系统"演示会在图书馆会议室召开。4 月 11 日完成对江苏汇文软件的议标后，图书馆一直在与江苏汇文公司就合同的条款、维护费的折扣以及软件的细节等问题进行协商，4 月 23 日，得到江苏汇文公司的消息称：汇文系统无法实现现刊数据的转换工作。为此，邀请北京金盘鹏图软件技术有限公司（以下简称"北京金盘公司"）到馆演示其图书馆管理系统，以便为图书馆管理系统软件的重新招标做准备。馆长邱小红，副馆长吕云生，采编部主任周红，参考咨询部主任汪雪莲，期刊部主任颜长森，视听资料部主任刘福军，流通部主任刘秀深、副主任李顺，采编部蔡淑清、丁江红、赵红漆，期刊部陈长仲，参考咨询部范利群等同志出席了演示会，听取和观摩了北京金盘公司总经理林宁一行对金盘图书馆管理系统的介绍和功能演示。

（3）馆长邱小红出席学校第 3 期院长论坛，并《以服务为宗旨，以贡献求发展——赴浙江大学、江南大学考察之感受》为

题，做了主题发言。邱馆长认为，图书馆的发展应该以服务为宗旨、以贡献求发展，学科建设应该瞄准与国计民生有关的问题展开研究，为提高全人类科技文明水平而展开研究，并重视科技成果的转化工作。

4月29日（周二）

（1）馆长邱小红、副馆长吕云生、视听资料部主任刘福军与资产管理处负责人共同考察了新馆千人报告厅的座椅款式。

（2）副馆长齐晓航陪同农工党经贸大学支部主委牛秀清前往农工党市委参加"纪念五一口号发表60周年"座谈会。农工党北京市副主委赵荣国到会讲话，来自全市各区县和直属支部的代表30余人参加了座谈会。

（3）14:35，副校长王正富、后勤处处长李占海、保卫处处长李保元、基建处处长任明鹤、联合总支书记祁雪冻等职能部门领导一行视察图书馆，要求图书馆做好"五一"假期的安全保卫工作，特别是做好搬迁前的防火工作。

（4）17:00，教育部委托的公正会计师事务所会计张桂梅和基建处负责新馆设备追加项目申报工作的王红伟老师分别致电副馆长齐晓航，要求补充预算在10万元以上的设备的论证或说明材料。

4月30日（周三）

（1）自动化部主任王鸣心、新馆建设联络人白晓煌应邀出席在基建处六层会议室召开的新馆网络设备评标会。

（2）11:40，小红马快递公司取走图书馆提交给公正会计师事务所的第7份文件——《关于新图书馆设备预算论证和情况说明的报告》。

5 月

5 月 1 日（周四）

（1）1~2 日，根据北京市和学校有关放假的通知精神，全馆闭馆。

（2）图书馆修订后的《对外经济贸易大学图书馆安全管理规定》正式实施，全馆所有区域禁止吸烟的规定生效。

5 月 3 日（周六）

3~4 日，按照双休日开放时间，向读者开放。

5 月 5 日（周一）

馆长办公会（邱、吕、齐），讨论了新馆搬家问题。

5 月 6 日（周二）

（1）副馆长齐晓航与首都师范大学图书馆馆长、BALIS 管理委员会副主任胡越通电话，就 BALIS 原文传递业务与数据库版权协议的矛盾解决方案进行了讨论。

（2）馆长邱小红应邀出席北京工商大学图书馆中文图书采购评标会。

5 月 7 日（周三）

（1）《关于 BALIS 平台试运行的通知》在学校主页"公告栏"中 29 天首页的显示，被新帖子置换，"馆际互借"和"原文传递"注册的读者数量与 4 月 25 日的统计数据相同。

（2）副校长王正富到馆与馆长邱小红讨论新馆建设问题。

（3）11:10，副馆长齐晓航再次接到基建处王红伟老师和公正会计师事务所张桂梅电话，要求图书馆就《2008 年图书馆新馆设备追加采购项目可行性报告》中的门禁系统、服务器、网络设备、网络集成等子项目再提交说明报告。

（4）13:30，副馆长齐晓航、自动化部主任王鸣心，新馆建设联络人白晓煌前往基建处 511 室，与孟庆瑞工程师讨论如何起草说明文件问题。

5 月 8 日（周四）

（1）副馆长齐晓航参观了由中共中央统战部、国务院新闻办公室、国家民族事务委员会、西藏自治区共同在民族文化宫主办的"西藏今昔——大型主题展"。参观活动由学校党委统战部组织，校各党派代表、侨联代表 30 余人观看了展览。

（2）11:00，图书馆向公正会计师事务所发出了第 8 份文件——《关于对外经济贸易大学图书馆新馆设备追加项目申报中的门禁系统、主服务器、网络设备和网络集成等子项目申报的补充说明》。

5 月 9 日（周五）

（1）馆长邱小红应邀出席北京工商大学图书馆外文图书采购评标会。

（2）馆长邱小红和副馆长齐晓航分别会见北京超星图书馆区域经理王红一行，听取了又有作者诉该公司图书涉嫌侵权案或连带图书馆有关问题的情况说明，王经理表示，北京超星公司将出面解决可能发生的诉讼案。

（3）11:15，副馆长齐晓航再次接到基建处王红伟老师和公正会计师事务所张桂梅电话，要求图书馆就网络设备、信息点的设置等再提交材料说明，15：45，副馆长齐晓航委托丁江红自驾车将《关于对外经济贸易大学图书馆新馆设备追加项目申报中的"网络设备"等子项目申报有关问题再补充说明》送往东直门南大街的华普花园，16：33 送达。

5 月 12 日（周一）

（1）馆长办公会（邱、吕、齐），讨论了推荐 2008 年度优秀教育工作者的人选问题；邀请流通部主任刘秀深、魏志宏和陈传贵一起讨论新馆搬迁问题；向学校呈报的有关新馆保安、物业管理和搬家费的请示；向资产处呈报的有关图书采购管理办法的文件。

（2）根据馆长办公会的决定，在图书馆 OA 上发布《关于推荐 2008 年度优秀教育工作者的通知》，请全体职工民主推荐 2008 年优秀教育工作者候选人。

（3）由馆办公室按姓氏将所有图书馆在职工作人员排名制表，打印 49 份并分别加盖图书馆公章后发往各部门；在党员代表卢玲玲、行政人员代表齐晓航、工会主席马兰、二级教代会主席团成员丁江红的监督下，查验并密封了票箱。

（4）图书馆向学校人事处提交了《关于闫燕伶、胡京燕两同志转入图书馆的请示》，并附闫燕伶、胡京燕的转正申请。

（5）图书馆工会在图书馆 OA 上转发学校工会《关于开展 2008 年"与奥运同行　博爱在惠园"捐款救助活动的通知》，号召全体会员开展捐款活动。

（6）国际经济贸易学院赠予图书馆武育干系列图书 16 册：《中国关税问题》《中国国际贸易史》《鸦片战争史》和《中国国际贸易概论》各 4 册。这 4 种图书是国际经济贸易学院出资委托商务印书馆整理刊印的旧版图书。

5月13日（周二）

（1）《关于戚依南等同志专业技术职务聘任的通知》（外经贸学人字［2008］072号），图书馆赵红涤同志自2008年1月1日起被聘任为副研究馆员。

（2）11:10，收到校办转来编号为（08）107号的"对外经济贸易大学法律服务登记表"。该表的"项目名称"中记载："5.8早接校办转来：北京市海淀区人民法院应诉通知书、传票、送达回证（2008）海民初字第15773、15893、15894、15895、15896、15897、15898、15899号；陈校长批示：请法务办提出应对意见。——解放军总后政治部周大新状告北京超星公司及我校网络侵权"（急件！）。周大新的诉讼请求是，除要求图书馆停止网络侵权和承担诉讼费外，还要求：①赔偿《战争传说》一书的损失40000元、公证费345元、律师费375元、交通费37元；②赔偿《没有绣花的手帕》一书的损失24480元、公证费345元、律师费375元、交通费37元；③赔偿《香魂塘畔香魂女》一书的损失39840元、公证费345元、律师费375元、交通费37元；④赔偿《21大厦》一书的损失38400元、公证费345元、律师费375元、交通费37元；⑤赔偿《有梦不觉夜长》一书的损失38400元、公证费345元、律师费375元、交通费37元；⑥赔偿《银饰》一书的损失28800元、公证费345元、律师费375元、交通费37元；⑦赔偿《周大新小说自选集》一书的损失38400元、公证费345元、律师费375元、交通费37元；⑧赔偿《消失的场景》一书的损失51360元、公证费345元、律师费375元、交通费37元。

（3）馆长邱小红与北京超星图书馆区域经理王宏通话，讨论有关应对周大新诉图书馆和超星电子书系列侵权案的解决方案。

（4）齐晓航、卢玲玲合作撰写的《如何理解科学发展观的核心——"以人为本"》一文，荣获党委宣传部组织的"2008 年对外经济贸易大学学习十七大精神主题征文"一等奖。在党委宣传部发出学习十七大精神主题征文的通知后，累计收到征文 153 篇，经评审小组认真评审后，评选一等奖 4 篇，二等奖 7 篇，三等奖 13 篇，优秀奖 16 篇，112 篇征文获得参与奖。

（5）图书馆工会在图书馆 OA 上转发学校工会《关于开展向四川地震灾区捐款活动的通知》，号召全体会员开展捐款活动。

（6）副馆长齐晓航分别会见现代信息与文化开发中心业务代表国以群、崔文琳和上海博美讯智能技术有限公司北京办事处代表夏克友，听取了他们对新产品的介绍。

（7）16:00，馆长邱小红出席在行政楼 218 召开的学校行政办公会议。会议主题是"我校公用设施及设备管理思路研讨"，《行政办公会纪要》2008 年第 18 号中记载，新建图书馆按物业管理模式办，全部外包（含保安），高端设备维护问题由网络中心提意见。

5月14日（周三）

（1）教辅党总支书记张建华，馆长邱小红，副馆长吕云生、齐晓航，部门主任李顺、刘福军、刘秀深、马兰、汪雪莲、王鸣心、颜长森和周红出席了临时党政联席会议。会议讨论通过了：推选马兰同志为"优秀教育工作者"的候选人的决定；处理第 4 起电子书涉嫌侵权案的决定：与北京超星公司协商，由北京超星公司承担本案的全部法律和经济责任，向学校领导说明目前电子资源版权方面可能存在的法律风险和我们提出的应对方案，暂停北京超星图书馆中的全部电子书的使用；确定了新馆物业管理工作的范围；确定在图书馆自动化管理软件重新招标中再次邀请江苏汇文公司参与竞标的决定。

（2）馆长邱小红、副馆长齐晓航分别会见北京方正公司高级客户经理贾利杰、营销部客户经理沈璐，接收了由北京方正公司主办的"更快·更高·更强——数字资源应用新发展2008中国数字图书馆可持续发展研讨会"的邀请函。

（3）副馆长齐晓航会见资产管理处副处长刘志宏，接收了刘处长送达的由资产管理处起草的《关于启动新图书馆所需家具采购项目的请示》（2008）请字第0263号批复的复印件；并同意了由资产处牵头组建，副馆长齐晓航、新馆建设联络人白晓煌参加的新馆家具采购工作小组的提议；并对草拟家具招标方案达成了一致意见。

（4）图书馆根据党政联席会议决定，立即起草《关于周大新先生诉我校超星电子书侵权案处理意见及有关电子文献版权问题的请示》和《关于不应诉周大新先生状告我校图书馆电子图书涉嫌侵权案的紧急请示》。

（5）15:00，馆长邱小红、副馆长齐晓航面见校长陈准民，呈交了上述两请示，并汇报了周大新案的处理意见和电子资源版权方面可能存在的风险问题。

5月15日（周四）

（1）馆长邱小红、副馆长齐晓航会见北京超星公司代表冯树东，接收了就周大新案由该公司承担版权问题一切法律责任的说明文件。图书馆向北京超星公司提交了已经盖好图书馆印章并由馆长邱小红签字的《关于北京超星数图信息技术有限公司图书版权处理问题的补充协议书》，要求该公司签字盖章后返还图书馆两份。

（2）图书馆根据日前校领导就资产管理处提交的《关于修订我校接受外事礼品及捐赠物品管理办法和图书资料采购及管理办法的请示》（2008）请字第 0330 号的批示，向资产管理处提交了《对外经济贸易大学图书馆文献采购及管理办法》，并对未起草《对外经济贸易大学图书文献采购及管理办法》提交了《关于起草〈对外经济贸易大学图书馆文献采购及管理办法〉的情况说明》文件。

5 月 16 日（周五）

（1）图书馆接到人事处内部调入通知单（2008 校内人内调字第 05 号）：闫燕伶、胡京燕自即日起，正式调入图书馆。

（2）图书馆工会将 51 位工作人员为四川地震灾区捐献的 6100 元交到校工会。

（3）副馆长齐晓航与北京超星公司代表冯树东通电话，约定下周一就有关周大新诉图书馆超星电子书涉嫌侵权系列案应对方案进行磋商。

5 月 17 日（周六）

（1）17~20 日，馆长邱小红、教辅党总支书记张建华出席在山东省济南市召开的第七次全国高等财经院校图书馆工作会议，会议传达了全国高校图工委会议精神；并就图书馆馆藏发展政策等问题进行了研讨。

（2）8:30，基藏阅览室值班员冯秀琴报称：基建处关奇工程师到馆与图书馆协商，为方便在知行楼顶施工，请求借用一层防

盗门钥匙；副馆长齐晓航指示：请基建处出具借条后可借钥匙。

5月19日（周一）

（1）10:19，根据国务院公告精神，图书馆第一时间在学校 OA 上发出了《关于图书馆举行默哀仪式的紧急通知》。

（2）副馆长齐晓航会见北京超星公司董事长助理阎云德，讨论了有关周大新诉图书馆超星电子书涉嫌侵权系列案的解决方案。

（3）14:28，图书馆全体工作人员与在馆内阅览的读者一起为在四川汶川地震中遇难的同胞默哀！图书馆楼、知行楼内同时鸣响起长达3分钟的警示铃。

5月20日（周二）

（1）副馆长齐晓航、新馆建设联络人白晓煌出席在资产管理处会议室召开的新馆家具招标文件讨论会，与资产管理处副处长刘志宏、纪检代表孙书玉、资产处于涛等一起就招标文件的内容确定进行了讨论。

（2）参考咨询部主任汪雪莲、咨询员范利群代表图书馆出席在中国人民大学图书馆报告厅举办的"中国知网数字出版平台2008年用户服务报告会暨机构/个人数字图书馆第一届培训班"。

（3）13:30~15:00，副馆长吕云生、齐晓航出席党委宣传部在诚信楼三层国际会议厅举办的"全球化条件下开放型经济对人才培养的要求"专题讲座，听取了中石油公司总裁助理李万余的演讲。

5月22日（周四）

（1）应北京创讯未来软件技术有限公司的请求，该公司信息系统事业部客户经理刘亮一行到馆，为图书馆各部门主管和有关技术人员演示了该公司开发的"现代电子化图书馆信息网络系统（MELINETS）"。齐晓航、李顺、刘福军、刘秀深、马兰、王鸣心、汪雪莲、颜长森、周红、范利群出席了演示会，并与该公司技术人员做了现场交流。

（2）10:30，副馆长齐晓航签收了由北京超星公司鲍艳杰通过"宇宙神鹰"快递公司送来的若干文件。其中有《授权委托书》8份和《法人代表身份证明书》8份，《关于北京超星公司图书版权处理问题的补充协议书》2份，《承诺书》1份，《答辩状》1份，《超星公司鲍艳杰致图书馆副馆长齐晓航的公函》1份。

（3）受馆长邱小红委托，副馆长齐晓航和办公室副主任马兰约见诚信楼管理办公室主任王宝成，就有关新馆物业管理方面的问题咨询了王主任。

5月23日（周五）

（1）图书馆工会将再次为四川地震灾区募捐到的600元交到校工会，图书馆工会累计捐款达6700元。

（2）图书馆党支部收到13位党员为四川地震灾区交纳的"特殊党费"2100元；副馆长齐晓航通过农工民主党支部向灾区捐款400元。

5月26日（周一）

（1）馆长办公会（邱、吕、齐），讨论了向学校呈报的有关搬家费的请示，起草有关筹建物业管理公司的请示，给予首次组队参加学校乒乓球赛的队员制装费500元。

（2）向招标办、资产管理处发出《关于修改新图书馆家具招标文件中有关数据的函》，函告家具招标文件第5包中的两数据有误，抄送监察处。

（3）郭飞教授面见馆长邱小红，感谢图书馆工作人员为其科研工作提供的帮助。郭飞教授撰写的《深化中国所有制改革的若干思考》一文发表在《中国社会科学》杂志上，曾得到采编部周红，参考咨询部白晓煌、张金龙、崔玉良，期刊部徐向伟等人的帮助。

5 月 27 日（周二）

副馆长齐晓航委托来访的北京超星公司区域经理王宏将我校已经加盖校章的《授权委托书》8 份和《法人代表身份证明书》8 份转交北京超星公司鲍艳杰。

5 月 28 日（周三）

（1）受副馆长吕云生委托，副馆长齐晓航出席由中国教育图书进出口公司期刊部在北京顺鑫绿色度假村举办的"教图公司 2009 年度外刊征订会"。

（2）应北京超星公司鲍艳杰的要求，图书馆向该公司发出了加盖我校公章的"事业单位法人证书"复印件 8 份。

（3）副馆长齐晓航会见学生会权益部孙月鹏同学，讨论有关新馆介绍方面的问题。

5 月 29 日（周四）

（1）馆长邱小红应邀前往中国矿业大学图书馆，参观书尚公司设在该馆的新书展厅。

（2）戴陈、于学军、刘福军、尚喜超四人组成的乒乓球男女混双队，在校工会组织的乒乓球比赛中，进入八强。

5 月 30 日（周五）

5 月 30 日至 6 月 1 日，副馆长齐晓航出席由同方知网公司在山西大同举办的用户座谈会，会上同方知网公司向 20 余家图书馆的负责人介绍了托管服务项目情况。

6 月

6 月 2 日（周一）

（1）馆长办公会（邱、吕、齐），讨论了搬家人员安排方案、端午节关闭方案、参加软件招标和家具招标的人员、确定成立物业公司请示的内容、启动教图公司 OA 使用的方案。

（2）图书馆管理软件招标会召开，由韩瑛（财务处）主持，刘志宏（资产处）、邓婧（审计处）、刘鸿良（工会）、邱小红（图书馆）、周红（图书馆）担任评委，孙淑玉（监察处）担任监察，对北京金盘公司、上海唯讯技术有限公司、江苏汇文公司和北京创讯未来软件公司四家公司的软件进行了评议，最后北京金盘公司中标。

6 月 3 日（周二）

（1）馆长邱小红陪同校长陈准民，资产管理处长梁尔华等视察北区书库和基藏阅览室，拟安排搬迁和将来知行楼的规划。

（2）教辅、体育部联合党总支书记张建华到馆，与馆长邱小红讨论搬迁，家具、设备预算执行情况等问题。

（3）工会主席马兰参加 6 月 3~5 日在北京交通大学举办的会计人员继续教育培训。

6 月 4 日（周三）

（1）馆党支部书记、副馆长吕云生，视听资料部主任刘福军

以评委身份代表图书馆出席在资产管理处会议室召开的新馆家具评标会。

（2）馆长邱小红，副馆长齐晓航，流通部主任刘秀深、魏志宏共同会见北京智多利文化用品有限公司经理陈传贵和北京北奥利康搬家有限责任公司第六分公司杨昊明经理，讨论有关搬迁的方案。

（3）副馆长齐晓航会见长期病休的詹若青，询问了其近况，应其要求从学校 OA 中导出了今年 1~6 月份的工资单，并解释了工资总额变化的原因。

（4）馆长邱小红出席由党委办公室和监察处联合在行政楼222 室召开的"关于食堂三层承包案专题通报会"。

（5）副馆长齐晓航，流通部主任刘秀深、魏志宏共同会见和平里搬家公司经理李淑伶一行，讨论有关搬迁的方案。

（6）教辅、体育部联合党总支书记张建华到馆与副馆长齐晓航讨论，署名为"sqjmbj"的网友于 2008 年 6 月 3 日 20:27 在小天鹅网站"惠园特快"中以《不得不说，我们的图书馆》为题发表的批评图书馆工作人员服务态度方面问题。

6 月 5 日（周四）

（1）9:30，流通部主任刘秀深代表图书馆出席在行政楼 226 会议室召开的 2008 年毕业生离校工作协调会。

（2）流通部魏志宏与北航图书设备公司经理董宝香通话，了解书架配件供应情况和有关新馆搬迁方案事宜。

6 月 6 日（周五）

（1）馆长邱小红，副馆长吕云生、齐晓航一同前往资产管理处会议室，与资产管理处处长梁尔华、副处长牛秀清、办公室主任吴志刚商讨新馆办公用房的布局方案。

（2）馆长邱小红，副馆长吕云生、齐晓航在尚未竣工的新馆内会晤副校长王正富、基建处处长任鸣鹤，讨论新馆装修和安防方面的问题，副校长王正富表示，新馆将于 7 月中下旬验收。

（3）14:00，全体党员会，讨论范利群、汪雪莲申请加入中国共产党的议题。

6 月 8 日（周日）

（1）端午节，根据北京市政府和学校有关通知精神，图书馆将周日的开放调整至次日，端午节当天关闭。

（2）自 4 月 2 日起，对图书馆楼外两翼楼梯下便道改窄以增加车位的施工结束，路面铺完沥青。

6 月 10 日（周二）

（1）馆长办公会（邱、吕、齐），讨论了请社会力量参与搬家的方式问题，办理离校手续及暂停借阅服务的时间安排问题，为搬家提前关闭文艺、国外版本和基藏三厅的问题，工作人员考核工作问题，回复校务会议决定图书管理实行"一级管理、两级使用"问题，审议新馆设备家具预算的请示文稿。

（2）在学校 OA、图书馆 OA、学校 BBS 和图书馆 BBS 上发布《关于图书馆提前关闭三个借阅区间的通知》：因准备搬家，自 6 月 23 日起提前关闭文艺、基藏、国外版本三个借阅厅。该通知已在学校 OA 设置置顶。

（3）副馆长齐晓航、视听资料部主任刘福军应邀前往宁远楼地下车库，与资产管理处副处长刘志宏、财务处副处长郭岩海、招标办负责人韩英、监察处处级监察员孙书玉一起考察新馆家具样品，并现场讨论确定了新馆内馆长和副馆长的家具配置方案，还就阅览桌的宽度、公用沙发的款型及数量、职员办公桌的侧台等问题进行了商讨。

（4）图书馆通过公文流转系统向学校呈报了《关于新馆设备、家具预算问题的请示》（2008请字0573号），在经财务处签署会签意见时，财务处处长黄潮发与该请示的承办人图书馆副馆长齐晓航通电话，就文件内容提出了具体要求：对原请示中述及的新馆建设背景、资金来源及其构成等校领导和职能部门已经很清楚的问题不必赘述，而要阐明最新的设备预算总额和执行情况。副馆长齐晓航代表图书馆同意由财务处将上述请示经校办退回图书馆，图书馆再按黄处长指示另行起草请示。财务处会签意见为："已与齐晓航副馆长电话沟通过，此件撤回重报。（黄潮发2008-06-11）"。

6月11日（周三）

（1）11~13日，卢玲玲代表图书馆出席由中国图书馆学会资源建设委员会和中国科技情报学会资源建设委员会共同主办的"新信息环境下图书馆联盟发展"业务发展研讨会暨资源共享合作业务洽谈会。汪雪莲、邱小红、卢玲玲共同撰写的《满意离读者还有多远？》、汪雪莲撰写的《基于个人知识管理的信息素养教学探索》获研讨会二等奖。

（2）馆长邱小红、资产管理处处长梁尔华等职能部门领导陪同副校长胡福印考察知行楼基藏图书阅览室和电子阅览室，讨论有关搬迁和搬迁后的装修问题，副校长胡福印指示，6月25日以后可向新馆搬运物品，知行楼上述两房间须在7月20日前完成搬迁工作。

（3）馆长邱小红、副馆长齐晓航与到馆的资产管理处处长梁尔华就家具配置方案和搬迁方案等问题进行了讨论。

（4）馆长邱小红，副馆长吕云生、齐晓航，流通部主任刘秀深、魏志宏在会议室会见北京航空兴业办公家具有限公司经理董宝香一行，讨论了有关搬迁的方案。

（5）根据后勤处有关通知精神，图书馆在学校 OA、学校 BBS 和图书馆 OA 上发出通知：① 2008 年 6 月 16 日（星期一）上午关闭知行楼（原金融校区）二层的电子阅览室，13:30 起恢复开放。② 2008 年 6 月 16 日（星期一）22:00 至 6 月 17 日（星期二）13:30，图书馆将关闭所有服务器，此间校内外读者将无法访问图书馆主页及所有电子资源，同时暂停所有借出和还回书刊的服务。

（6）21:50，防火值班室值班员陈长利电告副馆长齐晓航：图书馆楼二层大厅正门左侧的玻璃爆裂，但未脱落；齐晓航回复：先小心锁上门，明天找人维修。

6 月 12 日（周四）

（1）在学校 OA、图书馆 OA、学校 BBS 和图书馆 BBS 上发布《关于提前办理 2008 年毕业生离校手续和调整借还书服务时间的通知》：6 月 16 日起，可为 2008 年毕业生办理离校手续；6 月 26 日（周四）8:30~11:30，图书馆楼三层出借厅将暂停一般借还图书的业务，集中为毕业生办理离校手续；17:30 以后将恢复借还图书的服务。

（2）副馆长齐晓航会见基建处处长任鸣鹤，商谈有关在图书馆楼前加装坡道和分隔新馆内原馆长室的方案。

（3）副校长王正富、基建处处长任鸣鹤、副馆长齐晓航在新馆内与教辅党总支书记张建华、馆长邱小红会合，一同考察即将竣工的新馆。

6月13日（周五）

（1）馆长邱小红，副馆长吕云生、齐晓航，流通部主任刘秀深，期刊部主任颜长森、魏志宏在会议室讨论了有关新馆人员安排的方案。

（2）基建处处长任鸣鹤到馆与副馆长齐晓航一同考察图书馆楼外环境，并初步讨论确定了加装缓坡的方案：在图书馆正门西侧装两段缓坡。

（3）从校办取回"对外经济贸易大学法律服务登记表"（08）139号，律师武威对图书馆起草的有关采购金盘图书馆集成管理系统的合同提出了5条意见，并批注"修改后可签署合同"的律师意见。

（4）基藏图书阅览室值班员姬晓娟报告基藏中厅漏雨。

6月16日（周一）

（1）馆长办公会（邱、吕、齐），讨论了呈报给学校的《关于图书馆治理乱收费工作的报告》《关于移走私人物品和申报需要搬迁物品的通知》《关于新馆设备、家具最新预算的请示》等文件。

（2）馆务会，邱小红、吕云生、齐晓航、李顺、刘福军、刘秀深、马兰、汪雪莲、王鸣心、颜长森、周红出席会议。会议布置了工作人员考核事项，搬家的准备工作，期末工作总结须呈报的数据和事迹；讨论了在新馆内筹建新书展区和海关文献中心的设想。

（3）北京超星图书馆区域经理王宏与副馆长齐晓航通话，告知图书馆有关周大新诉本馆超星电子书系列侵权案的判决结果：

我校不承担责任。

（4）副校长王正富到馆与馆长邱小红讨论新馆竣工验收时间安排等问题。

6月17日（周二）

（1）因图书馆楼停电，上午停止所有电子资源的访问和借还图书的服务。

（2）馆长邱小红以评委身份，应邀出席中国科技电子图书公司的招标会。

（3）基藏图书阅览室值班员姬晓娟再报：基藏中厅漏雨严重。

（4）副馆长齐晓航、新馆建设联络人白晓煌应邀前往资产管理处会议室考察、讨论新馆用沙发面料和颜色。

（5）由基建处负责施工的图书馆楼前西侧两段坡道加装完成。

6月18日（周三）

（1）馆长邱小红，副馆长吕云生、齐晓航，工会主席马兰与珠海市丹田物业公司经理孔凡香一行，共同考察新馆，讨论有关物业管理的问题。

（2）馆长邱小红，副馆长吕云生、齐晓航，视听资料部主任刘福军，新馆建设联络人白晓煌应新馆家具采购小组的要求，讨论确定新馆围柱式电脑、屏风电脑桌、阅览桌椅、电子阅览室家具的颜色。

（3）馆长邱小红，副馆长吕云生、齐晓航出席在诚信楼三层国际会议厅召开的召开党委中心组专题报告会。国务院学位委员会办公室副主任、教育部学位与研究生管理司副司长郭新立做了

题为"推进高水平大学和重点学科建设"的报告。

（4）图书馆收到北京超星公司快递来的《北京市海淀区人民法院民事判决书》（2008）海民初字第 15773 号、15893 号、15894 号、15895 号、15896 号、15897 号、15898 号、15899 号，在 8 份判决书复印件中，针对我校的判决内容如下："……本院综合考虑外经贸大学对超星数字图书馆的使用方式和范围，认为外经贸大学向周大新承担之责任应仅限于协助世纪超星删除该校服务器所载超星数字图书馆中（上述）图书。周大新要求外经贸大学承担赔偿经济损失以及诉讼合理支出费用之侵权责任，本院不予支持……驳回原告周大新对被告对外经济贸易大学的其他诉讼请求。"

6 月 19 日（周四）

（1）视听资料部主任刘福军、新馆建设联络人白晓煌应邀再去资产管理处，重新与有关部门领导一起讨论新馆工作人员办公桌的颜色问题。

（2）流通部副主任李顺代表图书馆出席在行政楼 222 会议室召开的"08 级本科新生数据共享平台应用培训会"，并提出图书馆需要学生住址、电话和邮箱等信息的要求。

（3）图书馆通过公文流转系统向学校呈报了《关于新馆设备、家具最新预算的请示》（2008 请字 0591 号），在经财务处签署会签意见时，财务处处长黄潮发与馆长邱小红通电话，黄潮发处长就文件内容再次提出了修改要求。馆长邱小红同意由财务处将上述请示经校办退回图书馆，图书馆将第三次按黄处长指示重新起草请示。财务处的会签意见为"已与邱小红馆长电话沟通，此件退回。（黄潮发 2008-06-19）"。

（4）资产管理处副处长刘志宏到馆，与馆长邱小红、副馆长齐晓航、新馆建设联络人白晓煌一起审核有关新馆家具合同2份，审核后馆长邱小红代表我方签字。

（5）在校大学生活动中心，校工会举办的"迎奥运　赞和谐"教职工文艺展演中，图书馆卢玲玲被邀请担任主持人。

6月20日（周五）

（1）馆长邱小红，副馆长吕云生、齐晓航，流通部主任刘秀深、魏志宏在会议室会见北京航空兴业办公家具有限公司经理董宝香一行，讨论了有关搬迁基藏、文艺、国外版本三厅的细节问题。

（2）副馆长齐晓航与财务处处长黄潮发通电话，再次请教有关新馆设备预算文稿的问题，黄处长指示：不必谈缺口问题、只讲预算数额以及基建处完成的项目情况即可。

（3）临时馆长办公会（邱、吕、齐），讨论了呈报给学校的《关于新馆设备、家具预算的报告》和《关于确定搬家公司的请示》的文稿，关于中层干部届中考核的时间安排，关于图书馆馆长、副馆长岗位胜任标准、职位说明书文稿的起草问题，会见北京"双丽杰"保洁公司代表等。

6月23日（周一）

（1）根据学校要求，7月20日前腾空知行楼，图书馆从即日起，提前关闭基藏图书阅览室、文艺图书借阅厅和国外版本图书借阅厅，开始下架打捆儿图书。

（2）北京航空兴业办公家具有限公司经理董宝香率领9名工人，先期到馆协助图书馆下架、打捆儿图书。

（3）基藏、文艺、国外版本三厅提前下架打捆儿动员会在会议室召开，馆长邱小红做了动员讲话，副馆长齐晓航，流通部主任刘秀深、魏志宏与三厅工作人员陈建新、刘宝玫、杜文涛、谭立田、杨振杰、宗丽华、王晶、姬晓娟、冯秀琴出席了会议。

（4）馆长办公会（邱、吕、齐），讨论了班子总结文稿和班子考核安排问题。

（5）办公室副主任马兰陪同双丽杰保洁公司人员考察新馆。

（6）副馆长齐晓航对报纸阅览室值班员徐向伟离岗去"充值"给予口头批评。

（7）馆长邱小红、办公室副主任马兰再次会见珠海市丹田物业公司经理孔凡香一行，商讨有关物业管理的问题。

6 月 24 日（周二）

（1）副馆长齐晓航与新馆建设联络人白晓煌一起前往宁远楼地下车库，会同资产管理处副处长刘志宏、招标办负责人韩英，考察厂家提供的千人报告厅新改款座椅，因报告厅空间限制，后四排座椅之扶手缩短了 5 厘米。

（2）学校人事处发防暑降温费，每人 200 元（现金）。

（3）图书馆参考咨询部与北京法意网科技有限公司（北大法意）合作，为法学院在校本科三年级学生和研究生一年级学生争取到该公司赠送的北京大学电子法务软件系列《国家司法考试模考系统》光盘 200 套。

（4）副馆长齐晓航会见公共管理学院学生徐某，接收了疑似图书馆馆藏《国际商法》图书一册，花果山牌云雾茶一盒，并要求徐同学留下电话，以便联系。

6 月 25 日（周三）

（1）副馆长齐晓航出席在北京邮电大学召开的北京高校图书

馆联合体馆长会。讨论了有关 BALIS 环境下，联合体的定位和特色等问题。

（2）图书馆就公共管理学院学生徐某偷换图书馆图书一事，以"关于贵院学生徐同学偷换图书馆馆藏图书的处理意见商榷函"为题，再次向公共管理学院致函，希望得到该院的正式处理意见，并要求该院向徐同学转达图书馆的处罚通知；图书馆随函退回花果山牌云雾茶一盒。

（3）副馆长齐晓航会见爱墨瑞得出版集团客户营销主管李秋实，倾听了李主管对其公司产品的介绍，并接收了李主管转来的加盖有我校国际经济贸易学院公章的，葛赢教授关于建议购买 Emerald 的建议书。

（4）副馆长齐晓航接到公共管理学院辅导员徐老师的电话，讨论了有关该院学生徐某偷换图书馆图书一事的处理意见。

6 月 26 日（周四）

（1）9:30~10:40，在图书馆会议室召开党政联席扩大会议，讨论确定了图书馆普通工作人员的考核等级。馆长邱小红，副馆长吕云生、齐晓航，流通部主任刘秀深，副主任李顺，参考咨询部主任汪雪莲，自动化部主任王鸣心，视听资料部刘福军，期刊部主任颜长森，采编部主任周红，工会主席马兰，二级教代会主席团成员丁江红、赵万霞，图书馆党支部组织委员刘宝玫出席了会议。会议经过民主投票表决，评选出优秀等级工作人员：蔡淑清、丁胜民、范利群、赵万霞、周红、王鸣心、于秀春、刘秀深、陈洪莉、刘福军和颜长森等 11 人。

（2）11:15~11:50，在图书馆楼参考阅览厅召开图书馆领导班子述职报告会，全体工作人员分别听取了馆长邱小红，副馆长吕云生、齐晓航的述职报告，馆长邱小红代表图书馆领导班子做了班子的总结报告。报告后，全体工作人员对三位馆领导和领导班子以填写测评票的方式进行了民主测评，民主测评票封存后直接报送党委组织部。

（3）全体在职工作人员在图书馆旧楼前，拍摄搬家前的唯一一张合影。

（4）教辅党总支述职会，党总支书记张建华、副书记王海涛分别做了述职报告，张建华代表总支做了工作总结。图书馆全体共产党员和主管以上干部参加了述职会，并对党总支书记、副书记和总支工作进行了投票测评。

（5）图书馆收到公共管理学院送来的《公共管理学院关于徐同学借书问题处理的复函》及徐同学写的检讨书各一份。

6月27日（周五）

（1）在学校OA、BBS，图书馆OA、BBS上发出通知：根据BALIS中心有关通知精神和图书馆搬家的实际情况，从即日起暂停BALIS原文传递和馆际互借服务，预计9月底以后恢复。

（2）馆长邱小红，副馆长吕云生、齐晓航出席在电教中心二层会议室召开的党总支民主生活会，教辅党总支书记张建华主持会议，副书记王海涛，体育部主任李凤桥，网教中心领导小组组长孙强，副组长杜建新、梅涛出席了会议。张建华传达了学校安全工作会议精神，与会人员进行了批评与自我批评。

（3）副馆长齐晓航会见富士施乐实业（上海）有限公司大客户经理李茵，听取她对公司产品的介绍，并接收了该公司产品介绍的彩页。

（4）办公室副主任马兰和新馆建设联络人白晓煌陪同北京首

华物业管理公司一行 8 人考察了新图书馆，并就新馆物业管理问题进行了商谈。

6 月 29 日（周日）

新馆海关文献用樟木书架及书车已经到货，因新馆消防验收未通过，临时存放在旧楼二层的参考阅览厅、国外版本厅等处。

6 月 30 日（周一）

（1）馆长办公会（邱、吕、齐），讨论了选择物业管理公司的问题、搬迁物品标准问题、召开临时馆务会的议题。

（2）馆长邱小红，副馆长齐晓航，办公室副主任马兰，会见北京首华物业公司代表孙京山，进一步商谈有关新馆物业管理的问题。

（3）从校办取回"对外经济贸易大学法律服务登记表"（08）166 号，律师武威对图书馆起草的有关委托搬家合同书提出了 6 条意见，并批注"合同重修改后，同意签订"的律师意见。

7 月

7 月 1 日（周二）

（1）8:30，馆长邱小红、副馆长齐晓航出席在行政楼 218 会议室召开的行政办公会。会议议题：研讨图书馆搬迁工作（应为"选择新馆物业管理公司"），会议认为，应引进物业管理公司，对新图书馆物业实行一体化管理，同意与北京首华物业管理公司合作。要求资产处牵头，会同图书馆、基建处、保卫处等单位，研究细化合同方案，鉴于图书馆聘用物业公司需每年支付费用65万元，会议建议报学校审议决定。会议要求，新聘任的物业公司应在7月15日前接管新图书馆的物业。(见《行政办公会纪要》2008年第22号)。

（2）校工会发夏游费，每人150元（现金）。

（3）北京金盘公司技术员吴立红，开发工程师阎振平、俸天，技术工程师牛金广、戚振灵到馆，对图书馆管理软件系统中的书刊流通、阅览等版块流程做了重点演示及说明演示。自动化部主任王鸣心，参考咨询部主任汪雪莲，咨询员范利群，流通部主任刘秀深、副主任李顺，期刊部主任颜长森、期刊采购员陈长仲出席了演示会。与会人员就期刊订阅、逾期处理具体业务等问题做了深入探讨。

（4）教辅、体育部联合党总支书记张建华到馆，会见副馆长齐晓航，敦促图书馆主管以上干部和共产党员为党总支书记、副书记进行网上投票。图书馆立即起草并在图书馆OA上发出《关于敦促为总支领导进行网上投票的通知》。

（5）副馆长齐晓航批准了国际经济研究院张海森老师因准备教育部项目而从参考阅览厅借出《非洲投资指南》一书的请求，借期一个月。

（6）13:30，馆长邱小红出席在行政楼226会议室召开的校长办公会。会议听取了关于新图书馆引进物业管理公司的情况汇报，同意7月1日（上午）行政办公会所提思路，报党委常委会批准。(见《校长办公会议纪要》2008年第13号)。校长陈准民主持会议，副校长徐子健、王正富、胡福印，党委副书记杨逢华、陈建香，校办主任余兴发，科研处处长叶文楼，置换办主任

154

柳永树，后勤处副处长苏隆中列席了会议。

（7）馆长邱小红前往资产管理处，与资产管理处处长梁尔华、副处长牛秀清，基建处王红伟，保卫处副处长袁祥一起会见北京首华物业公司经理刘步庄、孙京山，商谈新馆物业管理合同的条款及价格问题。

7月2日（周三）

（1）临时馆务会，邱小红、吕云生、齐晓航、李顺、刘福军、刘秀深、马兰、汪雪莲、王鸣心、颜长森、周红出席会议。馆务会所有成员应副校长王正富之邀，前往新图书馆与基建处处长任鸣鹤、副处长冯二未，资产管理处副处长牛秀清，后勤处总支书记祁雪栋，会同建筑施工方江苏建工以及各分包商的代表一起，自楼顶开始，对新图书馆进行了全面巡视，并对关门器的安装和部分开关及照明灯具的设置提出建议；会议还讨论通过了留用和退回资产管理处物品的标准。

（2）受馆长邱小红委托，副馆长齐晓航出席在行政楼220室召开的大额资金预算审议小组会。副校长胡福印主持会议，财务处处长黄潮发、审计处处长黄捷、监察处康永惠、校工会陶建初参加了会议。会议审议了图书馆提交的选择新馆物业管理公司的请示，原则批准了物业费65万元/年的预算。

（3）北京金盘公司技术员吴立红、技术工程师戚振灵到馆，为采编部周红、赵红涤、丁江红、蔡淑清、廖琼、尚喜超演示了图书馆管理软件系统中的"采购编目"和"典藏管理"两个子模块功能。双方就批量编目问题、书目记录批量查询等问题提出了我方对软件的改进意见。

7月3日（周四）

（1）校工会福利委员会讨论通过了2008年上半年困难补助名单和金额。图书馆杨娅丽、詹若清分别获得1000元、600元补助。

（2）BALIS管理中心发布通知：自2008年9月1日起，北京地区高校图书馆文献资源保障体系（BALIS）域名为http：//balis.ruc.edu.cn。

（3）新馆建设联络人白晓煌接收了新馆用门禁系统设备，暂存参考阅览厅。

7月4日（周五）

（1）馆长邱小红、副馆长齐晓航、办公室副主任马兰在会议室会见珠海市丹田物业管理有限公司总经理潘建滨一行3人，听取了有关该公司就我新馆物业管理设想的说明。

（2）馆长邱小红、副馆长齐晓航、自动化部主任王鸣心、视听资料部主任刘福军讨论了学校有关职能部门对新馆PC机和瘦客户机配置调整意见的修订方案。

（3）馆长邱小红，副馆长吕云生、齐晓航，视听资料部主任刘福军，新馆建设联络人白晓煌在会议室与到访的黎明家具公司代表，商讨了新馆阅览座椅颜色更改方案。

7月7日（周一）

（1）馆长办公会（邱、吕、齐），与新馆建设联络人白晓煌一起，就黎明家具公司提供的阅览座椅颜色图进行讨论，最后确定了椅背、垫的颜色；共同会见北京风入松书店副总经理芦春辉，讨论有关在新馆内设置新书展区的事宜；应资产管理处的要求，再次讨论馆长、副馆长及馆办公室用房问题；与自动化主任王鸣心、视听资料部主任刘福军继续讨论新馆工作人员和读者用电脑的配置方案；联系资产管理处，接收图书馆将退回该处的电脑，以及由图书馆提前关闭的三厅工作人员负责运输该批电脑的决定；征求暑假加班意向的通知等。

（2）馆长邱小红、办公室副主任马兰，资产管理处处长梁尔华、副处长牛秀清，审计处长黄捷，保卫处长李保元，基建处办公室主任王红伟等在资产管理处会议室召开新馆物业管理问题研讨会，对新馆消防设施、大厅大理石、电梯年检和维护、外墙清洁等项目的管理和费用问题进行了讨论。

（3）馆长邱小红应邀列席学校党委常委会，会议讨论通过了新图书馆物业管理方案。

7 月 8 日（周二）

（1）自动化部将图书馆咨询平台设置为只读模式，关闭小天鹅网站上的"书海漫游"版块。

（2）在基藏图书阅览室供职 7 个月的冯秀琴因个人原因提交辞职申请，拟于本月底离职。

（3）馆领导、流通部主任与基藏、文艺、国外版本三厅工作人员以及勤工助学的学生一起将北区知行楼电子阅览室的电脑和 207 房间的库存显示器等搬运至体育馆一层和诚信楼地下室。

（4）副校长胡福印在其行政楼 214 办公室会见馆长邱小红、副馆长齐晓航，对办公用房、设备配置和新书展区的布置做出具体指示：馆领导办公用房要按照学校有关标准执行，不宜超标；设备配置要按照学校主流机型标准执行，不宜超标；新书展区的设置要做好先期的调研，要咨询财务、监察和法务办的意见，进行充分的论证，确保学校资源使用合理。

（5）馆长邱小红，办公室副主任马兰，资产管理处处长梁尔华、副处长牛秀清，保卫处长李保元，基建处办公室主任王红伟等在资产管理处会议室召开新馆物业管理问题研讨会，经谈判确定了新馆仪器仪表器具检测费和电梯日常维护由物业公司负责的方案。

（6）东北师范大学情报学硕士彭絮、中国地质大学地质学硕士涂育红两应届毕业生分配到图书馆工作，正式报到。

（7）张欣自南京大学商学院调入图书馆。

（8）视听部主任刘福军、新馆建设联络人白晓煌参加在基建处会议室召开的新馆 PC 机、瘦客户机等设备配置方案研讨会，学校有关职能部门的负责人出席了会议。会议对图书馆提出的设备配置方案提出了异议。

7月9日（周三）

（1）馆领导、流通部主任与基藏、文艺、国外版本三厅工作人员以及勤工助学的学生一起将北区知行楼电子阅览室的椅子搬运至体育馆一层。

（2）临时馆长办公会（邱、吕、齐），讨论了：新馆地下书库的排架方案，提出了原基藏图书归大库各类的意见，提出了按书来源暂时存放的分库意见；讨论了暑假加班人员安排方案；约请流通部主任刘秀深、魏志宏一起讨论确定了上述意见和方案。

（3）副馆长齐晓航前往新馆，随同副校长王正富、基建处处长任鸣鹤、资产管理处副处长刘志宏一起考察报告厅座椅的安装设计方案。考察结束后，王副校长以及任、刘两位处长再次向副馆长齐晓航传达了学校领导和职能部门对新馆设备配置方案的意见。

（4）馆长邱小红、副馆长齐晓航、视听资料部主任刘福军、新馆建设联络人白晓煌讨论了有关新馆设备配置方案，决定按照学校要求重新调整配置方案。

7 月 10 日（周四）

（1）馆长邱小红出席由党委办公室和人事处共同在宁远楼三层会议厅主办的"第二次人才强校工作会议"。

（2）副馆长吕云生、齐晓航，流通部主任刘秀深、魏志宏，讨论了暑假加班人员安排方案。

（3）流通部副主任李顺带领学生向宁远楼地下室搬运北区电子阅览室移交的电脑桌。

（4）在参考阅览厅召开全馆会，布置暑假搬家工作。

7 月 11 日（周五）

（1）馆长邱小红会见资产管理处副处长牛秀清，讨论新馆物业管理细节问题，建议在各办公室水池后的墙面加瓷砖。

（2）副馆长吕云生、齐晓航出席在诚信楼三层国际会议厅召开的中层干部会。党委副书记杨逢华主持会议，校长陈准民报告了本学期主要工作完成情况及下学期工作要点；党委书记王玲报告了学校党建工作情况，布置了暑假工作和平安奥运工作；王玲书记指派纪检监察处长黄捷宣读了一教工写给校领导的匿名信。

（3）流通部主任刘秀深、副主任李顺率基藏阅览室等部门工作人员继续向资产管理处宁远楼地下室运送北区电子阅览室的桌子。

（4）馆长邱小红出席由北京高校图书馆联合体在郑州举办"图书馆首次岗位设置工作研讨会"。

（5）副馆长吕云生、齐晓航巡视全馆向大家预祝假期愉快并提示离馆前做好安全检查工作。

（6）新馆家具中标厂家黎明公司派人送来阅览室座椅样品两把，经研究确定了灰色布面坐垫儿的款式为最终款式。

（7）保卫处黄银龙致电副馆长齐晓航，催交应于 7 月 4 日提交的奥运交通安全责任书，齐晓航立即责成办公室副主任马兰提交文件。

7 月 14 日（周一）

（1）暑假开始。部分工作人员到馆做搬迁准备工作。

（2）馆长邱小红，副馆长吕云生、齐晓航出席在诚信楼三层国际会议厅召开的平安奥运培训会。校党委副书记陈建香主持会议，并传达了教育部和北京市有关高校奥运期间安保工作的会议精神；副校长王正富向大家解读了多维防控体系和三级安保预案的有关条款；党委宣传部部长李景瑜向大家布置了有关奥运宣传工作和解释了接待外国媒体采访的有关政策；党委书记王玲做总结发言，要求各单位在做好奥运安保工作的同时做好各自分管的业务和行政工作。

（3）保卫处黄银龙再次致电副馆长齐晓航，急催 7 月 11 日已经催交过的奥运交通安全责任书，齐晓航立即联系办公室副主任马兰，要求尽快提交文件。

（4）资产管理处副处长刘志宏与副馆长齐晓航通电话，告知：因图书馆在招标后要求将阅览桌尺寸加宽至 1 米，使厂家成本升高而无法履行合同。经请示馆长邱小红和新馆建设联络人白晓煌，副馆长齐晓航电告资产管理处副处长刘志宏，阅览桌尺寸维持原招标的规格 90 厘米。

（5）副馆长齐晓航会见商学院志愿者团裴欣楠等同学，向其介绍了新馆建设的进度、搬迁的计划和新馆的主要功能等信息。

7 月 15 日（周二）

（1）副馆长齐晓航、采编部主任周红应邀出席由北京市新华书店在通州台湖主办的"新版中外文图书音像制品推介现采订货会"。副馆长齐晓航向北京市新华书店经理李红光提出紧急借用书筐的请求。

（2）临时馆长办公会（邱、吕、齐），特邀新馆建设联络人白晓煌一起讨论新馆用展示柜的规格和数量问题。

7 月 16 日（周三）

（1）馆长邱小红，副馆长齐晓航，流通部主任刘秀深、魏志宏共同与北京航空兴业办公家具有限公司经理董宝香一行讨论搬迁过程中的书筐数量不足问题，图书馆临时工和勤工助学生的配合问题，新馆电梯使用问题等。

（2）9:30，北京航空兴业办公家具有限公司开始将图书馆楼外刊厅、文艺厅、国外版本厅和暂存在乒乓球室的家具搬运至新馆的七层和六层。

（3）11:00，在外文期刊阅览室供职 22 个月的纪秀芝因个人原因申请辞职，立即离职。

（4）副馆长齐晓航打电话给中国教育图书进出口公司经理孙冬梅，请求提供包装纸，以便图书馆三、五层图书的下架打捆儿工作的开展。

7 月 17 日（周四）

（1）继昨日之后，馆长邱小红主持第二次搬迁工作协调会，副馆长齐晓航、流通部主任刘秀深、办公室副主任马兰出席。会议讨论了搬迁工作时间问题，将原加班时间调整为两段制，以保

证工作人员的休息时间；严格新馆家具、设备的接收、验收和管理工作等。

（2）临时馆长办公会（邱、吕、齐），讨论了新馆家具的接收问题，尽量与物业、资产、基建等部门协调好，争取家具一次搬运到位。

（3）校党委书记王玲、副书记陈建香，副校长王正富、胡福印等领导视察新图书馆，看望正在施工的基建、物业和搬迁人员。

（4）自动化部主任王鸣心、新馆建设联络人白晓煌出席在资产管理处会议室召开的新馆 PC 机招标会，经四轮投票，最终 DELL 公司中标。

（5）夜间，阳光公司再送来 20 辆书车。

7 月 18 日（周五）

（1）馆长邱小红、副馆长齐晓航、流通部主任刘秀深讨论了搬家值班时间，改为分段和增加休息日的方案。

（2）馆长邱小红致电基建处处长任鸣鹤，咨询有关新馆新书架的安装时间安排问题，再与新馆建设联络人白晓煌讨论有关书架安装迟缓的原因。

（3）副馆长齐晓航再次联系中国教育图书进出口公司经理孙冬梅，请求紧急提供包装纸。

（4）馆长邱小红出席在中国日报社举办的《百名摄影记者聚集大地震》赠书仪式，该书由中国文联出版社出版，图书馆获赠 2 册。

（5）图书馆通过资产管理处向学校申报 2009 年大宗设备采购项目："美国比尔高空作业平台"，以便对新馆大厅进行清洗和维修作业。

（6）在基藏图书阅览室供职的冯秀琴申请明日起提前离职。

7 月 19 日（周六）

（1）因搬迁需要，陈建新、杨娅丽被邀请提前到馆参与搬迁工作。

（2）杨娅丽建议加强搬迁期间的物品安全保卫工作。

7 月 20 日（周日）

（1）收发室致电馆办公室，要求尽快取走期刊部的报刊和信函。

（2）北京航空兴业办公家具有限公司经理董宝香与副馆长齐晓航协商，希望先搬运采编部占有的 180 个书筐，腾空后作为搬运的周转筐。

7 月 21 日（周一）

（1）馆长邱小红，副馆长吕云生、齐晓航，流通部主任刘秀深，讨论了搬家进度和人员安排问题，搬迁期间各办公室私人物品的安全问题，新馆六层原基藏书放南侧、参考厅书放北侧的提议，饮用水的采购和发放问题，之后一起巡视新馆。

（2）应基建处处长任鸣鹤之邀，馆长邱小红，副馆长吕云生、齐晓航，流通部主任刘秀深一同考察了启功提写的"图书馆"放大字样儿及安放位置。

（3）复印室负责人付雪峰致电馆办公室，望协助为其雇员办理学校出入证。

（4）馆长邱小红委派视听部主任刘福军前往新馆六层拍摄安装书架场面的照片。

（5）因新馆电梯未签维保协议，电梯公司维修人员称：因过

度使用和使用不当而导致的电梯故障，应由使用方（图书馆）支付服务费和派专人开电梯。馆长邱小红、副馆长齐晓航同去新馆察看电梯情况后，与基建处处长任鸣鹤联系，希望协调解决电梯正常使用问题，并承诺：图书馆可从行政经费中列支电梯维护费用并派专人值守电梯。

7 月 22 日（周二）

（1）受馆长邱小红委托，副馆长吕云生出席在行政楼226会议室召开的"平安奥运行动领导小组"会议。

（2）因搬迁进度原因，馆长邱小红授权馆办公室秘书卢玲玲通知谭立田、姬晓娟、陈洪莉三位下周再来加班。

（3）馆办公室为参与搬家的图书馆合同制工作人员（宗利华）、书商派驻图书馆的工作人员（刘菊芳、尤淑华、杨震、付星）、小红帽发行公司（雷宗）、搬家公司工作人员（李书民等31人）开证明，办理学校出入证。

（4）新馆南侧电梯再次停工，搬家公司请求图书馆继续协调电梯运行问题。馆长邱小红与基建处、资产管理处、电梯公司再次联系电梯问题，无果。

7 月 23 日（周三）

（1）副馆长吕云生、齐晓航，流通部主任刘秀深一同考察新馆六层书架安装进度和码放位置。

（2）副馆长吕云生、齐晓航，新馆建设联络人白晓煌一同考察黎明家具公司送来阅览桌样品，建议采用4圆柱式阅览桌。

7 月 24 日（周四）

（1）副校长王正富召集馆长邱小红、副馆长齐晓航、流通部主任刘秀深到新馆一层大厅，与基建处处长任鸣鹤、门禁系统厂家安装工程师等召开现场会，讨论新馆门禁安装的修改方案。经讨论决定：将现在四通道入口改为三通道后，向南移动一个闸位，两侧变为出口。

（2）馆长邱小红、副馆长齐晓航、新馆建设联络人白晓煌、资产处副处长刘志宏、监察处孙书玉、招标办韩英在图书馆会议室讨论新馆用阅览桌变更尺寸和结构的方案，并共同考察了置放在参考阅览厅的样品。此后与黎明家具厂代表协商了变更阅览桌尺寸和结构对原合同进行补充说明的有关协议内容。

7 月 25 日（周五）

副校长王正富、基建处处长任鸣鹤到馆与馆长邱小红、副馆长吕云生、自动化部主任王鸣心、新馆建设联络人白晓煌一起讨论有关新馆门禁系统安装的修改方案和自动化部机房改造项目的问题。

7 月 26 日（周六）

校收发室再次致电馆办公室，要求尽快取走期刊部的报刊和信函。

7 月 27 日（周日）

馆长邱小红、流通部主任刘秀深前往新馆，一同考察新书架安装方案。

7 月 28 日（周一）

馆办公室为江西阳光安全设备有限公司参加安装书架工作的雷优等 4 人开具证明，协助办理学校临时出入证。

7 月 29 日（周二）

（1）应学校收发室的要求，副馆长吕云生指派陈洪莉到收发室取回期刊部的报刊。

（2）副馆长吕云生、齐晓航前往新馆六层考察原基藏图书上架进度，察看三层双面书架隔板铁锈问题，与安装工人讨论架标安装位置方案。

（3）副馆长吕云生、齐晓航会见基建处处长任鸣鹤，通报了有关书架隔板生锈问题，希望协调生产厂家清除锈迹。

（4）流通部主任刘秀深向副馆长吕云生、齐晓航转达了合同制工作人员和书商派驻人员希望给予搬家补贴的意愿。

（5）办公室副主任马兰陪同书尚公司经理芦晓雪考察新馆大厅，并与芦经理商谈了有关合作创办新书展区的有关事宜。

（6）副馆长齐晓航陪同副校长胡福印考察正在整理上架图书的新图书馆六层和正在安装新书架的三层，胡校长指示：六层东南角的6排书架外沿不齐的问题要解决，可请厂家定做特殊尺寸的书架补齐，并统一加装侧护板。

（7）基建处处长任鸣鹤、副馆长齐晓航一起陪同副校长胡福印考察改装后的新馆门禁系统，任处长汇报：已将原四通道进口改为三通道，并南移了一个机位，更换一块地砖，还将控制主机移至地下；自动化部主机房空调的改造方案：将原来的工业空调换为2个民用空调。

（8）保卫处干部陈世勇、杜振忠乘校园110巡逻车到馆巡查，检查搬家期间的安全措施和值班人员工作情况。

7月30日（周三）

（1）馆办公室为书商派驻人员窦静波开证明，协助其办理学校出入证。

（2）因搬迁进度需要，馆办公室电话通知谭立田，于明天到馆值班，开始搬迁并整理文艺类图书。

（3）按照基建处处长任鸣鹤的请求，图书馆将原乒乓球室清空，并将装订室的锁换好，拟暂借江苏建工集团用作办公室。

（4）按照馆长邱小红的指示，装订室内的海关资料《中华再造善本》，也已于下午搬运到新馆七层海关文献中心处。

（5）副校长王正富召集馆长邱小红、流通部主任刘秀深、新馆建设联络人白晓煌前往新馆一层与基建处处长任鸣鹤等共同讨论期刊架的摆放位置和布局问题。

（6）馆长邱小红、副馆长吕云生接受校新闻网讯记者李滨彬的采访，介绍了搬迁新馆的情况和新馆的基本情况。

7月31日（周四）

（1）流通部陈建新报称：北京首华物业经理孙京山将搬家公司工人私藏在草丛中的19个书挡归还图书馆。

（2）副馆长吕云生、齐晓航，流通部主任刘秀深一起讨论了新馆书标的设计方案、腾空知行楼基藏阅览室和电子阅览室的进度等问题。

（3）副馆长齐晓航与北京航空兴业办公家具有限公司代表侯风云再次洽商合同条款，就有关因甲方原因延误工期而产生搬运期限顺延的情况做了文字约定。

（4）副馆长齐晓航与参考咨询部咨询员范利群一起到新馆三层考察新馆书架的架标安放位置，并根据架标的框架尺寸设计了两款架标。

（5）谭立田、汪雪莲、夏宇红应邀到馆，分别指导搬迁文艺厅图书和搬迁北区电子阅览室设备。

（6）工会主席马兰按照校工会的要求，联系图书馆8月17日、20日观看奥运赛艇和田径比赛的人员。

（7）基建处办公室主任王红伟陪同江苏建工公司人员到馆会见办公室副主任马兰，取走乒乓球室钥匙，乒乓球室拟做该公司的临时办公室。

（8）临时馆长办公会（邱、吕、齐），讨论了合同制工作人员和书商派驻人员餐费补贴问题、架标设置款式问题、新馆介绍材料起草问题等。

8 月

8月1日（周五）

（1）副校长王正富召集馆长邱小红、副馆长齐晓航前往新馆一层大厅与基建处处长任鸣鹤等共同讨论各层书架、期刊架的位置和布局问题，希望减少书架的数量以使阅览区域得到有效的增加。

（2）因搬迁工作需要，馆办公室通知谭立田、周红两人明天不必到馆加班，通知陈洪莉每周到馆两次取期刊部的报刊。

8月3日（周日）

（1）北京航空兴业办公家具有限公司李书民主任约见副馆长齐晓航，请求协调新馆电梯使用问题：南侧电梯因装修无法使用，而北侧电梯因故障无法在四层停；齐晓航致电电梯公司朱姓技术人员请求修理电梯，朱先生答：最近忙，过一两天再说。副馆长齐晓航向李书民主任表示：凡需搬运至四层的物品，暂停运输，待电梯可使用后再搬运。

（2）陈建新提出新馆二层书架码放修改方案。

8月4日（周一）

（1）因搬迁工作需要，馆办公室通知所有原计划明天到馆加班的同志按时到馆；颜长森、陈洪莉负责期刊部搬迁和整理工作，陈凤军请假；白晓煌、汪雪莲、范利群、崔玉良负责参考咨询部图书及物品的整理；其余人员由流通部统一安排，负责新馆三层图书的上架、整架。

（2）期刊部王树成探亲归国后来电，表示愿意参加暑假搬家加班工作。

（3）馆长邱小红、副馆长齐晓航出席校长陈准民、副校长胡福印在行政楼226会议室召集的教辅部门中层领导干部座谈会。陈、胡两位校长听取了各单位的工作汇报、下学期工作计划和存在的发展问题及分析报告。网络与教育技术中心领导小组成员孙强、杜建新、梅涛，出版社社长刘军、书记王红，体育部主任李凤桥，教辅党总支书记张建华、副书记王海涛，校办主任余兴发出席了座谈会。

8月5日（周二）

（1）按原搬迁计划，刘秀深、李顾、魏志宏、孙志兰、宗丽华、刘菊芳、窦静波、杨震、尤淑华、陈洪莉、陈建新、胡京燕、闫燕伶、戴陈、段英、姜玉芬、刘福军、汪雪莲、于秀春、于学军、张晓领、赵万霞、范利群、崔玉良、丁江红、尚喜超、颜长森、白晓煌、丁胜民等分三组，分别参与流通部、期刊部和参考咨询部的搬迁工作。

（2）图书馆向北京航空兴业办公家具有限公司支付第一期搬家费5万元。

（3）副校长胡福印召集资产管理处处长梁尔华、后勤处处长李占海、保卫处副处长袁详、出版社副社长顾永才、副馆长齐晓航、华德公寓总经理柳永树等部门领导前往原外贸中专小二层楼前召开用电安全现场会。副馆长齐晓航因图书馆没有合同制员工住宿该楼，不涉及会议内容而获准提前离会。

（4）馆办公室副主任马兰向资产管理处赵山岭老师正式移交知行楼原基藏阅览室和北区电子阅览室的钥匙。

8 月 6 日（周三）

（1）临时馆长办公会（吕、齐、邱［电话］），讨论了奥运会当天休假的问题、新馆四层电梯不能停对搬迁进度的影响问题、各办公室洗手盆是否保留问题等。

（2）副馆长吕云生、齐晓航前往新馆看望整架的工作人员，考察新馆办公室内保留洗手池的可行性。

8 月 8 日（周五）

根据北京市政府有关通知精神，经馆长办公会研究决定：奥运会开幕当天，图书馆暂停搬家工作，休假一天。

8 月 9 日（周六）

馆长邱小红要求馆办公室值班员杨娅丽通知白晓煌、崔玉良、尚喜超、刘福军、范利群等自 8 月 11 日起参与倒架工作。

8 月 10 日（周日）

期刊部主任颜长森安排陈凤军、于学军加长班。

8 月 11 日（周一）

馆办公室维修图书馆楼大电梯。

8 月 12 日（周二）

（1）馆长邱小红起草未来三年图书馆发展规划。

（2）据学校工会要求，馆办公室电话通知观看奥运比赛的人员明后天来签字。

8 月 13 日（周三）

（1）图书馆将馆长邱小红起草未来三年图书馆发展规划草案呈报副校长胡福印和校办主任余兴发。

（2）馆长邱小红指示为加班参与搬家工作的同志发放冷饮。

（3）馆办公室为保洁公司员工李佳开证明，协助其办理学校出入证。

8 月 14 日（周四）

（1）馆办秘书卢玲玲再去财务处，为北京航空兴业办公家具有限公司领取搬家费 5 万元，至此，图书馆已向该公司支付搬家费累计 10 万元。

（2）资产管理处副处长牛秀清致电副馆长齐晓航，希望图书馆协助物业管理公司临时解决办公用桌子和柜子等家具问题；副馆长齐晓航委托卢玲玲协助物业公司解决了该问题。

（3）馆办公室电话通知采编部主任周红明天到馆加班。

8 月 18 日（周一）

（1）电话报修北区电梯。

（2）因大部分图书已搬迁和整架完毕，通知部分工作人员明天休息。

8 月 19 日（周二）

（1）副馆长吕云生、齐晓航，视听资料部主任刘福军，流通部魏志宏一起巡视新馆，讨论部分区间图书排架和倒架方案；讨论架标安装方案；讨论明天搬运视听资料部、参考咨询部和副馆长吕云生办公室的物品等问题。

（2）馆办公室通知参考咨询部范利群、汪雪莲明天到馆加班。

（3）北京航空兴业办公家具有限公司李书民主任约见副馆长齐晓航，协商有关未在搬运目录中物品搬运费用的问题。

（4）北京航空兴业办公家具有限公司代表侯风云会见副馆长齐晓航，取走搬家合同，并提出对未在搬运目录中物品搬运、楼内搬运、报废物品搬运费用的追加问题，齐晓航表示：待全部物品搬运完成后，按照实际搬运情况再协商结算金额。

（5）北京超星公司代表鲍艳杰电告图书馆：于2008年6月12日北京市海淀区人民法院开庭审理的周大新诉图书馆和超星电子书系列涉嫌侵权案，在一审结束后，原告周大新提起上诉，将于8月26日在海淀区人民法院做开庭前的调解，北京超星公司希望我校出具委托材料。

（6）新馆建设联络人白晓煌报称：新馆阅览座椅尚缺38把，另经搬家使用后的书车磨损严重，可与厂家协商重新喷漆。

8月20日（周三）

（1）馆长办公会（邱、吕、齐），讨论了应对周大新诉我校超星电子书系列侵权案上诉方案、新馆各层人员安排、各办公室分配使用方案及补缺家具等问题。

（2）馆长邱小红，副馆长吕云生、齐晓航与北京首华物业公司经理孙京山一起巡视新馆。

（3）搬迁视听资料部、参考咨询部及副馆长吕云生办公室物品。

8月21日（周四）

（1）馆长邱小红授权卢玲玲为北京超星公司办理委托授权文件的手续，并将校长签字盖章后的授权委托书、法人证明书和企事业单位法人证书副本各8份通过"小红马"快递公司送交北京超星公司鲍艳杰。

（2）副馆长齐晓航就图书馆电话移机和安装内部集团电话的有关事宜电话咨询了后勤处通信中心主任倪小光，倪主任说：目前外部通讯管线未接通，尚不具备移机的条件，如新馆电话线路设置有冗余可直接安装集团电话。

8月22日（周五）

（1）因自动化部开始搬迁，图书馆所有网络中断。

（2）馆长邱小红、副馆长齐晓航、流通部主任刘秀深讨论了下周工作安排并一起巡视新馆。

（3）馆长邱小红分别致电基建处处长任鸣鹤和后勤处处长李占海，希望两处协助尽快解决新馆电话接通和移机问题。

（4）馆长邱小红指示馆办公室值班员卢玲玲通知所有部主任于下周二（26日）上午10点到新馆701研讨室开会。

（5）因可搬迁的物品已经完成，馆办公室通知所有合同制工作人员（不含防火值班员）和书商派驻图书馆人员，8月23~27日休假。

8月23日（周六）

23~24日副馆长吕云生出席由版本图书公司在内蒙古呼和浩特举办的研讨会。

8月25日（周一）

（1）校长陈准民，副校长王正富、胡福印率领基建处处长任鸣鹤，后勤处处长李占海，资产处处长梁尔华，校办主任余兴发，网络中心主任孙强等视察新图书馆，并在701研讨室召开了有关新馆电话、网络接通问题以及增加家具问题的现场办公会，馆长邱小红，副馆长吕云生、齐晓航陪同视察，并参加了现场办公会议。

（2）馆长办公会（邱、吕、齐），讨论了明天馆务会议题。

（3）副馆长吕云生、齐晓航，新馆建设联络人白晓煌一同查看新馆一层自助借还机和六层防盗仪安放位置。

（4）副馆长吕云生、齐晓航与物业公司经理孙京山会谈，向物业公司提交了新馆各办公室钥匙领取表，并协商了有关钥匙管理的问题。

（5）副馆长齐晓航与基建处处长任鸣鹤通电话，协商有关将千人报告厅外东南侧房间提供给物业公司做办公室的问题，得到了任处长的肯定答复。

8月26日（周二）

（1）10:00，党政联席会议首次在新馆701室召开。张建华、邱小红、吕云生、齐晓航、李顾、刘福军、刘秀深、汪雪莲、王鸣心、颜长森、周红与会（马兰请假），特邀白晓煌、魏志宏、孙京山出席。会议讨论确定了图书馆机构和人员调整方案、馆领导分工方案、新开放时间表及与物业公司配合工作等问题。

（2）馆长邱小红，副馆长吕云生、齐晓航与北京首华物业公司经理孙京山一起巡视新馆，讨论六层防盗仪主机安放位置、一层自助借还机安放位置、新馆与千人报告厅之间的管控措施、新馆水墙幕布周遍绿化美化等问题。

（3）副馆长齐晓航委托新馆建设联系人白晓煌接待了在财务处副处长付希珍陪同下到馆考察的教育部审计组人员，审计组人员考察关于教育部2007年专项修购拨款400万元使用情况。

8月27日（周三）

（1）图书馆办公室、馆长办公室、复印室、自动化部搬迁完成，至此，需要搬迁至新馆的物品已全部搬运完毕。

（2）馆长邱小红、副馆长吕云生、新馆建设联系人白晓煌出席由副校长王正富在新馆一层大厅召集的新馆验收会，有关职能部门领导出席了会议。

（3）副馆长齐晓航委托流通阅览部主任刘秀深，通知在原流通部供职的合同制工作人员宗丽华，合同到期后不再续签新的劳务合同。

（4）副馆长齐晓航与北京首华物业公司经理孙京山通电话，告知复印室因有工作而延迟下班，请监控室及保安予以协助。

（5）馆长邱小红、副馆长齐晓航与北京首华物业公司经理孙京山讨论有关采购垃圾桶和纸篓问题。

8 月 28 日（周四）

（1）开学。图书馆在新馆一层北侧期刊阅览厅召开第一次全馆会，馆长邱小红主持会议，并宣布了日前党政联席会议讨论通过的机构调整方案、人员调整方案、开放时间表和工作时间表以及开馆前的准备工作任务。

（2）全体工作人员按已分配好的房间号从物业公司处签字领取各自办公室钥匙。

8 月 29 日（周五）

（1）馆长邱小红、副馆长齐晓航、流通阅览部主任刘秀深讨论有关流通阅览部与采编部图书交接问题，修改编目错误、送新书到指定的楼层和粘贴期限表等工作由采编部典藏岗位完成。

（2）馆长邱小红、副馆长齐晓航在 703 室会见学校人才中心派驻图书馆的来全喜，邱馆长代表图书馆感谢其几年来为图书馆所做的工作，并告知因新馆管理模式和机构调整，暂无适合岗位

安排的信息。

（3）新馆建设联络人白晓煌报称：图书馆各房间的门禁系统已经调试完毕，可以为工作人员设置各自 E 卡的相应权限；报纸架已经到位，可整理上架。

8 月 30 日（周六）

（1）馆长邱小红到馆巡视新馆开放前的准备工作。

（2）馆长邱小红应学生工作部的要求，指示卢玲玲起草新馆简介。

9 月

9 月 1 日（周一）

（1）根据有关校领导关于图书馆分阶段分区域逐步开放的指示精神，自今日起，试行开放一层报刊阅览厅。

（2）8:15，馆长办公会（邱、吕、齐），讨论了各办公室和研讨室家具配置方案：取消原小研讨室内的办公桌，改为阅览桌；取消文件衣帽柜，拟增设小书架；为书商派驻人员、合同制工作人员配备文件衣帽柜；参考咨询部和电子阅览部人事调整问题。

（3）副馆长齐晓航在一层大厅南侧文献检索区，主持流通阅览部业务工作会议，布置清点图书工作、周六日期刊厅安排人员值班工作、提交 E 卡配置门禁权限等，部主任刘秀深宣布了清点图书的具体分工方案和要求。

（4）受馆长邱小红委托，副馆长齐晓航起草了工作人员 E 卡门禁系统使用权限和工作人员电脑配置方案。

（5）馆长邱小红、副馆长齐晓航与参考咨询部主任汪雪莲在716 室讨论参考咨询部人事调整问题和办公室分配方案。

（6）馆长邱小红出席学校纪委工作会议。

（7）DELL 公司高教二部销售工程师王小溪等技术人员到馆为各办公室及各层阅览区间装配电脑。

（8）副馆长齐晓航在 703 室会见了北京超星公司区域经理王宏和项目经理李晓德一行，并向客人简要介绍了新馆的搬迁和准备开放情况，王宏经理表示，待新馆开馆典礼时将派人出席典礼并向图书馆表示祝贺。

（9）馆长邱小红在 716 室会见北京航空兴业办公家具有限公司经理董宝香、主任李书民一行，讨论了有关搬家费结算问题。

（10）副校长王正富指示：在一层总出纳台外，应增设读者座椅。

（11）副馆长齐晓航陪同商学院志愿者团王红丽等同学参观尚未完全开放的新图书馆，向她们介绍了文献布局和各功能区的情况。

9 月 2 日（周二）

（1）副校长王正富到馆向副馆长齐晓航说明：墩布池水龙头中的水是自来水，只有冲厕所的水是中水。副馆长齐晓航立即通知馆办将一层大厅电子显示屏上播放的有关饮用水通知撤掉。

（2）副校长王正富阻止图书馆一杨姓女性职工将旧折叠床携带入馆，并指示副馆长齐晓航，要告诉大家，图书馆是办公的场所，不可携带该类物品入馆。

（3）馆长办公会（邱、吕、齐），邀请流通阅览部主任刘秀深和魏志宏一起讨论与搬家公司结算账款问题；讨论了新馆办公室管理规定和携带物品进出馆问题、增加家具问题、图书清点后的工作安排问题。

（4）馆长邱小红、副馆长齐晓航分别会见北京风入松书店副总经理芦春辉，讨论有关在新馆内设置新书展区的具体事宜。馆长邱小红委托副馆长齐晓航起草《关于在新馆内开设新书展销区的再请示》，呈报学校。

（5）校长陈准民、副校长王正富到馆视察，与馆长邱小红讨论有关电话、网络尚未接通问题。

9月3日（周三）

（1）馆长办公会（邱、吕、齐），特别邀请新馆建设联络人白晓煌一起巡视新馆，讨论了各办公室家具配置的方案，调整电子阅览部、文献检索课教室以及所有原职员座椅更换问题；讨论了商学院学生志愿者团在图书馆内设立志愿基地用房问题：可在某研讨室的柜子内存放物品、预约使用房间。

（2）副馆长齐晓航在一层大厅南侧文献检索区主持流通阅览部、参考咨询部工作会议，提醒两部门工作人员，在图书馆尚未出台有关办公室管理规定的文件前，谨慎使用办公室内的设备、设施和家具，E卡与钥匙共用，新电脑勿私拆，旧电脑文件转存，家具、设备、办公用品问题统一呈报，勿带不适合的私人物品入馆，保持水池和镜面的整洁，自觉考勤。

（3）因新馆网络不通，无法了解学校信息，人事处托刘宝玫捎口信给馆办卢玲玲，为下发中秋节补贴制表报人事处。

9月4日（周四）

（1）因新馆网络不通，教辅党总支书记张建华到馆通知：馆长邱小红，副馆长吕云生、齐晓航，13:30 出席在诚信楼三层国际会议厅召开的中层干部会。

（2）副馆长齐晓航在 703 室会见书友会外联部长卢宇同学，讨论有关图书馆与书友会在新馆内的合作事宜。

（3）校工会消息：2008 年教师节即将来临，根据市教育工会的相关规定，校工会为慰问辛勤耕耘的教育战线的园丁们，将对在我校工作已满三十年的教育工作者授予荣誉勋章和证书。图书馆张金龙（1974 年）、刘宝玫（1975 年）、杨娅丽（1976 年）三位获此殊荣。

9 月 5 日（周五）

（1）馆长办公会（邱、吕、齐），特别邀请新馆建设联络人白晓煌，一起讨论新馆门牌和标牌的设计方案；讨论了一层西门由物业保管钥匙的方案，做出锁闭 705 室、706 室、708 室、709 室的决定，发放八层电子阅览部、自动化部和信息咨询部房间钥匙的决定，清点图书应有分类数等。

（2）图书馆工会主席马兰委托文体委员范利群出席校工会在行政楼 222 室召开的"专项交通补助"和"增加岗位津贴"意见反馈会，会议由校工会主席胡东旭主持，范利群代表图书馆提出了意见：图书馆专项交通补助应根据全年 12 月进行补助。

9 月 8 日（周一）

（1）馆长办公会（邱、吕、齐），讨论了圣奥公司生产的职员座椅退货问题，决定不同意该公司提出的退换货方案；因图书馆电话不通，为工作人员发放电话费补贴的决定；发放教师节、中秋节、国亲节补贴每人 500 元的决定；为经搬迁使用后漆面损毁严重的新书车重新喷漆的方案；与北京航空兴业办公家具

有限公司经理董宝香、主任李书民一行，讨论了有关搬家费结算问题。

（2）馆长邱小红、副馆长齐晓航巡视馆办、采编部和二、三层书库，考察各办公室运行情况和读者到馆情况。

9月9日（周二）

（1）馆长邱小红，副馆长吕云生、齐晓航在716室会见北京航空兴业办公家具有限公司经理董宝香、主任李书民一行，讨论有关搬家费结算和书车重新喷漆问题。

（2）受馆长邱小红委托，副馆长齐晓航通知采编部主任周红为北京航空兴业办公家具有限公司经理董宝香开启旧馆采编部房间门，将待重新喷漆的书车115辆暂存在内，留钥匙给董宝香经理。

（3）馆长邱小红、副馆长齐晓航在716室会见资产管理处副处长刘志宏，商讨了有关与圣奥公司协商退换职员座椅的方案。

（4）图书馆内部网络开通，部分有电脑的工作人员可登录内部OA。

（5）馆办卢玲玲代发学校工会下发的过节费，每人300元（现金）。

（6）受馆长邱小红委托，副馆长齐晓航通过电子邮件向自动化部夏宇红转达了有关修改图书馆OA设置的指示：合并原流通部和期刊部，将原视听资料部和参考咨询部分别更名为电子阅览部和信息咨询部，增设物业公司和复印室两相关部门，并对部门调整后的人员设置也做相应调整。

9月10日（周三）

（1）馆长办公会（邱、吕、齐），审议了就有关门禁权限问题致物业公司经理的函件文稿；讨论了出入图书馆有关规定的设想草案、延长开放时间和增设值班人员的提案。

（2）受馆长邱小红委托，副馆长齐晓航撰写了《关于图书馆门禁设置问题的函》及所有工作人员门禁权限一览表，并送达物业公司。

（3）值教师节之际，商学院志愿者团裴欣楠、王红丽同学代表该团向馆长邱小红、副馆长齐晓航送达了感谢信，感谢图书馆对该学生社团工作的支持。

（4）校长陈准民在教辅党总支书记张建华、馆长邱小红的陪同下视察新馆，并指示：继续研讨筹办新书展销区的事宜。

（5）8:30~10:00，图书馆705室首次接待了学校信息工作会议。副校长胡福印、网络与教育技术中心主任孙强、资产管理处处长梁尔华、校办主任余兴发等有关单位负责人15人到会。

（6）教辅党总支书记张建华，馆长邱小红，副馆长吕云生、齐晓航在716室讨论了有关研讨室管理方案等问题。

9 月 11 日（周四）

（1）馆长邱小红、副馆长齐晓航在716室约见物业公司经理孙京山，与流通阅览部主任刘秀深、信息咨询部主任汪雪莲一起讨论决定了9月22日起开放四至七层的有关问题：封闭六层南侧书库门及通道门，同时封闭六层西侧玻璃通道门，在一层和六层分别设立提示牌："前往六层的读者请走北侧电梯"；七层海关文献资料仅对教师读者开放，由值班人员引领教师读者入库查询。

（2）副馆长齐晓航、新馆建设联络人白晓煌与资产管理处副处长刘志宏、招标办韩英、纪检孙书玉、审计处邓婧以及各家具

厂家的代表一同巡视全馆，验收家具。

（3）13:30，学校首次启用新图书馆楼报告厅举行全校教师大会，图书馆全体共产党员出席了会议。

（4）党委组织部首次发布《关于处级领导班子和领导干部2007-2008学年度及届满考核结果的通知》，其中图书馆行政领导班子的考核结果为良好；馆长邱小红，副馆长吕云生、齐晓航的考核结果均为称职。

9月12日（周五）

（1）馆长办公会（邱、吕、齐），审议了齐晓航撰写的《对外经济贸易大学图书馆人员进出和携带物品进出的管理规定》草案；讨论了各办公室及公共区域管理的有关问题。

（2）馆长邱小红，副馆长吕云生、齐晓航会见后勤处通讯中心主任倪小光，商谈有关新馆外线电话接通问题和安装内部集团电话的问题，倪主任表示，内部集团电话在图书馆提出方案后可近期施工，而外线电话的接通还需要学校其他部门的配合，估计需要较长时间。

9月14日（周日）

根据学校有关通知和图书馆的惯例，中秋节当天（14日）闭馆。9月13日、15日按照周末开放时间表开放。

9月15日（周一）

15~19日，卢玲玲代表图书馆赴山西运城，出席华北地区高校图书馆协会第22届学术年会，卢玲玲与齐晓航合作撰写的《网络知识产权问题的法律解读》一文获得本届年会的优秀论文奖。

9月16日（周二）

（1）馆长办公会（邱、吕、齐），讨论了各办公室和书库及其他公共区域增加家具配置方案，确定各部门工资报盘催报和主管馆长审核的程序；尽快搬移旧馆内所有需要暂留存的物品以便移交旧馆；为合理避税，延缓发放过节补贴、电话费补贴和暑假搬家增加部分；确定外线及内线电话配置方案；确定新馆装饰方案。

（2）受馆长邱小红委托，副馆长齐晓航撰写了《关于在新图书馆内安装内部集团电话的函》及附属表格，要求馆办公室立即呈送通讯中心主任倪小光，以便尽快安排施工。

（3）流通阅览部主任刘秀深报：经人工清点，截至目前，馆藏图书为 1034258 册；自动化部主任王鸣心报：经电脑统计另有 16262 册图书被读者借出馆。

（4）副馆长齐晓航陪同通讯中心主任倪小光，考察新馆电话竖井情况，讨论安装内部电话的细节问题。

（5）资产管理处办公室吴志刚、赵山岭老师到馆会见副馆长齐晓航，要求提供图书馆工作人员办公室的分配方案。

（6）范利群代表图书馆分工会出席了校工会在行政楼 222 会议室召开了有关班车取消、统一改为车补的专项会议。会议由校工会副主席胡东旭主持，副校长胡福印、徐子健和人事处、后勤处等相关职能部门的领导以及各分工会主席出席会议。会议通报了教职工班车的历史、沿革、现状和今后趋势，分析了取消班车的原因、面临的问题并提出可行的解决方案，决定如下：自 2008 年 9 月 20 日起，学校班车全部停运，改为发放交通补助，具体发放范围和标准将由学校发布。

9 月 17 日（周三）

（1）馆长办公会（邱、吕、齐），审议了《对外经济贸易大学图书馆办公室及公共区域使用管理规定》和《对外经济贸易大学图书馆电梯使用规定》；对《对外经济贸易大学图书馆研讨室登记和管理制度》提出修改意见。

（2）北京金盘公司在一层大厅为图书馆流通阅览部人员做金盘借还模块培训。

9月18日（周四）

（1）图书馆 OA 上转发校办通知：《关于取消班车的通知》。

（2）馆长邱小红、副馆长齐晓航讨论了有关一层大厅和各层楼道门处的电子显示屏的管理权限归属问题：电子显示屏的信息发布由馆办公室负责。

（3）馆长邱小红、副馆长齐晓航接待了学校特聘为各部门制作英文网页的外国专家，邱馆长向专家介绍了图书馆的现状并陪同参观了新馆。

（4）遵照副校长王正富的指示，馆长邱小红会见学校摄影协会刘福军、张洪流等摄影家，就拍摄图书馆图片集的有关问题进行了讨论。

（5）后勤处通讯中心主任倪小光率领施工人员进馆开始内部电话的安装调试作业。

（6）馆长邱小红，副馆长吕云生、齐晓航出席在诚信楼三层国际会议厅举办的学校党委中心组专题报告会，听取了清华大学党委书记陈希做的有关学科建设与人才培养的报告。

（7）资产管理处办公室吴志刚、赵山岭老师再次到馆会见副馆长齐晓航，确认图书馆工作人员办公室的分配方案，并转达了资产管理处催交旧图书馆的通知。

9月19日（周五）

（1）19~21日，馆长邱小红访问上海财经大学图书馆，与李秋野馆长座谈，并参观了上海财经大学图书馆新馆。

（2）基建处处长任鸣鹤与江苏建工集团负责人在705室会见有关质检部门人员，会谈后30余人巡视了新馆。

（3）北京超星公司代表鲍艳杰电告副馆长齐晓航：周大新诉图书馆和北京超星公司电子书系列涉嫌侵权案，在一审结束后，原告周大新先于8月中旬提起上诉，终审结果为：维持原判，驳回周大新的上诉请求。齐晓航要求鲍艳杰将法院文书复印快递给图书馆。

（4）参考咨询部主任汪雪莲、咨询员范利群应邀出席万方数据公司在三里河召开的产品发布会。

9月20日（周六）

（1）20~22日，采编部主任周红出席由武汉三新公司在武汉举办的图书现采会。

（2）北京市第2中学朱芸增等12位高二年级同学第一次到图书馆新馆参加公益劳动。

9月22日（周一）

（1）馆长办公会（邱、吕、齐），讨论了24日馆务会议题、流通阅览部提出的人员请假后工作任务的安排问题、勤工助学同学的岗位职责问题和是否加盖还书日期章问题。

（2）副馆长齐晓航在703室会见研究生部学生会沟通服务部宗芳同学，回答了有关新馆使用方面的问题。

（3）副馆长齐晓航、馆办秘书卢玲玲分别在703室和102室会见学生会权益部赵弘毅同学，商讨了有关合作举办文化节

问题。

9月23日（周二）

（1）馆长办公会（邱、吕、齐），讨论了制作各办公室窗帘问题、为各办公室采购花卉问题。

（2）截至16点，内部电话已经全部接通，具备了通话条件。

（3）资产管理处副处长牛秀清在703室会见馆长邱小红，讨论了有关物业管理合同中的大理石清洗费用等问题。

9月24日（周三）

（1）馆长办公会（邱、吕、齐），讨论了各办公室微波炉、电冰箱的配置方案、十一开放方案、书标粘贴位置和采编移交图书手续问题。

（2）13:30，在705室召开党政联席会议，讨论通过了自动化部和参考咨询部分别更名为技术部和信息咨询部的提议，原则通过了《人员进出和携带物品进出管理规定》等四个规章制度，明确了LED显示屏发布信息的权限、咨询台人员的职责、勤工助学生的职责、学生社团的联系归信息咨询部等。

（3）副校长胡福印陪同北京第二外国语大学领导参观图书馆，馆长邱小红陪同参观。

9月25日（周四）

（1）馆长邱小红，副馆长吕云生、齐晓航出席在网教中心电教会议室召开的总支扩大会议。教辅党总支书记张建华主持会议，首先传达了学校近期会议精神，布置了开展共产党员领导干部"讲重做"活动的任务，各教辅单位一把手汇报了暑假和开学以来的工作情况，张书记总结了上学期的总支工作，布置了本学期总支的工作。

（2）馆长邱小红，副馆长吕云生、齐晓航在704室约谈采编部主任周红，强调了执行图书移交手续的重要性，并对采编部人员因更改书标粘贴位置而增加工作量问题提出了指导性的解决意见。

（3）馆长邱小红，副馆长吕云生、齐晓航在704室约谈圣奥家具公司代表，邱馆长代表图书馆再次表达了对厂家重新修复的职员座椅扶手质量问题的担忧。

（4）物业公司胡浩就地下书库堆放杂务和破旧推车影响保洁工作的开展问题致函副馆长齐晓航，齐晓航将有关邮件转发给图书馆负责物业管理工作的马兰和馆长邱小红。

（5）副馆长齐晓航、新馆建设联络人白晓煌受馆长邱小红委托，参与下午2点举行的新馆验收会，因防火门、八层机房地板等多处质量问题，未在验收合格单上签字。

（6）信息咨询部范利群陪同学生会权益部40余位同学参观图书馆，范利群向同学们简要介绍了文献和新馆各部门的分布情况。

9月26日（周五）

（1）副校长王正富到馆与馆长邱小红，副馆长吕云生、齐晓航在一层大厅讨论新馆装饰问题，并询问了全面开放的准备工作情况。

（2）学校人事处发过节费，每人200元（现金）。

（3）馆长邱小红在716室会见书友会学生程希科，讨论共同举办图书宣传活动的有关事宜。

9月27日（周六）

（1）副馆长齐晓航、信息咨询部主任汪雪莲分别在703室和

803室会见中国经济图书进出口公司业务发展部高级经理郭君瑞，讨论新增数据库问题。

（2）后勤处通讯中心临时为图书馆开通64492261和64492267两部外线电话，以备"十一"黄金周期间值班使用。

9月28日（周日）

根据北京市政府和学校《关于2008年中秋、国庆节假期安排的通知》精神以及图书馆的惯例，并结合图书馆处于试开放阶段的现实，2008年9月27~28日（周六、日）执行周末开放时间，8:30~16:30。2008年10月4~5日（周六、日）执行周末开放时间，8:30~16:30。

9月29日（周一）

9月29日至10月3日全馆闭馆。

10 月

10月6日（周一）

（1）校长陈准民到馆视察，询问了馆长邱小红可提供借还书服务的时间。

（2）馆长办公会（邱、吕、齐），讨论了恢复馆长办公会每周一次的常态；新书书标粘贴位置可不做调整，但以清晰易识别为原则，交流通阅览部后一个月内如发现不清晰的，可退采编部整改，逾一个月的则由流通阅览部自行查改；《北京青年报》由保安员代收，交馆办负责分发；正式开放后，如有读者与保安员发生争执，对图书是否办理相关手续的鉴定工作由总出纳台负责。

（3）后勤处通讯中心陆续为图书馆开通全部 15 门外线电话。

（4）技术部将图书馆 OA 的 IP 地址由原来的 192.168.4.250 更改为 192.168.164.250，并增设了域名 oa.lib.uibe.edu.cn。

10 月 7 日（周二）

（1）馆办秘书卢玲玲陪同副校长胡福印、党委副书记陈建香、学生处处长王强、就业指导中心主任周波、资产管理处处长梁尔华等领导考察旧馆。

（2）副馆长齐晓航代表使用单位、基建处工程师孟庆瑞代表建设单位、北京康邦科技有限公司工程师王小溪代表供货单位，在计算机电源线改造洽商记录 CB0926 号上签字：电源线由原独立双电源线变更为一转二电源线，新线 15 元 / 根，旧线折价 1.5 元 / 根。

（3）副馆长齐晓航代表图书馆在后勤处通讯中心提交的"图书馆通信系统明细"单上签字，确认工程完工。项目包括：三星 SKP180D 数字交换机主副机各一台，内线用话机"中诺 G003"47 部，外线用话机"中诺 G008"14 部，MOTOROLA 无绳电话 MA361 型 2 部及配线架、扎带和交换机安装检测费、15 部外线的移机费，共计 9995 元。

（4）北京金盘公司技术员在总出纳台向流通阅览部人员演示图书借还手续的操作流程，因系统未设置工作人员权限和读者类型及文献类型而无法实际操作。

（5）副馆长齐晓航陪同资产管理处副处长刘志宏、监察处孙书玉、招标办韩英巡视图书馆，考察预验收整改情况。

10 月 8 日（周三）

馆长邱小红授权副馆长齐晓航，在圣奥家具公司起草的有关以 20 把木制皮座椅更换原 20 把职员座椅的文件上签字确认同意。

10 月 9 日（周四）

（1）采编部西文图书采购兼编目员赵红涤向馆长邱小红提交辞职申请书。

（2）馆长邱小红、副馆长齐晓航讨论有关采编部因赵红涤辞职而需进行的人事调整方案。

（3）北京名都兴盛窗饰技术有限公司人员到馆为各办公室安装窗帘。

（4）信息咨询部主任汪雪莲陪同学生会权益部和商学院志愿者团同学 80 余人参观新馆，向学生介绍了新馆的布局和图书馆各项业务准备的进度情况。

（5）馆办秘书卢玲玲应校团委书记徐松的请求，为学生社团活动开启旧馆房间，搬借阅览桌。

10 月 10 日（周五）

（1）经请示副校长胡福印，图书馆正式在图书馆 OA 和学校 OA 上发布《对外经济贸易大学图书馆人员进出和携带物品进出管理规定》和《对外经济贸易大学图书馆办公室及公共区域使用管理规定》两文件。

（2）14：00，副馆长齐晓航在 802 室（检索课教室）主持流通阅览部工作会议。会议讨论了流通阅览部岗位职责、工作细则；学习了《排架规则》和《整架规则》；布置下周提供借还书服务工作。

（3）除 502 室 4 位工作人员和复印室的电脑外，全馆其他工作人员和相关部门的电脑已经开通了图书馆 OA 系统。

10 月 11 日（周六）

馆长邱小红、馆办秘书卢玲玲、技术部段英等到馆加班，做提供借还书服务的最后准备。

10 月 13 日（周一）

（1）根据校领导的指示和图书馆金盘软件安装和试运行情况，试恢复图书的借、还、续、咨询等业务；并将开放时间由先前的 8:30 提前至 8:00，且除周四外，中午不间断地提供借、还、续服务。全天借还书总量达 5428 册次，其中借书 3015 册次、还书 2411 册次、续借 2 册次。

（2）副校长王正富到馆视察借还书情况，并召集基建处处长任鸣鹤、馆长邱小红和技术人员商讨网络开通中的问题。

（3）馆长办公会（邱、吕、齐），讨论了为 50 部内线电话加中继线，开通馆外呼出功能；馆办轮流值班制度；已经投入流通的图书条码的增补和更换由流通部阅览部主任负责，技术部为其开通金盘权限，设定增补的条码号段。

（4）图书馆咨询平台恢复开通，仍设置为只读模式。

10 月 14 日（周二）

（1）副校长王正富、基建处处长任鸣鹤以及江苏建工的技术人员查看海关库空调系统。

（2）副馆长齐晓航在 703 室会见我校知名教授吴芬，听取了吴教授对图书馆工作的意见和建议。齐晓航感谢吴教授一贯地支持图书馆工作，并表示尽快恢复期刊的外借业务，尽快安装有关的提示性标牌。

（3）14~16 日，信息咨询部范利群代表图书馆出席在首都师范大学图书馆举办的"2008图书馆学科化、个性化国际学术研讨会"，并在分组讨论会上宣读了其撰写的论文《网络环境下高校图书馆开展个性化信息服务研究》，该论文已经收录在由首都师范大学出版社正式出版的《图书馆服务的学科化与个性化》一书中。

（4）信息咨询部主任汪雪莲撰写的《基于个人知识管理的信息素养教学探索》一文被收录在由首都师范大学出版社正式出版的《图书馆服务的学科化与个性化》一书中。

10月15日（周三）

（1）馆长办公会（邱、吕、齐），讨论确定了赵红涤辞职后人事调整方案：丁江红接替赵红涤，担任西文采购员和西文编目员；流通阅览部的王晶接替丁江红担任中文图书的编目员；流通阅览部的张欣（暂定）接替王晶去五层上书；周四再次约见后勤处通讯中心主任倪小光讨论有关为内线电话增开校内呼出功能的方案。

（2）新馆建设联络人白晓煌报称：副校长王正富到馆视察后指示，六层目前的封闭式管理模式不符合建筑防火要求，应尽快改正。

（3）副馆长齐晓航与新馆建设联络人白晓煌在703室共同会见北京赛沃阜科技发展有限公司区域经理王立强，听取了王经理对3台自助借还机的调试说明：设备不稳定的根源在于E卡读卡器的配置偏低。

（4）卢玲玲、齐晓航撰写的《处理电子文献版权纠纷的一些体会》获中国图书馆学会专业图书馆分会、广东省科技图书馆联合主办的"图书馆服务转型：研究与实践"学术研讨会优秀奖。

10 月 16 日（周四）

（1）馆长办公会（邱、吕、齐），讨论有关流通阅览部待归架图书的积压问题，建议流通阅览部组织人力今天下午集中上书。

（2）8：12 分，经贸学院赵晓旭到馆办投诉一层报刊厅工作人员态度恶劣。馆办通知流通阅览部主任和主管领导，并及时答复了读者的投诉。

（3）馆长邱小红委托副馆长齐晓航，约见后勤处通讯中心主任倪小光商讨有关为内线电话增开校内呼出功能的方案。

（4）受馆长邱小红指派，办公室副主任马兰与网教中心梅涛、资产管理处副处长刘志宏一起前往国家图书馆和北京第二外国语大学图书馆考察文印系统。

（5）下午，按照有关通知要求，白晓煌、陈凤军、陈洪莉、陈建新、戴陈、窦静波、杜文涛、姬晓娟、李顺、刘菊霞、刘秀深、彭絮、任立艳、孙志兰、谭立田、涂育红、王秀风、魏志宏、徐向伟、阎燕伶、颜长森、杨震、张欣等为解决积压待归架图书问题加班 3 小时，特别是有晚班值班任务的于秀春和张金龙也闻讯参加了加班工作；胡京燕和杨振杰两人因参加学校工会举办的羽毛球赛，只参加了 1 小时归架加班。

10 月 17 日（周五）

（1）因技术部调试网络，12：08~12：58，断网 50 分钟，暂停借还书服务。

（2）13：00，图书馆外网开通，恢复与校园网的驳接。

（3）副校长王正富在一层大厅会见馆长邱小红，讨论有关校长办公会拟审议图书馆工作的议题。

（4）副馆长齐晓航会见商学院志愿者团王红丽、王雄两同学，商讨了有关开设识字班等问题的可能性。

10 月 19 日（周日）

因新馆施工方江苏城建需要对新馆总配电柜进行调试，全馆将切断一切电源 6 小时，开放时间临时调整为 8:30~11:30。

10 月 20 日（周一）

（1）馆长办公会（邱、吕、齐），讨论了有关流通阅览部总出纳台和各书库人力调整方案：建议将原出纳台胡京燕、闫燕伶、王秀凤三人分别增派到五、四、三层书库协助图书归架工作，电子阅览部派张晓领、姜玉芬两同志增援图书归架工作；讨论了组织全馆活动的方案、为物业部分保洁员开办识字班的可行性及在新馆前拍摄集体照等问题。

（2）副馆长齐晓航受馆长邱小红的委托致函物业公司经理孙京山，发出《关于为贵公司聘用的部分保洁员开办识字班的商榷函》。

（3）副馆长齐晓航撰写的《如何理解科学发展观的核心——以人为本》发表在中国农工民主党北京市委机关刊物《北京农工》2008 年第 4 期。

（4）图书馆工会转发校工会《关于开展"捐赠衣被温暖灾区"活动的通知》，号召全馆为四川灾民捐款捐物。

10 月 21 日（周二）

（1）副馆长齐晓航参加由学校党委统战部在西御园会议中心举办的 2008 党外代表人士培训会。

（2）图书馆正式向资产管理处移交旧馆，包括旧图书馆楼和知行楼部分房间。

（3）图书馆正式通知旧馆防火值班室值班员陈长利，因图书馆已完成整体搬迁工作且新馆实行物业管理模式，其劳务合同到期后不再续签。

10 月 22 日（周三）

（1）中国传媒大学图书馆副馆长卢晋致电副馆长齐晓航，交流了有关新馆模式下的流通、阅览等岗位管理办法。

（2）图书馆收到校人事处发出的有关莫玲退休的通知。

（3）物业公司经理孙京山致电副馆长齐晓航，接受图书馆为物业公司聘用的部分保洁员开办识字班的建议。

（4）15:00，校长陈准民，副校长胡福印、王正富在图书馆贵宾室召集由基建处处长任鸣鹤、资产管理处长梁尔华、馆长邱小红、副馆长吕云生、齐晓航出席的有关图书馆工作的办公会。馆长邱小红汇报了开学以来图书馆的运行情况和新馆的使用情况，并对新馆装饰、新书展销区、开通国际网、延长假期开放时间等问题提出了建议；三位校长听取了有关部门领导的汇报后指示：尽快恢复图书馆工作委员会、成立由多方参与的新馆装饰设计小组、在考虑国有资产增值的前提下开办新书展销区、杜绝学生在图书馆占座等问题。

10 月 23 日（周四）

（1）副馆长齐晓航陪同财务处副处长郭岩海、傅希珍及招标办韩英考察新馆家具采购和使用情况。

（2）11:35，图书馆全体工作人员在新图书馆前合影。

（3）物业公司胡浩向副馆长齐晓航转交了识字班学员情况表。

（4）馆办在图书馆 OA 上发出了《关于招募识字班教师志愿

者的通知》。

（5）技术部安装调试新的防火墙。

（6）副馆长齐晓航在 703 室会见校学生会权益部部长孙月鹏同学，接收了日前举办活动的发票，并讨论了下一步合作的有关事宜。

（7）馆长邱小红会见河北经贸大学图书馆馆长梁洪杰，并陪同梁馆长参观了新馆。

10 月 24 日（周五）

（1）图书馆内线电话改可接听外线和可拨打校内电话的施工完成。外线可通过 64492269 和 64495348 后拨分机号实现呼入；呼出校内电话则须在分机号前加拨 9 而实现。

（2）馆长邱小红出席由 CNKI 在昌平举办的研讨会。

10 月 25 日（周六）

因技术部调整网络，上午临时停止借还服务，只提供阅览服务。

10 月 27 日（周一）

（1）27~31 日，信息咨询部主任汪雪莲赴重庆参加中国图书学会年会。

（2）馆办在图书馆 OA 上，发出《关于工作时间佩戴胸卡的通知》，恢复佩戴胸卡的制度。

（3）馆长办公会（邱、吕、齐），讨论了举办读者座谈会问题、开办识字班的计划、对咨询台位置调整的质疑及质疑的程序问题、周末和寒暑假开放的时间及人员安排问题、莫玲退休后的人事安排问题、举办主题党日和外出培训活动的问题、读者丢失图书后赔书同时应交纳加工费的问题及召开读者座谈会事宜等。

10 月 28 日（周二）

（1）副馆长齐晓航应邀出席在宁远楼大厅举办的"分享光荣与梦想——2008 北京奥运会大型新闻图片展"进校园活动开幕式。

（2）馆长邱小红在 705 室主持召开读者座谈会，就藏书与阅览区间的矛盾、是否开放国际网、开放时间、新书展区、公告栏、文化装饰等问题征求了读者意见。吕云生、刘秀深、颜长森、李顾、魏志宏、刘福军、华犁及经贸、金融、商院、公管、信息等学院不同年级的 14 名学生代表参加了座谈会。

（3）副馆长齐晓航在 703 室会见北京书生数字图书馆软件技术有限公司区域经理闫萍和图书情报区域销售经理张利娜，接收了该公司的视频资源的介绍材料。

10 月 29 日（周三）

（1）因中电公司调试设备，图书馆于 11:30~13:30 断电并暂停网络，停止借还书服务。

（2）校长陈准民到馆视察，询问了读者检索用机和八层电子阅览室尚未提供服务的原因。

10 月 30 日（周四）

（1）图书馆为物业公司部分保洁员开办的识字班开班仪式在 705 室举行。馆长邱小红、副馆长吕云生、齐晓航及物业公司经理孙京山出席开班仪式，仪式结束后副馆长齐晓航为学员们进行了首次培训。

（2）校工会消息：10 月 23~28 日，首都教职工第二届艺术节北京高校书画摄影展在清华大学美术学院展出，本次展览共展出各高校选送的 164 幅作品，我校选送五幅教工作品参展，其中包

括图书馆刘福军摄影作品《斜阳》。

10 月 31 日（周五）

（1）因全馆赴河南举办培训和郊游活动，六层基藏、工具书阅览厅于 18 点至周日关闭。

（2）副馆长齐晓航在 703 室会见了北京超星公司项目经理李晓德，接收了"图书馆知识管理与服务创新研讨会暨'Metalink'外文学术搜索产品发布会"的邀请函。

（3）馆长邱小红、副馆长齐晓航分别在 716 室、703 室会见北京方正公司高级客户经理贾利杰、营销部客户经理沈璐，接收了该公司新产品的介绍资料。

11 月

11 月 1 日（周六）

（1）副馆长齐晓航出席在中国人民大学明德楼如论讲堂举办的"人大书报资料中心成立 50 周年庆典"活动。

（2）馆长邱小红在河南焦作主持召开全馆会，通报了日前读者座谈会的内容，并强调了考勤制度、办公室管理制度、进出图书馆的管理制度等，教辅党总支书记张建华对搬入新馆后的图书馆工作提出了要求。

11 月 3 日（周一）

（1）馆长办公会（邱、吕、齐），讨论了文献购置费、办公经费的使用情况及今年的计划执行进度问题。

（2）馆长邱小红在716室接受党委宣传部匡卫平的采访，回答了有关新馆搬迁、新馆运行、文献建设、服务质量等方面的问题。副馆长齐晓航一同接受了采访。

（3）莫玲退休。

（4）副馆长齐晓航以《关于逻辑删除邮件的意见》为题向馆办公室和技术部发出馆长办公会的决定：删除汪雪莲10月24日向全馆发出的不符合工作程序的有关邮件。

（5）馆办秘书卢玲玲接待校报记者，并安排采访了流通阅览部工作人员。

11月4日（周二）

（1）馆长邱小红、副馆长齐晓航分别在716室和703室会见北京风入松书店副总经理芦春辉，讨论有关开办新书展销区的事宜。

（2）受支部书记吕云生的委托，馆长邱小红参与学校工会组织的二级工会建家升级检查活动。

（3）位于图书馆地下一层（B105）房间的职工之家已经布置完成。

11月5日（周三）

（1）馆长邱小红、副馆长吕云生、齐晓航，采编部主任兼中文图书采购员周红、西文图书采购员赵红涤、丁江红，报刊采购员陈长仲、信息咨询部主任汪雪莲、咨询员范利群在705室召开文献采购工作会。各位采购员汇报了各类文献的采购进度，馆长邱小红布置了今年内的文献采购调整方案。另：信息咨询部主任汪雪莲在讨论电子资源采购问题时，愤然离场。

（2）采编部主任周红与商学院李婷老师通电话，李老师说，

一位商学院校友将以每年 2 万元的额度向图书馆捐赠金融、管理等方面的图书，持续 5 年，要求图书馆提供专架。

11 月 6 日（周四）

（1）馆长邱小红，副馆长吕云生、齐晓航出席党委组织部在诚信楼三层国际会议厅召开"讲党性、重品行、作表率"学习动员会。

（2）副馆长齐晓航受馆长邱小红的委托以《关于解决吸烟等若干问题的函》为题，致函物业公司经理孙京山。

（3）副馆长齐晓航在 705 室为 3 位保洁员第 2 次授课。商学院志愿者团王红丽等 10 位同学观摩了授课，拟参与识字班的授课活动。

（4）一层大厅的读者检索用机开始启用。

11 月 7 日（周五）

（1）副馆长齐晓航参加农工党北京市朝阳区委举办的第七期培训会，聆听了中央社会主义学院副院长张峰教授所做的《学习实践科学发展观》和经济学博士梁宏昀所做的《世界经济危机对中国经济的影响》的报告。

（2）新馆建设联络人白晓煌指挥施工人员安装楼内各区间及各办公室标牌、门牌。

（3）物业公司今日起楼内供暖。

（4）流通阅览部颜长森在学校工会组织的 2008 年冬季长跑 1000 米男子五组（51 岁以上）中以 4′56″45 获得第二名。

11 月 9（周日）

因网络中心施工断网，图书馆下午暂停借还书服务。

11 月 10 日（周一）

（1）图书馆 9:30 恢复借还书服务。

（2）馆长办公会（邱、吕、齐），讨论了流通阅览部人员调整和岗位调整方案，以解决每周四下午提供借还书服务的问题。

（3）副馆长齐晓航陪同法学院举办的东盟法律研讨会的专家30 余人考察图书馆。

11 月 11 日（周二）

（1）馆长邱小红、教辅党总支书记张建华应邀出席中国教育图书进出口公司在安徽合肥举办的研讨会暨新书订货会。

（2）副馆长齐晓航在 703 室会见 Swets Simplifies 公司中国区业务发展经理杜晓亮，接收了该公司外文报纸数据库的资料。

（3）根据馆长邱小红的指示，副馆长齐晓航与流通阅览部主任刘秀深、副主任李顺在 703 室讨论有关周四中午至下午时段提供借还书服务等问题。

（4）馆办秘书卢玲玲陪同来参加英语学院举办的研讨会的外国专家 10 余人考察图书馆。

（5）新馆建设联络人白晓煌指挥施工人员安装各楼层标号。

11 月 12 日（周三）

（1）副馆长齐晓航出席由北京超星公司和中国人民大学图书馆共同在中国人民大学图书馆报告厅举办的"图书馆知识管理与服务创新研讨会暨 Metalink 外文学术搜索产品发布会"。

（2）12~16 日，卢玲玲以论文作者身份代表图书馆出席由中国图书馆学会专业分会、广东省科技专业图书馆在广州举办的"图书馆服务转型：研究与实践学术研讨会"，其撰写的《处理电子文献版权纠纷的一些体会》一文获优秀论文奖。

11 月 13 日（周四）

（1）总出纳台周四中午和下午时段增开借还书服务，周一至周五的借还书时间调整为 8：00~22：00；六层周四下午开放时间由原来的 17：30 提前到 16：30。在原来关闭的 6 小时（11：30~17：30）内，受理借、还书各 429 册次。

（2）商学院志愿者团王雄、李宛霖、高超、许文侠、陈姚宏等同学执教识字班。

（3）校长陈准民、副校长王正富、基建处处长任鸣鹤、副馆长齐晓航、中文学院教授荣真、乐平，到七层海关文献阅览室讨论有关海关文献资料整理以及利用整理出的文献作为装饰新馆的亮点。

11 月 15 日（周六）

副馆长齐晓航应邀出席北京书生公司举办的"读吧"功能演示会，北京化工大学图书馆副馆长杨守文、首都经贸大学图书馆副馆长谭乃立、北京电子科技职业学院图书馆馆长韩志伟等 10 余个图书馆的负责人出席了会议。

11 月 17 日（周一）

馆长办公会（邱、吕、齐），讨论了六层书标采用 4 色且标有"基藏"字样的款式；16 开本图书条码粘贴位置应在封底 3 上部中央位置；研讨室登记归流通阅览部主任负责；学生社团活动的接待问题；海关文献资料整理问题等。

11 月 18 日（周二）

（1）馆长办公会（邱、吕、齐），讨论了校党委书记王玲与国家图书馆副书记提议的，有关图书馆与国家图书馆建立主分馆关系的方案。

（2）图书馆工会向全体职工发放每人 500 元的华堂购物卡。

（3）副馆长齐晓航在 703 室接待学生会权益部薛文婧、吴越人和任杰同学，回答了有关周六、日晚间不开放、外文原版书不借给本科生、一层检索机停止网络服务功能、报刊厅外的时钟不准等问题。

（4）13:56~14:08，网络中断。

11 月 19 日（周三）

（1）副馆长齐晓航受馆长邱小红的委托，出席发展规划处在行政楼 226 会议室举办的关于召开《国家中长期教育改革和发展规划纲要》调研工作会议。齐晓航汇报了目前图书馆存在的主要问题：文献总量不达标、纸质文献和电子文献的比例有待调整，人员结构不合理，文献建设委员会缺失使资源共享工作无法实现。

（2）16:10~16:24，图书馆网络中断，暂停借还书服务。

11 月 21 日（周五）

（1）馆长办公会（邱、吕、齐）在 704 室召开，讨论了一层大厅和部分办公室温度不达标问题、位于地下室的剔旧图书更换馆藏设置问题、笔记本电脑的使用问题、读者要求延长周末晚间开放时间问题等。

（2）受馆长邱小红委托，副馆长齐晓航在 703 室约见了乐平教授，了解其领导的海关文献整理项目的内容和进度情况。

（3）馆长邱小红陪同副校长林桂军考察海关文献阅览室，林校长向正在其中工作的荣真、乐平等教授询问了整理海关文献的进度等情况。

（4）馆长邱小红率领各部门主任参与新馆电脑的验收工作。

（5）副馆长齐晓航在 703 室会见了书友会何龙凤、周志龙两同学，回答了有关图书馆与书友会合作的问题。

11 月 24 日（周一）

（1）馆长办公会（邱、吕、齐），讨论了八层电子阅览室收费问题，海关库文献清理方案，审议流通阅览部试恢复借还书服务一个月来的工作量统计分析报告，外文图书登录按码洋登录（不含文科专款部分）。

（2）馆办秘书卢玲玲接待英语学院两名大一学生，回答了他们提出的有关图书馆资源、新生培训、读者指南等问题。

11 月 25 日（周二）

馆长办公会（邱、吕、齐），讨论了信息咨询部分管图书馆主页的更新，信息咨询部的人事调整方案，信息咨询部试点学科馆员制度等问题。

11 月 26 日（周三）

（1）教辅党总支书记张建华到馆向馆长邱小红、副馆长吕云生传达了学校有关安全保密工作会议的精神。

（2）副馆长齐晓航在 703 室会见武汉缘来文化传播有限责任公司金晖智，商谈有关适用数据库问题。

（3）因电子阅览部筹备开放，曾于 10 月 20 日起到流通阅览部临时协助图书归架工作的张晓领、姜玉芬返回电子阅览部。

11 月 27 日（周四）

（1）副馆长齐晓航在 703 室会见同方知网公司华北大区经理成鑫和北京地区经理李晓燕，接收了《对外经济贸易大学数字图书馆建设方案》的文本。

（2）图书馆开通网上续借图书的服务。

（3）中电公司工程师在未事先通知图书馆的情况下，对网络进行调试，导致系统不稳定，图书馆被迫于 10:55 在学校 OA 上发出《关于临时断网、停止借还书服务的紧急通知》，通知称："即刻开始断网，并停止借还书等相关服务。预计中午 12:00 恢复正常。"

（4）馆长邱小红陪同北京体育大学图书馆副馆长张重喜一行考察新馆。

（5）馆办秘书卢玲玲接待书友会负责人何龙凤、周志龙两同学，就今后书友会与图书馆的长期合作进行商谈。

11 月 28 日（周五）

图书馆首次在学校 OA、学校 BBS、图书馆咨询平台、图书馆一层电子显示屏上发出招领丢失 E 卡和催还逾期图书的通知。

11 月 29 日（周六）

因维护服务器，15:00 起停止借还书服务，比正常的周六提前 1.5 小时。

12 月

12 月 1 日（周一）

（1）馆长办公会（邱、吕、齐）在 716 室召开，讨论了彭絮、涂育红两人由流通阅览部调任信息咨询部，启动学科馆员试点工作；各层架位示意图的款式；流通阅览部办公室的调整方案；流通阅览部总出纳台和各书库工作时间调整方案。

（2）副馆长齐晓航在703室会见资产管理处副处长刘志宏，讨论了有关多功能厅家具配置方案。

（3）因图书馆将搬家而关闭图书馆顺延图书归还日期延长至12月1日，使当天借还书总量创历史新高，总借还量6262册次，其中借出1882册次，还回3107册次，续借1273册次。

12月2日（周二）

法学院资料室向"法律文献资料"（701室）搬运图书。

12月3日（周三）

（1）8:00~10:00，因技术故障，总出纳台电脑的金盘系统不稳定，读卡器不工作，只能提供还书和续借服务，而无法提供借出（含自助借还机）服务。

（2）受馆长邱小红委托，副馆长齐晓航陪同广东外语外贸大学党委副书记陈建平，校党委常委、组织部部长、统战部部长卢景辉，党委宣传部部长孔晓明等14人参观考察了图书馆。齐晓航向客人们介绍了新馆的建设和使用情况，介绍了图书馆的服务和藏书等情况。我校党委副书记陈建香、党委办公室主任袁利新、党委宣传部部长李景渝、校办主任余兴发、研究生部主任杨长春等陪同考察。

（3）馆长邱小红、副馆长齐晓航分别在716室和703室会见万方数据公司京津销售区经理白志勇，接收了《万方数据资源系统》的介绍材料，听取了该公司产品的优惠销售方案介绍。

12月4日（周四）

（1）馆长邱小红，新馆建设联络人白晓煌出席在资产管理处会议召开的，增补家具采购研讨会。

（2）副馆长齐晓航在703室会见到馆举办下午的读者培训活

动而顺访的同方知网公司华北大区经理成鑫和北京地区经理李晓燕，听取了他们比较同方和方正工具书和年鉴的建议。

（3）13:30，馆长邱小红出席在行政楼 222 会议室召开学校中层党政一把手通气会。副校长徐子健通报落实第二次人才强校会议的措施，副校长胡福印通报教育部直属高校预算会议精神以及我校青年教师安居基金方案等情况，副校长林桂军通报我校"211 工程"三期进展情况，副书记陈建香传达 2009 年全国普通高校毕业生就业工作视频会议精神，党委书记王玲和校长陈准民到会讲话。

12 月 5 日（周五）

（1）信息咨询部咨询员华犁陪同河北经贸大学图书馆采编部、信息部主任等一行 4 人，参观图书馆。华犁向客人介绍了图书馆的建设和搬迁情况、金盘的使用情况。

（2）工会主席马兰、双代会代表刘福军参加校工会在宁远楼报告厅和行政楼 222 会议室举办的"分工会主席、双代会代表培训会"。

12 月 8 日（周一）

（1）馆长办公会（邱、吕、齐）在 716 室召开，讨论了：读者遗留杂物的认领问题，交由馆办与物业协调解决；研讨室登记和管理归馆办负责，归还时间在馆办下班后的，由总出纳台代办；来访团体的接待由馆办负责，根据需要可指派业务人员、部门主管或主管馆长出面接待；调整元旦和寒假开放时间：元旦闭馆，1 月 2 日、3 日按周末开放时间开放，寒假 9 点到 17 点开放，其中周二、周四全面开放，周一、周三、周五只开期刊厅；向教师征求增订新数据库的意见问题，月内要有需求报告；在 502 室增

设期刊加工室，同意调整期刊厅架位的建议。

（2）馆长邱小红、副馆长齐晓航分别在 716 室和 703 室会见万方数据公司总经理助理李维、京津销售区经理白志勇，接收了《关于学位论文系列诉讼案件致学校的函》和《同方知网、万方数据硕士学位论文收录情况对比（2008 年 12 月）》两份文件。

（3）信息咨询部汪雪莲通过了北京市高级专业技术资格评审委员会的评审，被评定为图书资料副研究馆员，证书编号：ZGB30010474。

12 月 9 日（周二）

（1）副馆长齐晓航在 703 室会见中央财经大学图书馆副研究馆员张世兰，就两馆流通阅览服务方面的问题进行了交流。

（2）财务处派人到图书馆总出纳台安装两台收费专用 POS 机，因该系统无法与金盘系统驳接而暂时搁置。

（3）馆长邱小红代表图书馆接收了金融学院院长吴军代北京市金融学会转赠图书馆的《北京金融评论》2008 年 1~4 期。

12 月 10 日（周三）

（1）教辅党总支书记张建华到馆与副馆长齐晓航在 703 室座谈，了解新馆后流通阅览部的运行情况、双代会提案情况、图书馆 OA 改变新 IP 后的发帖情况等。

（2）校工会消息：经工会常委会研究决定，财务处等共 15 个教职工小家被评为先进教职工小家。网教中心、图书馆等共 6 个教职工小家被评为合格教职工小家。

（3）图书馆主页维护工作划归信息咨询部后，主页上的有关信息已做更新。

（4）新馆建设联络人白晓煌指导家具厂家人员为一层读者检索用机机柜安装暗锁。

12 月 11 日（周四）

14:53，网络中断，魏志宏报前台金盘系统死机，约 5 分钟后网络恢复。

12 月 12 日（周五）

（1）馆长邱小红出席由教育部科技发展中心、教育部高等学校图书情报工作指导委员会和《中国教育网络》杂志共同在清华大学信息技术大楼举办的"2008 教育信息存储与应用大会"。

（2）研究生部主任杨长春致电副馆长齐晓航，希望派人取 2008 年研究生论文。流通阅览部主任刘秀深、副主任颜长森前往诚信楼八层取回论文。

（3）副馆长齐晓航与采编部主任周红、流通阅览部主任刘秀深、新馆建设联络人白晓煌、馆办秘书卢玲玲，讨论有关商学院校友捐赠图书的采购方案和设立展示专架的问题。

（4）副馆长齐晓航在 703 室会见资产管理处于敏华老师，因新增家具采购会议纪要和附件中"立式电脑桌"一项存疑，齐晓航未在文件上签字确认。

12 月 14 日（周日）

流通阅览部副主任李顺代表图书馆出席在北京邮电大学图书馆举行的"BALIS 馆际互借服务 2008 年培训暨年终总结大会"。

12 月 15 日（周一）

（1）馆长办公会（邱、吕、齐）在 716 室召开，讨论了《寒暑假工作安排的意见》、提高晚班及寒暑假加班费标准的方案；元旦开放时间调整方案；六层图书加装提示性书标的方案；校友

赠书的采购、展示方案；请北京金盘公司开发E卡收费软件和整改自助借还机刷卡系统的方案；在自助借还机上实施还书功能的方案。

（2）3M公司技术人员应邀到馆调试自助借还机的还书功能。

（3）15:33~15:55，金盘系统故障，停止借还书服务22分钟。

（4）新华书店派驻图书馆人员窦静波分别在703室和402室会见副馆长齐晓航和流通阅览部主任刘秀深，承认其在前一阶段工作中的表现欠佳，有违反图书馆规章的行为，恳请图书馆再给予她一次机会，保证努力工作。

12月16日（周二）

（1）副馆长齐晓航出席在行政楼226会议室召开的统战人士通报座谈会，校党委副书记杨逢华主持会议，党委书记王玲、校长陈准民出席会议并讲话。

（2）10:06~10:20，金盘系统故障，停止借还书服务14分钟。

（3）馆办秘书卢玲玲陪同继续教育学院国际高等文凭教育中心副主任马宁一行五人，参观了图书馆。

（4）图书馆工会向每位员工发放5升装金龙鱼花生油一桶。

（5）16~19日，范利群代表图书馆出席了由上海交通大学图书馆、美国约翰－霍普金斯大学图书馆及中国图书馆学会数字图书馆专业委员会联合在上海交通大学闵行校区新图书馆举办的"2008数字图书馆前沿问题高级研讨班"。

12月17日（周三）

（1）副馆长吕云生、齐晓航应邀出席由北京市新华书店在通州台湖举办的"第三届中国北京国际文化创意产业博览会——台湖国际图书分会"的开幕式。

（2）馆长邱小红、副馆长吕云生、流通阅览部魏志宏在716室会见北京智多利文化用品有限公司经理陈传贵，讨论有关六层图书下架、归架的外包问题。

12 月 18 日（周四）

（1）流通阅览部华犁代表图书馆出席了在中国人民大学图书馆报告厅举办的"BALIS原文传递服务2008年总结与表彰大会"。

（2）党政联席会议在705室召开，张建华、邱小红、吕云生、齐晓航、李顺、刘福军、刘秀深、马兰、汪雪莲、王鸣心、颜长森、周红和孙京山出席会议。会议讨论了2009年预算方案，随书光盘的管理问题；讨论通过了《关于寒、暑假期间工作安排的意见》和调整晚班费、双休日、寒暑假加班费标准方案。邱馆长还向各位部主任提了三点要求：加强工作的计划性，加强纵向、横向的沟通和纪律性，夯实基础服务工作，注重高端读者需求。

（3）校工会发元旦活动费，每人300元（现金）。

12 月 19 日（周五）

（1）副馆长齐晓航在703室会见了北京超星公司项目经理李晓德，讨论了有关试用"读秀"库的问题。

（2）受馆长邱小红的委托，技术部主任王鸣心、工会主席马兰前往久未到岗的段英家探望。

12 月 21 日（周日）

新馆建设联络人白晓煌引导浙江圣达公司人员在710室安装30节书架。

12 月 22 日（周一）

（1）8:30，总支委员扩大会在图书馆705室召开。张建华、王海涛、邱小红、吕云生、齐晓航、刘宝玫、孙强、杜建新、梅涛、李凤桥、汤悟先、张旭光、赵广银出席。教辅党总支书记张建华主持会议，传达了学校有关会议精神，通报了党员信息统计工作情况，布置 2009 年党员发展计划，总结总支工作；宣布了党委组织部的表扬决定：教辅党总支和总支秘书卢玲玲分别被评为党员信息统计工作先进党总支和先进个人。

（2）10:40，处级领导班子民主生活会在图书馆 705 室召开。张建华、王海涛、邱小红、吕云生、齐晓航、孙强、杜建新、梅涛、李凤桥、张旭光、赵广银出席。与会人员结合学习科学发展观的体会，对各自单位和个人工作中存在的问题进行了批评与自我批评。

（3）新馆建设联络人白晓煌引导浙江圣达公司人员在五层安装 38 节书架。

（4）信息咨询部再次更新主页，将双休日和寒暑假的开放时间对外公布。

12 月 23 日（周二）

（1）7:50，金盘系统故障，停止借还书服务约 1 小时，9 点恢复正常。

（2）馆办公室在学校 OA 上发出了《关于调整周末开放时间和临时调整元旦前后开放时间的通知》，将周末和寒暑假的开放时间：从原来的 8:30~16:30，调整为 9:00~17:00。

（3）副馆长齐晓航要求物业公司派人将三部电梯的鸣响铃音取消。

12 月 24 日（周三）

（1）馆长办公会（邱、吕、齐）在 704 室召开，讨论了：参加同方知网公司会议的安排；修改《借阅章程》有关条款问题；

馆办公室工作问题。

（2）馆办秘书卢玲玲报称：曾在 10 月 16 日到馆办反映期刊工作人员态度问题的，自称经贸学院学生赵晓旭致电馆办，投诉经贸类 6 月至今的期刊找不到；卢玲玲在向其解释原因和处理意见时，遭到对方的漫骂。为此，馆长邱小红向研究生部主任杨长春通报了情况（经查，该生为在读博士）。

12 月 25 日（周四）

（1）涂育红代表图书馆出席由北京高校图工委在北京师范大学图书馆报告厅举办的"北京地区高校图书馆统计工作培训班"。

（2）根据《关于调整流通阅览部部分岗位工作时间和部分工作人员办公室的通知》，在馆办、技术部和物业公司人员的协助下，流通阅览部调整了 9 间办公室的人员，调整后除部主任以外的其他工作人员的办公室与所在岗位均对应起来。

（3）据科研处消息：由馆长邱小红为项目组负责人的"如何使用 ServQual 评估大学图书馆服务质量——对外经济贸易大学图书馆案例分析"在今年申报校级课题 99 项中获得初审立项。

（4）副馆长齐晓航，信息咨询部主任汪雪莲，电子阅览部主任刘福军，信息咨询部咨询员范利群、涂育红、彭絮出席在 802 室召开的修改图书馆主页研讨会，涂育红介绍了主页修改的设想，与会人员均发表了各自的意见、建议。

（5）经馆长办公会讨论，决定自 2008 年 12 月 29 日起关闭六层，启动书架置换工作；该项目由魏志宏、白晓煌两人负责，两人不再负责流通阅览部的工作。

12 月 26 日（周五）

（1）副校长胡福印到馆与馆长邱小红、副馆长吕云生在 704 室讨论有关更换书架和家具的问题，并了解了图书馆的运行情况。

（2）馆长邱小红、副馆长齐晓航分别与团委书记徐松通话，协商协助《校园·冬天》剧组进馆拍摄的有关事宜。副馆长齐晓航在 703 室会见了该剧组外联制片安雅。

（3）21:40，一学生欲出馆时，报警器鸣响，经查该生系北京大学学生，包内有图书馆《中国中部地区发展》（F127.5/Z43/2007）图书一册，该生称忘记了。物业公司值班员胡浩与副馆长齐晓航商议后，登记了该生姓名、扣留图书馆藏书后放行。另据物业公司反映，有读者进馆后，收集已经进馆读者的 E 卡后，在馆外发给可能不是图书馆读者的人，持他 E 卡进馆，物业公司建议研讨对策。

12 月 27 日（周六）

（1）图书馆已经发出"因系统维护，暂停借还书服务一天"，后又被告知：系统维护日期推迟到 1 月 31 日下午。

（2）流通阅览部主任刘秀深，副主任颜长森、李顾以及陈建新、魏志宏、徐向伟、陈凤军、于秀春等到馆加班，为增加的新期刊倒架，以腾出空间。

（3）副馆长齐晓航到馆与物业公司协调，《校园·冬天》剧组进馆拍摄的有关事宜。

（4）继续教育学院所属高职学生谭某携《英语口语句型》一书欲出馆时，报警器鸣响，经查，该书的封底 3（粘贴有条码和期限表的）已经被撕去。

12 月 28 日（周日）

（1）流通阅览部主任刘秀深，副主任颜长森、李顾以及陈建新、魏志宏、孙志兰、彭絮等到馆加班，继续为增加的新期刊倒架，以腾出空间。

（2）馆办秘书卢玲玲应馆长邱小红的指示到馆加班，起草有关参与"中国开放型经济数据分析查询系统"项目可行性报告。

（3）副馆长齐晓航到馆修改《借阅章程》有关条款，并将有关意见向馆长邱小红做了汇报。

12 月 29 日（周一）

（1）六层因置换书架和家具而关闭。开始搬运阅览桌椅。

（2）馆长办公会（邱、吕、齐）在 716 室召开，讨论了单位和个人立项科研经费的使用比例设想；拟成立由邱小红、齐晓航、王鸣心和信息咨询部有关人员组成的"中国开放型经济数据分析查询系统"项目组；讨论继续教育学院谭某等学生涉嫌偷书问题的处理意见；讨论修改《借阅章程》，对涉嫌偷书和寒暑假后设置宽限期的条款问题。

（3）图书馆分别致函继续教育学院、商学院和金融学院，反映谭某、董某和高某涉嫌偷书的情况，后经核实，董某和高某所借阅的图书已经归还图书馆。副馆长齐晓航代表图书馆再次致函商学院和董姓同学，表示了歉意，并撤回了致金融学院的函。

12 月 30 日（周二）

（1）馆长邱小红、西文图书采购员丁江红应国图公司之邀出席在凯瑞食府举办的新年联谊会。

（2）借还书总量再创历史新高，总借还量 6487 册次，其中借出 2987 册次，还回 3072 册次，续借 428 册次。

12 月 31 日（周三）

（1）因图书馆系统维护，借还书服务提前至 11:30 结束。

（2）根据《关于调整周末开放时间和临时调整元旦前后开放时间的通知》精神，图书馆提前至 16:30 闭馆。

2009 年

1 月

1 月 1 日（周四）

（1）全馆闭馆。

（2）馆长邱小红赴湖南参加外文图书采访研讨会。

1 月 2 日（周五）

（1）2~3 日，根据 2008 年 12 月 23 日发布的《关于调整周末开放时间和临时调整元旦前后开放时间的通知》精神，按新修订的双休日开放时间表开放：9:00~17:00。

（2）2~3 日，魏志宏、白晓煌到馆组织人员继续下架六层图书。

1 月 4 日（周日）

（1）馆长办公会（吕、齐）在 704 室召开，讨论了回复双代会有关采购数据库建议的提案的文本。

（2）魏志宏报称：有工人准备在六层赠书专架上粘贴"银子弹啤酒"的 logo，涉嫌发布商业广告。副馆长齐晓航到现场察看，分别与商学院赵婷老师和馆长邱小红通电话后，告知施工工人暂停安装。

（3）《图书馆功能布局及开放时间》和《图书馆常见问题及电子资源目录》两折页刊印完成，向读者免费发放。

1 月 5 日（周一）

副馆长齐晓航出席在 705 室召开的中国农工民主党对外经济

贸易大学支部 2008 年总结暨迎新年座谈会。

1 月 6 日（周二）

人事处发布《关于部分员工转正和转岗的通知》称：卢玲玲将于 2009 年 3 月由"岗位 2"晋升为"岗位 1"；彭絮、涂育红将于 2009 年 2 月由"实习岗"晋升为"岗位 3"。

1 月 7 日（周三）

（1）副馆长齐晓航出席在诚信楼三层国际会议厅召开的"对外经济贸易大学第 16 届教学工作会议"。

（2）根据教务处有关退学通知的精神，图书馆取消了金融学院陈某等 5 个学院的 18 名学生的借阅权限。并向金融学院、经贸学院和中文学院发函，要求协助催还周某某、周某和秦某 3 名学生尚未归还的图书。

（3）国际合作交流处处长贺向民到馆察看图书馆研讨室布局。

1 月 8 日（周四）

（1）对外经济贸易大学第六届教代会暨第十三届工代会第四次会议在诚信楼三层国际会议厅举行。图书馆代表吕云生、马兰、刘福军、刘宝玫、汪雪莲和赵万霞同志出席会议。

（2）馆办秘书卢玲玲报称：离退休处来电协调安装心脏起搏器的退休职工进馆免走防盗检测通道有关事宜。副馆长齐晓航答复：请离退休处为有关人员开具证明。

1 月 9 日（周五）

（1）家具厂工人来为海关库特制书库安装玻璃。

（2）副馆长齐晓航在 703 室会见物业公司李德勇，讨论有关为六层书库拆卸书架人员（陈传贵等）的进出馆问题。

（3）教辅党总支书记张建华到馆在703室会见副馆长吕云生、齐晓航，了解图书馆寒假期间的工作安排问题。

1月10日（周六）

（1）因研究生入学考试，学校关闭所有教室，使约2000名读者于开馆前在馆外等候入馆，队尾排至网教中心路口。

（2）办公室副主任马兰陪同商学院校友张景智考察其赠书专架。

（3）下午，继续教育学院（成人教育）学生王晓杰投诉：一层电脑多在上网，无法检索书目；大门外不应停放机动车。

（4）副馆长齐晓航、采编部主任周红、流通阅览部主任刘秀深、办公室副主任马兰、西文图书采购员丁江红、期刊采购员陈长仲、登录员蔡淑青应邀出席中国教育图书进出口公司在五洲大酒店举办的2009迎新年晚会。

1月11日（周日）

11~12日，馆长邱小红出席由北京市高校图书馆工作委员会在龙脉温泉举办的2008年北京地区高校图书馆年会暨BALIS工作会议。

1月12日（周一）

（1）新馆建设联络人白晓煌再次致电副馆长齐晓航，反映有关一层电脑多被上网读者占用而无机位检索书目的问题。

（2）副馆长齐晓航在703室会见继续教育学院钟晓勇老师，讨论有关处理该院学生谭某偷书的问题。

1月13日（周二）

（1）馆长办公会（邱、吕、齐）在716召开，讨论了：周四下午召开全馆会的事宜，调整卢玲玲和彭絮岗位的问题，孙志兰离职后的工作安排问题，寒假期间总出纳台人员安排的问题，解决 E 卡读卡器故障的问题，处理学生涉嫌偷盗图书的问题，处理安装有心脏起搏器人员免走防盗通道的办法，寒假期间书商派驻人员的工作安排问题，电子阅览部试开放问题。

（2）因学校岗位系列设置原因，自即日起馆办秘书卢玲玲与信息咨询部彭絮对调岗位，并函告人事处以对上述两人的岗位津贴等做调整。

（3）馆长邱小红签署意见，同意彭絮、涂育红的转正申请。

1 月 14 日（周三）

（1）14~19 日，副馆长齐晓航赴云南出席由同方知网公司举办的"机构 / 个人数字图书馆个性化增值服务模式研讨会暨 2008 年 CNKI 用户年会"。

（2）电子阅览部（八层）试开放同时关闭一层所有检索用机的上网功能。

（3）馆长邱小红、副馆长吕云生出席教辅、体育部联合党总支最后一次的午餐会。根据学校通知，体育部成立直属支部，图书馆与网教中心成立新的教辅党总支。副校长胡福印出席了午餐会。

1 月 15 日（周四）

（1）图书馆在 802 检索课教室召开二级教代会全体会议。馆长邱小红向图书馆二级教代会代表汇报 2008 年工作。教辅党总支书记张建华出席会议并讲话。

（2）馆长邱小红，副馆长吕云生出席由教育部人事司、北京市委教育工委在诚信楼三层国际会议厅主办的对外经济贸易大学行政换届大会。听取了校长和各位副校长的述职报告。

1月16日（周五）

（1）根据《关于调整2009年图书馆寒假前后开放时间的通知》精神，图书馆提前至16：30闭馆。

（2）图书馆正式通知在流通阅览部供职的合同制工作人员孙志兰，不再续签劳务合同，并于当天完成工作和物品的交接。

1月18日（周日）

白晓煌组织工人彻夜加班安装六层新的阅览桌椅。

1月19日（周一）

即日起，执行新的寒假开放时间表。每周二、四开放一至六层，每周一、三、五只开放报刊阅览厅；开放时间为9：00~17：00。

1月20日（周二）

20~21日，馆长邱小红、副馆长齐晓航与咨询员范利群一起讨论2009年数据库增购方案，并起草了对学校的有关请示。

1月21日（周三）

六层书架置换完成，目前共有书架358节、阅览桌120张、阅览椅480把。

1月22日（周四）

馆长邱小红会见到访的首都经贸大学图书馆新任副馆长张桂岩一行，邱馆长陪同客人参观了新馆，并向客人介绍了新馆的运行情况。

1月24日（周六）

24~31日，春节假期闭馆。

2 月

2 月 5 日（周四）

办公室副主任马兰出席由基建处在资产处会议室召集的"关于学校配电室自动化改造停电通报会"。

2 月 10 日（周二）

学校领导和有关职能部门批复了图书馆于 1 月 21 日呈报的《关于增加 2009 年图书馆文献购置费额度的请示》（2009 请字 0050 号）：2009 年图书馆的文献购置费额度将为 700 万元人民币。

2 月 13 日（周五）

因学校配电室改造施工，取消了原定开放一层报刊厅的计划，闭馆。

2 月 18 日（周三）

截至今日，流通阅览部动员 20 余工作人员和勤工助学学生寒假期间加班，为更换新书架和新阅览桌椅后的六层图书加贴提示性书标工作基本完成，为完全开放提供了必要的条件。

2 月 19 日（周四）

（1）开学上班。

（2）校长陈准民、副校长胡福印、王正富，校办主任余兴发、基建处处长任鸣鹤、资产处处长梁尔华、后勤处处长李占海、保卫处长李宝元、宣传部副部长王海涛等职能部门领导视察图书馆，了解开学准备情况；馆长邱小红，副馆长吕云生、齐晓航陪同视察，邱小红向校领导和职能部门领导简要汇报了图书馆寒假期间更换六层家具的进度、各楼层温度不均衡问题和开学准备期的工作情况。

（3）馆长办公会（邱、吕、齐）在716室召开，讨论了开学准备期的开放和工作时间；六层全面开放的问题；流通阅览部人力缺乏的问题。

（4）馆长邱小红，副馆长吕云生、齐晓航巡视全馆，慰问工作人员并了解了有关集中控制开关读者用机的执行情况、各层读者检索机柜及排架用书架的码放情况、海关文献整理的准备情况等。

（5）自助借还机开始提供还书服务。

（6）馆办通知：下午只开放一层报刊阅览室，楼上各层关闭。

2月20日（周五）

资产管理处副处长刘志宏、高级研修学院院长廖建一行在716室与馆长邱小红、副馆长齐晓航、物业公司主管胡浩，讨论共同使用一层多功能厅的有关问题，随后在新馆建设联络人白晓煌的引导下一同考察了多功能厅。

2月23日（周一）

（1）馆长办公会（邱、吕、齐）在716室召开，讨论了给予徐向伟通报批评的决定；增加2009年电子文献采购计划和实施方案；停发尚喜超、段英馆内津贴的建议；要求馆办为六层制作提示牌、为检索课教室配置扩音设备、为前台和办公室购置花卉等。

（2）馆长邱小红出席由党委组织部在诚信楼三层国际会议厅

召开的各单位党政一把手会议。

（3）一层大厅南侧的三组休闲桌椅和前台五把读者等候座椅到位。

（4）借还书总量再创新馆来的新高，总业务量达 8676 笔，其中借出 4673 册次、还回 3842 册次、续借 161 册次。

2 月 24 日（周二）

（1）副校长王正富、基建处处长任鸣鹤到馆考察新馆运行情况，副馆长齐晓航汇报了试运行 4 个月来的简要情况。

（2）我校外语学院与北京语言文化大学在图书馆贵宾室进行业务交流。

（3）副校长林桂军、英语学院院长王立非、校办主任余兴发、研究生部主任杨长春、外语学院院长杨言洪等领导全国翻译硕士专业学位教育指导委员会考察组专家考察图书馆并在贵宾室座谈。

（4）一层多功能厅家具、设备安装调试完成，具备了使用条件。

2 月 25 日（周三）

副馆长齐晓航陪同继续教育学院国际市场开发部史希红老师以及美国西雅图城市大学中国代表许亚南考察图书馆多功能厅及检索课教室。

2 月 26 日（周四）

（1）流通阅览部主任刘秀深报称：在三层的阅览桌上发现了一把小折叠横刀和从图书馆藏书中被剔出的磁条，显然是有读者在恶意偷盗图书。

（2）北京第二外国语大学图书馆馆长韩荔华、副馆长宋志红等一行 5 人来访，馆长邱小红、副馆长齐晓航陪同客人巡视全馆，向客人介绍了新馆的建设和使用情况。参观结束后，客人来到 716 室与馆长邱小红，副馆长齐晓航进行了座谈。邱小红、副馆长吕云生与客人们共进午餐。

3 月

3 月 2 日（周一）

（1）馆长办公会（邱、吕、齐）在 716 召开，讨论了：再次修改后的《借阅章程》中的条款，3 月中旬武汉三新公司会议出席问题，自助借还机经常死机的处理方案，流通阅览部部分时段缺乏人力问题，在馆内举办新书展览问题，新一聘任期岗位设置方案等。

（2）副馆长齐晓航在 703 室会见商学院志愿者团王红丽同学，讨论本学期为识字班授课的有关计划。

3 月 3 日（周二）

（1）北京新东方迅程网络科技有限公司区域经理王晓燕来访，分别在 803 室和 703 室会见了信息咨询部主任汪雪莲和副馆长齐晓航，了解图书馆对试用该公司提供的数据库的意见。

（2）图书馆在学校 OA、学校 BBS、图书馆 OA、图书馆一层大厅电子显示屏及门外的公告栏发布《关于催还 2009 年寒假前后借出图书的通知》，以提示读者，尽快归还寒假结束后归还期已经顺延 2 周的图书，以免因逾期而被罚款。

3 月 4 日（周三）

（1）刘正萍来图书馆试工，暂时安排在一层总出纳台，跟随李顺学习。

（2）《关于图书馆八层电子阅览厅正式开放的通知》在学校OA、学校 BBS、图书馆 OA、图书馆一层大厅电子显示屏及门外的公告栏发布，标志着电子阅览部正式接待读者。

（3）教辅党总支书记张建华到馆，在 703 室与副馆长齐晓航座谈，了解开学后图书馆的运转情况，并对读者违章管理、工作人员管理提出了指导意见。

3 月 5 日（周四）

（1）馆长邱小红，副馆长吕云生、齐晓航，总支组织委员刘宝玫、总支秘书卢玲玲出席在网教中心二层会议室召开的教辅总支会议。教辅党总支书记张建华和副书记王海涛分别传达了学校和北京市有关文件精神，馆长邱小红和网教中心主任孙强分别汇报了各自部门本学期的工作计划。

（2）图书馆委托北京金盘公司开发的使用 E 卡收费的功能完成系统调试。

（3）馆长邱小红，副馆长吕云生、齐晓航出席由纪检监察处在诚信楼三层国际会议厅举办的"2009 年反腐倡廉建设专题工作会"，全体中层干部与会。

（4）信息学院 2007 级、2008 级 31 名学生来图书馆开展"学雷锋"活动，31 名学生在流通阅览部的中外文报刊阅览厅和二至五层书库进行书报刊的整理工作。

（5）商学院志愿者团 5 位同学在 705 室继续为 8 名识字班的保洁员授课。

（6）馆办公室副主任马兰报称：一女读者到馆办投诉，昨天出大门时，其脸部被自动门夹伤，欲索赔。物业公司李德勇已经陪该读者在校医院进行了检查，索赔问题有待进一步商榷。

3月6日（周五）

（1）北京金盘公司技术员到馆培训前台工作人员如何使用金盘系统实现 E 卡收费功能。

（2）馆长邱小红陪同教育部直属高教司副司长贾德勇、处长陈伟一行，考察图书馆。邱馆长向客人介绍了新馆的建设和使用情况。校党委副书记杨逢华、副校长胡福印、党委组织部长、党委办公室主任张楠陪同考察。

3月9日（周一）

（1）馆长办公会（邱、吕、齐）在 716 室召开，讨论了：电子阅览部开放后的运行情况及人力配备方案、图书馆机构调整设想；馆领导出席周五学生社团举办的图书文化节活动；六层开放问题；旧馆设备的清查问题；申请在财务处设立 E 卡收费帐户；BALIS 原文传递由读者自行付费等。

（2）物业公司经理孙京山陪同保卫处处长李宝元、副处长袁祥等一行检查图书馆防火工作，并在 716 室与馆长邱小红，副馆长吕云生、齐晓航座谈。

（3）图书馆在学校 OA、学校 BBS、图书馆主页、图书馆咨询平台、图书馆一层大屏幕和公告栏等处发出通知：图书馆实现了通过金盘系统 E 卡收费功能。

（4）六层用 3 个提示牌到位，拟明天恢复对读者的开放。

（5）商学院志愿者团 9 位同学在 705 室为"识字班"8 位学员加课。

3 月 10 日（周二）

（1）图书馆一至八层全面对读者开放。

（2）图书馆与书友会共同举办的"图书文化节"在虹远小广场开幕。

（3）商学院志愿者团 5 位同学在 705 室继续为识字班的 8 名学员加课。

（4）北京赛沃阜科技有限公司区域经理王立强率技术人员到馆，在 703 室会见副馆长齐晓航，了解了自助借还机频繁死机的情况后，组织技术人员对设备进行检修。

（5）馆长邱小红出席在校行政楼 222 会议室召开的"中共对外经济贸易大学第十届委员会第六次全体（扩大）会议"。会议审议通过我校开展深入学习实践科学发展观活动方案并做出决议。

3 月 11 日（周三）

（1）副馆长齐晓航在 703 室会见来访的北京新东方迅程网络科技有限公司区域经理王晓燕，表达了暂不购买但希望能继续试用数据库的意见。

（2）因图书馆系统调试，导致部分读者在网上续借未成功而造成逾期，故图书馆在学校 OA、学校 BBS 等平台发出《关于延期归还 2009 年寒假前后借出图书的通知》，将本应在寒假期间归还的图书，延至 4 月 13 日归还。

3 月 12 日（周四）

（1）图书馆工会在一层多功能厅举行"换位思考，增强服务意识"庆三八活动，教辅党总支书记张建华、馆长邱小红、副馆长吕云生、齐晓航出席活动并分别致辞，向女性同事祝贺

三八节。

（2）馆长邱小红，副馆长吕云生、齐晓航出席在诚信楼三层国际会议厅主会场举行的"参加学习实践科学发展观动员大会"，图书馆全体共产党员出席了在新图书馆大报告厅分会场的会议。

3月13日（周五）

（1）馆办为公共区域和部分办公室配购鲜花以装饰环境。

（2）副馆长齐晓航在703室会见来访的中宏经济信息网电子政务部经理唐波，就中宏数据库持续订购价格和扩大合作问题交换了意见。

（3）副馆长吕云生在704室会见来访的中国国际图书贸易总公司徐艳梅，听取了其对该公司可提供中文图书订购的情况介绍。

（4）馆长邱小红出席在诚信楼三层国际会议厅举行各处级单位党政一把手"学习实践科学发展观培训会"。

（5）馆长邱小红在图书馆多功能厅出席由图书馆与书友会共同举办的"图书文化节"闭幕式，并致辞。

3月15日（周日）

15~18日，采编部主任周红代表图书馆出席在武汉举办的"武汉三新书业10周年庆典暨第五届地方版图书博览会"。

3月16日（周一）

（1）馆长办公会（邱、吕、齐）在716召开，讨论了：周三参加在国图举办的第4届国际学术期刊展的问题，3月21日、22日（周末）两天因学校封闭教学楼而提前开馆的问题，积压中文新书加工问题，电子文献的年终审核问题等，小时工合同文本的修改问题等。

（2）馆长邱小红，副馆长吕云生、齐晓航，图书馆后备干部王鸣心出席在诚信楼三层国际会议举行的"深入学习实践科学发展观活动辅导报告会"。

3 月 17 日（周二）

副馆长齐晓航在 703 室会见来访的北京书生数字图书馆软件技术有限公司图书情报部销售经理王晓英，接受了该公司新产品宣传资料。

3 月 18 日（周三）

（1）馆长邱小红出席由中国教育图书进出口公司和国家图书馆共同在国家图书馆主办的"第 4 届国际学术期刊展·中国"暨馆长论坛开幕式。

（2）副馆长齐晓航出席学校党委统战部在行政楼 161 会议室召开的"我校学习实践科学发展观情况通报会"。

（3）馆长邱小红，副馆长吕云生、齐晓航，馆党总支秘书卢玲玲在 716 室召开图书馆学习实践科学发展观活动实施方案讨论会，成立以馆长邱小红为组长的领导小组，确定了"环境和谐、资源丰富、队伍精干、管理科学、服务优秀"的目标。

（4）新修订的《对外经济贸易大学图书馆借阅章程》以外经贸学图字［2009］049 号文件的形式印发，正式实施。

3 月 19 日（周四）

（1）馆长办公会（邱、吕、齐）在 716 召开，讨论了：4 月份拟延长周末晚间开放时间和各时段的值班方案：周末延长开放至 22 点，白天时段 2 人交替工作 5 小时、晚班时段 2 人同时工作 6 小时；4 月份启动海关库文献整理工作方案。

（2）馆长邱小红、副馆长齐晓航在 716 室与流通阅览部主任

刘秀深，副主任李顺、颜长森讨论有关延长周末晚间开放时间和各时段的值班方案，

（3）馆长邱小红，副馆长齐晓航在 716 室与白晓煌、魏志宏讨论有关海关库文献整理工作方案。

（4）馆长邱小红，副馆长吕云生、齐晓航出席在诚信楼三层国际会议厅举行的"深入学习实践科学发展观活动专题报告会"，听取了商务部部长助理崇泉所做的关于我国经济形势与我校在经济危机条件下的办学方向的报告。

（5）副校长王正富、基建处处长任鸣鹤、馆长邱小红、副馆长齐晓航与"海报栏"生产厂家和安装厂家的技术人员在一层大厅讨论有关"海报栏"更改名称和颜色，以及安装的具体方案。

3 月 20 日（周五）

20~25 日，副馆长吕云生出席由万方数据公司在海南举办"推动产业升级实现合作共赢"研讨会。

3 月 21 日（周六）

（1）21~22 日，因学校进行博士生入学考试而封闭教学楼，图书馆提前 1 小时开放。

（2）小天鹅 BBS 近期调整内容公告称：位于原一区的图书馆所属版块"书海漫游"并入"学校部门"项下，并更名为"图书馆"。

3 月 22 日（周日）

八层电子阅览部，因进行开通国际网而进行系统配置，临时关闭一天。

3 月 23 日（周一）

（1）馆长邱小红、副馆长齐晓航、党总支组织委员刘宝玫、党总支秘书卢玲玲出席在电教中心二层会议室召开的总支扩大会议。教辅党总支书记张建华、副书记王海涛，分别对总支深入学习实践科学发展观活动方案进行了布置和说明。网教中心孙强、梅涛和杜建新出席了会议。

（2）馆长办公会（邱、齐，吕出差）在716召开，讨论了白晓煌起草的《新馆所需部分杂物续订购一览》、周四党政联席扩大会议议题和周四下午讲座的安排、部分岗位人员设置的方案。

（3）为开通国际网，学校网络中心和图书馆电子阅览部正在进行网络和管理软件的调试。在此过程中为了不影响读者上机，图书馆决定自即日起免费开放电子阅览厅绿色区间（校园网可能发生链接不稳定现象）和蓝色区间，同时停止网络自助打印服务。何时恢复正常收费，将视调试进度另行通知。

3月24日（周二）

（1）24~28日，涂育红代表图书馆赴宁波出席由北京超星图书馆主办的"建设区域数字图书馆，服务地方经济社会"研讨会。

（2）图书馆收到由校长办公室转来的编号为（09）039的"对外经济贸易大学法律服务登记表"和经学校法务办、校长陈准民批示的文件传阅单并附北京市朝阳区人民法院民事传票2008年度民字第12840号，内容为人民出版社诉我校购买的书生电子书《服务的品质》《无可大师》《最后撤出的人——一个9.11幸存者的自述》和《何其芳诗文撷英》等5册图书涉嫌侵权，要求赔偿243520元及本案的诉讼费。

（3）副馆长齐晓航致电书生公司大区经理韩萍和书生公司法律顾问孟梅，通报并讨论如何应对人民出版社诉我校书生电子书

涉嫌侵权案问题。

（4）副馆长齐晓航在703室会见北京匡九羽科技有限公司总经理周和平，接收了该公司有关数字图书馆的介绍材料。

3月25日（周三）

馆长邱小红前往首都经贸大学西区图书馆，与中央财经大学图书馆、北京工商大学图书馆、首都经贸大学图书馆负责人座谈，交流各馆的业务情况：2009年四馆中首经贸文献购置费以2900万元列第一，工商大学以1000万元列第二，图书馆以700万元列第三；行政经费本图书馆列第三；人员数本图书馆列第三；有效开放时间和空间本图书馆列第一；福利待遇本图书馆列第一。

3月26日（周四）

（1）图书馆党政联席扩大会议在705室召开。邱小红、张建华、吕云生、齐晓航、卢玲玲、李顺、刘福军、刘秀深、马兰、汪雪莲、王鸣心、颜长森、周红、刘宝玫、赵万霞。会议讨论了图书馆落实深入学习实践科学发展观活动方案，与会人员各自发表了意见、建议；通报近期主要工作。

（2）馆长邱小红主持了在图书馆一层多功能厅举办的深入学习实践科学发展观专题讲座，全体图书馆工作人员、校书友会和学生会权益部的部分热心读者聆听了中国矿业联合会主席团主席、党委书记、副会长王燕国所做的"矿业、经济安全、发展战略"专题报告，副校长胡福印，教辅党总支书记张建华到会。

（3）副馆长齐晓航、图书馆后备干部王鸣心出席在诚信楼三层国际会议厅举行的"深入学习实践科学发展观活动专题报告会"，聆听了我校国际经济贸易系教授桑百川所做的"科学发展观与我国经济运行趋势"的报告。

3月27日（周五）

教辅党总支在图书馆一层多功能厅举办深入学习实践科学发展观专题讲座，副校长胡福印为大家做了学习实践科学发展观与学校建设和学校筹建海外孔子学院的报告，图书馆和网教中心的全体党员、主管以上干部、工会主席、教代会代表出席了报告会。

3月30日（周一）

馆长办公会（邱、吕、齐）在716召开，讨论了：周二接待首经贸和工商大学图书馆考察团和上海财经大学考察团事宜，为涂育红丈夫手术捐款事宜，运动会制装事宜，5月份CALIS参会安排等。

3月31日（周二）

（1）受馆长邱小红委托，副馆长齐晓航与我校部分相关部门负责人一起在行政楼226会议室，接待了以党委常委、副校长叶兴国，研究生部主任夏正荣、金融学院副院长戴天柱、法学院院长陈晶莹（女）、工商管理学院院长魏农建、法学院副院长倪受彬、图书馆副研究馆员谢蓉（女）为成员的上海对外贸易学院考察团。

（2）馆长邱小红、副馆长吕云生在716室接待首都经贸大学图书馆馆长汪平、副馆长张桂岩及各部门主任和中央财经大学图书馆负责人联合考察团。考察团在705室与图书馆各部门主任进行了对口交流。副校长胡福印会见了考察团成员。

（3）馆长邱小红出席在行政楼226会议室召开的深入学习实践科学发展观领导小组第二次会议。全体校领导、全体中层党政一把手、学习实践活动领导小组各组负责人出席了会议。

4 月

4月1日（周三）

（1）馆长邱小红应邀赴首都经贸大学图书馆参加该馆文献采购评标会。

（2）范利群代表图书馆出席由北京雷速科技有限公司在首都师范大学图书馆（新馆）一楼会议室主办的"学科导航暨共享空间建设报告会"。

4月2日（周四）

（1）馆长邱小红，副馆长吕云生、齐晓航，教辅党总支组织委员刘宝玫、秘书卢玲玲出席在705会议室召开的总支扩大会议。教辅党总支书记张建华、副书记王海涛主持了"对科学发展观是如何理解认识和如何结合工作实际落实科学发展观，推进部门工作，为学校事业发展提供保障"两问题的讨论。副校长胡福印到会并讲话。网教中心孙强、梅涛和杜建新出席了会议。

（2）学校人事处在学校OA上发布《关于学校2008年度专业技术职务评审结果公示的通知》，汪雪莲被评为副研究馆员，卢玲玲被评为馆员。

4月3日（周五）

基建处在一层大厅北侧电梯外的墙上安装"信息栏"，供读者留言。

4 月 4 日（周六）

清明节，闭馆。

4 月 5 日（周日）

因强弱电竖井施工，闭馆。

4 月 6 日（周一）

补上周六的班，执行双休日开放时间，9：00~17：00。

4 月 7 日（周二）

（1）馆长办公会（邱、吕、齐）在 716 召开，讨论了延长周末开放时间的方案；确定武汉视频会议的参会人员。

（2）《对外经济贸易大学图书馆使用手册》（2009 年 2 月版）1200 册印完。

（3）校人才交流中心李文良到馆在流通阅览部试工。

（4）湖北三新公司派临时人员接替离职的刘菊霞岗位。

（5）八层电子阅览厅国际网（黄色区域）现已开通。目前正处于试运行阶段，向读者免费开放。

4 月 8 日（周三）

教图公司增派驻图书馆的郑红秋到馆，但因其无法承担周末晚班任务，使周末延长晚间开放时间的计划延期。

4 月 9 日（周四）

（1）馆长邱小红出席由党委宣传部在行政楼 222 会议室召集的"党委中心组学习实践科学发展观心得体会交流会"。校党委中心组成员、校党委委员、校纪委委员、教育部第四指导检查组成员出席会议。

（2）图书馆在学校 OA、学校 BBS、图书馆 OA、图书馆咨询平台、一层大屏幕等处《关于催还 2009 年寒假前后借出图书

的通知》：提醒读者 4 月 13 日前归还图书。

4 月 10 日（周五）

（1）10~13 日，副馆长齐晓航出席由北京高校图工委和武汉高校图工委以及武汉缘来文化传播有限责任公司在武汉主办的"京鄂高校图书馆馆长交流及图书馆多媒体共享空间与视频资料建设、中外视频资源建设研讨会"。

（2）馆长邱小红在 716 室会见北京师范大学图书馆副馆长王琪一行，向客人介绍了新馆的建设和运行情况。

（3）图书馆启用新主页。

4 月 13 日（周一）

湖北三新公司派驻图书馆的董晶到岗，接替刘菊霞在五层的工作。

4 月 14 日（周二）

（1）馆长邱小红出席在北京大学图书馆召开的全国外语类院校图书馆馆长论坛筹备会。

（2）流通阅览部主任刘秀深、副主任李顺报称：自助借还机因设置问题，而忽略逾期图书的记录。

4 月 15 日（周三）

（1）馆长邱小红与副馆长齐晓航讨论周末晚班开放时间问题：因 4 月 25~26 日教辅总支组织爱国主义教育活动，而延后至 5 月 9 日起实施。

（2）馆长邱小红、副馆长吕云生、工会主席马兰一同前往人民医院探望重病中涂育红的丈夫，并分别代表图书馆党、政、工向涂育红表示慰问。马兰向涂育红转交了图书馆工作人员的捐款 13660 元。

（3）技术部主任王鸣心与 3M 公司技术人员联系，为图书馆自助借还机重新调试好读者逾期的记录。

4 月 16 日（周四）

（1）图书馆电子阅览部主任刘福军在一层多功能厅，举办题为"摄影作品欣赏与创作"的辅导讲座。

（2）受馆长邱小红委托，副馆长齐晓航出席在 705 室举办的读者座谈会，与学生会权益部的同学座谈。齐晓航向同学们介绍了新馆的概况，特别是搬入新馆后图书馆为方便读者所做的诸多努力，并回答了同学们的问题。

（3）馆长邱小红在 716 室会见中国教育图书进出口总公司副总经理王建新一行，邱馆长陪同客人参观了图书馆，并向客人介绍了新馆的建设和运行情况。

（4）流通阅览部主任刘秀深接待信息学院学生有关"图书馆信息管理系统调研"项目组的成员，向学生介绍图书馆金盘管理系统中的流通模块。该项目组同学还将访问图书馆信息咨询部和技术部。

4 月 17 日（周五）

（1）学校聘请"北医专家体检部"为教职工在校医院进行年度体检。

（2）副馆长齐晓航在馆办公室 102 房间会见到访的书生公司法律顾问孟梅，签订补充协议。

（3）流通阅览部主任刘秀深报：自助借还机有欠款仍可借书，仍需调整。

4 月 18 日（周六）

上午在图书馆新主页的"公告栏"内发现读者上传的求爱

帖，信息咨询部主任汪雪莲与技术部主任王鸣心商议后将该帖删除。

4月19日（周日）

根据学校招生工作的安排，图书馆首次参与"校园开放日"活动，接待考生和家长，参观图书馆。

4月20日（周一）

馆长办公会（邱、吕、齐）在716室召开，讨论了周末活动前周五晚间正常开放；修改图书馆科研奖励办法的提议；使用学校专项经费增补五层书架、阅览桌椅等的方案。

4月21日（周二）

（1）馆长办公会（邱、吕、齐）在716室召开，讨论了因加班费紧张而严格控制加班费和调低馆长、部主任津贴以及调整部分岗位人员安排的问题。

（2）副馆长齐晓航陪同中央财经大学图书馆徐副馆长及各部主任一行考察图书馆，馆长邱小红与客人在716室进行了座谈，副馆长齐晓航作陪。

（3）流通阅览部副主任李顺报称：自助借还机程序有误，有过期书情况下还能借书。

（4）校工会发春游费，每人200元（现金）。

4月22日（周三）

（1）范利群代表图书馆出席由北京书生数字图书馆软件技术有限公司在北京大学图书馆报告厅主办的"数字图书馆资源整合与共享研讨会"。

（2）涂育红以《非常感谢各位领导、各位同事在我困难之际伸出援助之手》为题，通过OA发邮件向大家表示感谢。

4 月 23 日（周四）

（1）10:00，党政联席会议在 705 室召开。邱小红、张建华、吕云生、齐晓航、李顺、刘福军、刘秀深、马兰、汪雪莲、王鸣心、颜长森、周红出席会议。会议讨论通过了馆长办公会提出的：关于调低主管以上人员的馆内津贴标准、严格控制加班费和调整部分区间开放时间和人员设置的方案，以节省人员经费的支出；接受有关剔旧报刊的审计意见；开展馆际互借、原文传递业务的费用在 30 万元／年以内，由学校科研经费支出；电子阅览室拟收费。

（2）馆长邱小红，副馆长吕云生、齐晓航出席在诚信楼三层国际会议厅举行的"深入学习实践活动

（3）第一阶段总结暨第二阶段工作动员大会"。

（4）图书馆与人天书店有限公司在宁远楼大厅和图书馆大厅举办"阅读分享成长"大型图书现场展销活动，纪念世界图书与版权日。

4 月 25 日（周六）

（1）25~26 日，教辅党总支组织图书馆员工前往盘山烈士陵园开展爱国主义教育活动。图书馆员工游览了盘山和清东陵景区。

（2）八层电子阅览部因参加上述活动而临时停止周末开放。

（3）总出借台值班员窦静波报：金盘读卡器发生故障，无法进入正常状态。技术部主任王鸣心到场处理问题。

4 月 27 日（周一）

（1）馆长办公会（邱、吕、齐）在 716 室召开，讨论了流通阅览部和电子阅览部呈报的有关加班费及人员调整方案；申报全

民阅读活动组织奖等。

（2）高级研修学院院长廖建到馆拜访馆长邱小红，在716室与邱馆长讨论多功能厅通风降温和音响设备的问题。

4月28日（周二）

（1）10:00，地下一层西门附近角落的杂物起火，很快被控制住。疑因烟头引燃。馆长邱小红立即赶赴现场视察，并在716室召集临时馆长办公会，又紧急约见物业经理孙京山，向物业提出两条整改意见：杂物不过夜；并对本此事故的相关责任人给予适当的处分。

（2）馆长邱小红在705室会见中国青年政治学院图书馆馆长杨卫群，副馆长、党支部书记吴达娜以及自动化部、流通阅览部、采编部等各部主任等一行人共11人。

4月29日（周三）

（1）馆长邱小红应邀出席由同方知网公司在清华大学东门华业大厦（1区）六层大会议室举办的"新型法律教学科研平台——《中国法律知识资源总库》功能演示与应用研讨会"。

（2）流通阅览部主任刘秀深、副主任李顺报称：发现自助借还机在完成还书时，不对图书充磁；有读者将两册打开的图书重叠放置同时进行扫码借阅造成其中在下面的图书逃避办理借出手续的现象；已经与有关厂家联系调试并增派人员现场检查、监督。

4月30日（周四）

（1）馆办在图书馆OA中发布《关于提高火灾防范意识的通告》，通报了4月28日地下室火灾的情况，并附物业公司出具的《关于图书馆地下一层因杂物堆积引发火险事故的整改措施及处理结果报告》。

（2）馆长邱小红，副馆长齐晓航在 716 室会见到访的人事处长史薇、人事处副处长高玲，商谈有关图书馆管理系列和技术系列人员的聘任问题。

（3）馆办向工作人员发放运动服和运动鞋。

5月

5月1日（周五）

国际劳动节，全馆关闭。

5月2日（周六）

2~3 日，执行周末开放时间：9:00~17:00。

5月4日（周一）

（1）馆长办公会（邱、吕、齐）在 716 召开，讨论了：本周四 14 点在 802 室举办讲座；5 月 9 日起延长周末晚间开放时间，同时关闭八层电子阅览室周末的开放；5 月 11 日起，采编部执行新的任务指标、因岗位调整原电子阅览部张晓领调任流通阅览部。

（2）八层电子阅览室经过系统调试，今起正式收费运行。

（3）采编部今起实行新工作量标准，中文编目每天 38 种并贴书标 80 册；中文登录每天 180 册；中文典藏在原有的典藏工作之上新增每天贴书标 45 册，另出纸版"新书报道"3 份。

5 月 5 日（周二）

（1）学校财务处在学校 OA 上发布《关于下达 2009 年公用经费"切块"预算的通知》称：图书馆 2009 年的图书购置费 700 万元、不分项公务费 20 万元、自动化维护费 4 万元、海关资料专项费 5 万元、津贴及加班费 50 万元。

（2）8：00，图书馆主页无法正常登录，经技术人员调试，中午恢复正常。

5 月 6 日（周三）

（1）馆长邱小红，副馆长吕云生、齐晓航，总支组织委员刘宝玫出席在 705 会议室召开的总支扩大会议。教辅党总支书记张建华，副书记王海涛，主持了"教辅党总支学习实践科学发展观活动——领导班子专题民主生活会暨领导小组扩大会议"。

（2）10：25 起，图书馆突然遭遇 3 次停电，经查系学校高压室施工所致。

5 月 7 日（周四）

（1）馆长办公会（邱、吕、齐）在 716 室召开，讨论了 2009 年文献购置费划分方案，拟为中文图书 200 万元、外文图书 100 万元、中外文报刊 110 万元、电子资源 290 万元；按照原计划签订万方数据公司的合同和转存数据；拟向学校申请更大比例电子阅览室收入比例的返还；拟申报地下书库图书的录入项目。

（2）13：30~15：00，图书馆在 802 室举办深入学习实践科学发展观专题讲座，邀请中国宏观经济学会李欣慰研究员做了题为《大浪淘沙之"经济危机背景下国际贸易的危与机"》的讲座，全馆同志参加。馆党支部书记、副馆长吕云生，副馆长齐晓航在 704 室会见了李欣慰研究员。

（3）馆长邱小红以学校纪委委员的身份出席在行政楼222会议室召开学校领导班子专题民主生活会。

（4）物业公司试运行空调系统。

5月8日（周五）

技术部为金盘系统提供了"休眠读者账户统计"功能。

5月9日（周六）

（1）调整开放时间，自今起，延长每周六、日开放时间（一至六层），由现行的9:00~17:00，延长为9:00~22:00；八层电子阅览室每周六、日关闭。至此，图书馆的开放时间为每周一至五为8:00~22:00；每周六、日为9:00~22:00。

（2）副馆长齐晓航陪同浙江大学传媒学院英语教授钱毓芳博士和湖南湘雅医学院博士生导师任基浩参观图书馆，并在703室与客人座谈。

5月11日（周一）

（1）11~16日，副馆长齐晓航、信息咨询部主任汪雪莲赴浙江大学紫金港校区国际会议中心参加"CALIS数字资源推广和服务普及研讨会暨CALIS第七届国外引进数据库培训周"活动。

（2）图书馆在学校主页、学校OA、学校BBS、图书馆OA等处发出《关于BALIS平台（馆际互借、原文传递）正式开通使用的通知》。

（3）因电子阅览部业务调整，张晓领由原电子阅览部调任流通阅览部。

（4）图书馆启动地下书库各类旧书的录入工作，由书商派驻人员窦静波录入、人才交流中心李文良负责整架。

5 月 12 日（周二）

（1）学校人事处在学校 OA 上发布《对外经济贸易大学 2008 年度专业技术职务聘任的通知》（外经贸学人字［2009］102 号）称，自今年 1 月起聘任汪雪莲为副研究馆员，聘任卢玲玲为馆员。

（2）学校人事处在学校 OA 上发布《关于 2008 年新进教师专业技术职务聘任的通知》（外经贸学人字［2009］103 号），聘任彭絮、涂育红为助理馆员。

（3）文献采购工作会在 705 室召开。馆长邱小红、副馆长吕云生、采编部主任兼中文图书采购员周红、外文图书采购员丁江红、报刊采购员陈长仲、技术部主任王鸣心、信息部咨询员范利群、办公室副主任马兰出席会议。会议讨论通过了 5 月 7 日馆长办公会提议的文献采购额度。

（4）后勤处校医院下发职工体检表。

5 月 14 日（周四）

（1）14~15 日，馆长邱小红参加在北京外国语大学举办的全国外语类院校图书馆馆长会议。

（2）在学校第 40 届田径运动会上，戴陈获得女子丙组 60 米跑第 2 名、女子乙组跳远第 3 名；马兰、胡京燕、蔡淑清获女子丙组三人手足情第 3 名；胡京燕获女子丙组足球射门第 3 名；于秀春获女子甲组铅球第 4 名；徐向伟获男子丁组篮球投准第 6 名；彭絮获得女子甲组 100 米跑第 6 名、女子甲组跳远第 6 名；马兰获女子丙组足球射门第 6 名；闫燕伶获女子丙组垒球第 7 名；刘福军获男子丁组足球射门第 8 名；闫燕伶获女子丙组垒球投准第 8 名。

5 月 15 日（周五）

15~22 日，馆长邱小红赴南京参加全国财经类院校图书馆馆长会，并主持会议。图书馆当选全国财经类院校图书馆联合体副主任单位。

5 月 16 日（周六）

全馆职工参加学校第 40 届田径运动会开闭幕式。

5 月 19 日（周二）

（1）副馆长齐晓航收到北京超星公司鲍艳杰发来的短信称：（去年曾起诉图书馆和方正阿帕比公司的）李昌奎起诉图书馆和北京超星公司电子书侵权。

（2）流通阅览部张金龙投诉物业公司不按规定送电，并批评物业公司没有按规定保证办公室的供电。

5 月 20 日（周三）

（1）图书馆收到由校长办公室转来的编号为（09）099 的"对外经济贸易大学法律服务登记表"和经学校法务办、校长陈准民批示的文件传阅单，并附北京市朝阳区人民法院民事传票 2009 年度民字第 19395 号，内容为李昌奎诉我校购买的超星电子书《世界贸易组织反倾销案争端案例》涉嫌侵权，要求赔偿 16000 元及本案的诉讼费。

（2）副馆长齐晓航会见北京超星公司区域经理王宏和北京区销售经理冯树东一行，就李昌奎诉图书馆一案和"读秀"的说明。

5 月 21 日（周四）

（1）21~27 日，图书馆与中国教育图书进出口公司合作，在图书馆 101 室举办"2009 国际学术图书巡回展"。本次书展展品

2000 余种，涉及经济、金融、管理、营销、法律、会计、语言、文学等学科以及综合类工具书。展品经有关学科专家、国外出版社和图书专业人士共同推荐，从 20 多家国外著名出版集团最新出版物中精选出来。

（2）校党委副书记陈建香、资产管理处处长梁尔华、就业指导中心主任周波等一行考察图书馆报告厅及附属用房，并指示副馆长齐晓航与物业公司协商，临时借用现物业办公用房 2 个月以支持就业指导中心办公。

（3）办公室副主任马兰与物业公司主管李德勇协商，将物业公司办公室临时调整到 706 房间办公。

5 月 22 日（周五）

（1）22~23 日，范利群代表图书馆出席由爱迪科森公司在北京房山碧溪温泉饭店举办的爱迪科森《网上报告厅》视频资源建设会议。

（2）副馆长齐晓航在 703 室会见物业公司经理孙京山，听取了物业公司对 19 日负责供电管理人员的处理意见，该公司已解除了与该电工的合同。

（3）副馆长齐晓航陪同北京城市学院图书馆馆长助理贺静率领的参观团，考察了新馆，齐晓航向客人介绍了新馆的建设和运行情况。

5 月 25 日（周一）

馆长办公会（邱、吕、齐）在 716 召开，讨论了南京会议和杭州会议的精神；讨论了李昌奎诉我校和北京超星公司案的处理方案；讨论了有关购买"读秀"和"kuke 数字音乐图书馆"的提议等。

5 月 26 日（周二）

（1）副馆长齐晓航，后备干部周红、王鸣心、办公室副主任马兰出席在诚信楼三层国际会议厅举办学习实践活动专题讲座《智能校园建设与学校学科发展》。

（2）馆办秘书彭絮陪同北方工业大学图书馆馆长吴润衡及各职能部门负责人来图书馆参观考察图书馆。

（3）21:20 许，2008 继教高职学生亓某在图书馆四层阅览厅内，当众公然吸烟，后被图书馆工作人员制止。

5 月 27 日（周三）

（1）图书馆以《关于亓鹏同学在图书馆内吸烟问题的处理意见》为题，致函继续教育学院和学生处。

（2）图书馆收到人事处关于刘宝玫、谭立田退休的通知。

5 月 28 日（周四）

端午节，图书馆根据学校的有关通知和图书馆的规定，全馆闭馆。

5 月 29 日（周五）

29~30 日，执行周末开放时间，9:00~22:00 开放。

5 月 31 日（周日）

馆长办公会（邱、吕、齐）在 714 室召开，讨论了关于刘宝玫、谭立田退休的问题、涂育红工作安排的问题。

6月

6月1日（周一）

馆长邱小红、副馆长齐晓航、信息咨询部主任汪雪莲在716室会见北京超星公司区域经理王宏、北京区销售经理李晓德、产品部经理王茜一行，商谈有关采购"读秀"数据库的事宜。

6月2日（周二）

学校就业指导中心临时搬入图书馆大报告厅一侧二层办公，物业公司增派保安员、保洁员和管理人员，封闭水幕通往报告厅一侧的通道。

6月4日（周四）

（1）办公室副主任马兰陪同首都医科大学图书馆副馆长马路一行6人参观考察图书馆，特别考察了地下密集书库和八层电子阅览室。

（2）在学校工会组织的教职工乒乓球比赛中，图书馆员工戴陈进入女子组八强。

6月5日（周五）

（1）流通阅览部主任刘秀深、办公室副主任马兰出席由北京地区高校图书馆文献资源保障体系（BALIS）培训中心在中国农业大学（西区）图书馆举办的"高校图书馆工作社会化"高层论坛。

（2）馆长邱小红，副馆长吕云生、齐晓航出席在诚信楼三层国际会议厅召开的学校行政领导班子宣布会。教育部副部长陈希宣读了有关文件：经研究决定，任命施建军为对外经济贸易大学校长，徐子健、刘亚、胡福印、林桂军、张新民为对外经济贸易大学副校长；免去陈准民的对外经济贸易大学校长职务（另有任用），免去王正富的对外经济贸易大学副校长职务。

6月8日（周一）

馆长办公会（邱、吕、齐）在716室召开，讨论了普通工作人员考核问题、推举学校优秀教育工作者问题。

6月10日（周三）

（1）副馆长齐晓航、信息咨询部主任汪雪莲、咨询员华犁，流通阅览部主任刘秀深、副主任颜长森在705室会见北京超星公司区域经理王宏一行3人，就经济类院校图书馆区域平台和外文期刊篇目数据录入问题进行了研讨。

（2）戴陈在2009年对外经贸大学第5届教工乒乓球锦标赛中，获得女子单打并列第5名。

6月11日（周四）

（1）馆长邱小红主持馆务会，副馆长吕云生、齐晓航以及各部门主任出席会议，会议讨论通过了普通工作人员分组考核的方案。

（2）馆长邱小红，副馆长吕云生、齐晓航分别出席馆办公室、技术部组、电子阅览部、采编部组和流通阅览部、信息咨询部组的考核工作会议。

（3）教辅党总支书记张建华、副书记王海涛召集教辅总支党政联席会议成员在705室与副校长胡福印、刘亚座谈。馆长邱小红，副馆长吕云生、齐晓航，网教中心主任孙强、副主任梅涛以

及杜建新出席了会议。

6 月 12 日（周五）

馆长邱小红，副馆长吕云生、齐晓航出席在诚信楼三层国际会议厅召开的全校中层干部会议，校长施建军代表学校行政班子，宣布校领导的分工。教辅部门由刘亚副校长领导。

6 月 15 日（周一）

（1）馆长办公会（邱、吕、齐）在 716 室召开，确定 BALIS 在农学院的会议由华犁出席，CALIS 在新疆的会议暂定由吕云生或齐晓航出席；员工因非图书馆工作原因离馆的请假，扣除馆内津贴 20 元／天；因 6 月 20 日学校进行英文四、六级考试，图书馆提前至 8 点开放；汇总各部推荐的优秀等级人员名单：彭絮、夏宇红、周红、刘福军、丁江红、丁胜民、李顾、刘秀深、卢玲玲、颜长森、陈建新、汪雪莲、陈洪莉、于秀春，拟提交 18 日的馆务扩大会议讨论。

（2）15~18 日，图书馆与中国图书进出口（集团）总公司在 101 室联合举办外文原版图书展。

（3）物业公司李德勇发现保险学院学生周某在六层楼道吸烟。

6 月 16 日（周二）

（1）馆长邱小红，副馆长吕云生、齐晓航出席教辅总支主办的午餐会，与前任和现任主管教辅的副校长胡福印、刘亚座谈下一阶段的工作计划。

（2）图书馆查获英语学院学生王某携其外校女友在图书馆七层男卫生间有不雅行为，对其进行了批评教育。

6 月 17 日（周三）

彭絮代表图书馆出席在北京大学图书馆报告厅举办的"美国数字图书馆管理和研究的新进展学术报告会"，听取了美国 Illinois 大学图书情报学院院长 John M. Unsowrth 教授的报告。

6 月 18 日（周四）

（1）9:00，流通阅览部主任刘秀深代表图书馆出席在诚信楼 13-14 室召开的 2009 届毕业生离校工作协调会。

（2）10:00，在 705 室召开馆务扩大会议。教辅党总支书记张建华，馆长邱小红，副馆长吕云生、齐晓航，部门主任李顺、刘福军、刘秀深、汪雪莲、王鸣心、颜长森、周红和教代会主席团成员丁江红、赵万霞等评选、推荐了各组推荐的考核优秀等级人员。经过两轮投票，确定了图书馆普通工作人员的考核等级，并确定了向学校人事处推荐的优秀考核等级人员名单：陈建新、丁胜民、丁江红、彭絮、于秀春、周红、李顺、陈洪莉、夏宇红、王鸣心。会议还讨论了主页修改方案、下周二剪彩以及加强复印管理的有关事宜。教辅党总支书记张建华传达了校领导的分工和近期学校主要工作的情况。

（3）13:30，馆长邱小红，副馆长吕云生、齐晓航，部门主任李顺、刘福军、刘秀深、汪雪莲、王鸣心、颜长森、周红出席在宁远楼三层报告厅举办的专题报告会。聆听了校长施建军所做的"实践科学发展观，创建高水平大学"报告。副校长徐子健主持会议。

（4）15:30，副馆长齐晓航出席在行政楼 226 室召开的民主党派人士座谈会，校长施建军与民主党派的代表进行了座谈，广泛听取对学校发展的意见、建议。

6月19日（周五）

（1）馆长邱小红在716室会见来访的副校长刘亚和前副校长王正富，汇报了图书馆近期工作。

（2）馆长邱小红、副馆长齐晓航再次陪同校办主任余兴发一行考察图书馆贵宾室，商讨图书馆剪彩仪式的细节安排。

6月20日（周六）

因学校举办四、六级英语考试，封闭教学楼，图书馆提前至8点开放。

6月22日（周一）

馆长办公会（邱、吕、齐）在716室召开，讨论了周二出席刘鸣炜欢迎仪式的人员、周四下午处级班子的考核事宜、廉政建设岗位人员的设置、外语类院校图书馆采购工作会议的参会人选等。

6月23日（周二）

（1）副馆长齐晓航陪同资产管理处副处长刘志宏率领的设备、家具登记检查组一行5人，考察了七层海关库和八层电子阅览室。

（2）馆长邱小红，副馆长吕云生、齐晓航，新馆建设联络人白晓煌，馆办公室秘书彭絮出席了在图书馆贵宾室举办的"对外经济贸易大学图书馆捐赠答谢仪式"。馆长邱小红代表图书馆向华人置业集团执行董事、华人置业集团刘銮雄主席之子、对外经济贸易大学董事刘鸣炜，星岛新闻集团执行董事贾红平，经华智业公司总经理韩风，香港星岛新闻集团董事会主席何柱国秘书李慧敏，我校校长施建军，原校长陈准民，副校长刘亚、胡福印，原副校长王正富，校办主任余兴发，基建处处长任明鹤等领导和其他来宾汇报了新馆的运行情况。

6 月 24 日（周三）

（1）信息咨询部咨询员华犁代表图书馆出席在北京农学院图书馆报告厅举行 BALIS 原文传递服务 2009 年宣传月活动总结大会。

（2）馆长邱小红，副馆长齐晓航，信息咨询部主任汪雪莲，技术部主任王鸣心，信息咨询部咨询员涂育红、范利群，馆办秘书彭絮在 802 室（检索课教室）讨论有关图书馆主页的修改方案。

（3）副馆长齐晓航在 703 室会见到访的北京新华在线信息技术有限公司财经方案事业部高级客户经理魏尚，通报了有关图书馆调整数据库构成的设想。

6 月 25 日（周四）

馆长邱小红出席在诚信楼三层国际会议厅召开的"学习实践活动群众评议暨分析检查阶段总结整改落实阶段动员大会"。

6 月 26 日（周五）

副馆长齐晓航出席由天津高等教育文献信息中心和北京超星公司在南开大学省身楼举办的"利用视频数据库服务于教学研讨会暨 TALIS'超星名师讲坛'开通试用仪式"。

6 月 29 日（周一）

（1）馆长办公会（邱、吕、齐）在 716 室召开，讨论了班子述职会的程序、全国外语类院校图书馆文献采购沈阳会议的出席人选、暑假开放的安排。

（2）因校外工地施工刨断电缆，导致图书馆中水无电供应，截至 17 点馆内卫生间无法冲厕。

6 月 30 日（周二）

（1）10：00，在检索课教室举行图书馆全体工作人员大会，听取馆长邱小红，副馆长吕云生、齐晓航的述职报告。馆长邱小红在述职报告后代表行政班子做述职报告。教辅党总支书记张建华主持了会议。

（2）副馆长齐晓航、办公室副主任马兰接待教育部审计专家对第二次申报的大项修购资金所采购的设备项目执行情况进行审计。

7 月

7 月 1 日（周三）

（1）馆长办公会（邱、吕、齐，特邀卢玲玲出席）在 716 室召开，讨论了学习科学发展观整改报告。

（2）馆党支部书记、副馆长吕云生，组织委员卢玲玲出席在诚信楼三层国际会议厅举办的对外经贸大学庆祝建党 88 周年暨表彰先进大会。图书馆党支部被评为 2007~2009 年先进党支部。

7 月 2 日（周四）

13：50，邱小红、吕云生、齐晓航、尚喜超、刘福军、崔玉良、颜长森、李益民、徐向伟、卢玲玲、涂育红、范利群、周红出席了在电教中心楼 307 室召开的教辅党总支民主评议大会。

7 月 3 日（周五）

9：00，在 705 室召开教辅党总支民主生活会。教辅党总支书记张建华，副书记王海涛，馆长邱小红，副馆长吕云生、齐晓航，网教中心主任孙强、副主任梅涛参加了会议，并对各自一年来的工作进行总结。

7月6日（周一）

（1）馆长邱小红出席校领导班子学习实践科学发展观整改报告的各单位行政一把手的分组讨论。

（2）副馆长齐晓航出席在行政楼 161 室召开的校领导班子学习实践科学发展观整改报告民主党派组分组讨论。

7月7日（周二）

馆长办公会（邱、吕、齐）在 716 室召开，讨论了下学期工作：文献资源建设，特别是电子资源建设应稳步推进；在坚持日常各项读者服务的基础上，明确岗位职责；对各楼层的文献进行年度清点；加强对图书馆，特别是对本馆文献的宣传力度，逐步使图书馆成为学校文化中心。

7月8日（周三）

8~11 日，副馆长吕云生出席在沈阳市召开的全国外语类院校第一次图书馆文献采购工作会议。

7月9日（周四）

（1）10:00，图书馆行政领导班子学习实践科学发展观民主测评会在 109 室（多功能厅）召开，教辅党总支书记张建华、副书记王海涛、纪检监察处长黄捷、校工会副主席胡东旭、馆长邱小红、副馆长齐晓航（吕云生出差）和 43 位图书馆工作人员出席了会议。经现场填写测评投票、计票，教辅党总支副书记王海涛宣布了测评结果：应到 46 人，实到 43 人，收回测评票 43 份。其中，满意 26 票、比较满意 6 票、基本满意 6 票、不满意 2 票、弃权 3 票。将弃权票计算在总数内的满意率为 88.4%，不计算在内的满意率为 95%。会后，纪检监察处处长黄捷、校工会副主席胡东旭在图书馆人员名单中随机抽取了马兰、廖琼、王晶、汪雪莲、范利群、刘福军、王鸣心、戴陈、张金龙和颜长森等 10 人进行谈话，了解对图书馆行政班子工作的意见。

（2）6 月 29 日，校工会福利委员会召开工作会议，研究困难职工补助事宜。会议按照学校相关政策的规定，就本学期递交困难补助申请的职工情况和职工遗属的补助情况进行了研究，其中图书馆员工詹若清和杨娅丽分别获得 700 元和 1000 元的补贴。

（3）副馆长齐晓航陪同由南京大学党委副书记任利剑率领的南京大学发展委员会一行 8 人参观考察图书馆，校长施建军、校办主任余兴发等陪同考察。

7 月 11 日（周六）

11~15 日，馆长邱小红出席中国图书进出口公司在武汉召开的文献建设研讨会。

7 月 13 日（周一）

基建处处长任鸣鹤电话通知图书馆，为迎接新馆评选鲁班奖，江苏建工将于 7 月 18~22 日对图书馆进行全面检修，届时图书馆将临时闭馆。

7 月 16 日（周四）

（1）副馆长齐晓航出席在资产管理处处长办公室召开的图书馆物业管理座谈会，资产管理处副处长牛秀清主持会议。北京首华物业公司经理刘步庄、项目经理孙京山、物业公司主管李德勇、后勤管理处副处长苏隆中、保卫处副处长袁祥、基建处工程师叶林、网教中心高级工程师黄昕辉等就北京首华物业公司进驻图书馆一年来的工作情况进行了座谈。

（2）校工会发夏游费，每人 200 元（现金）。

7 月 17 日（周五）

（1）副馆长吕云生出席在行政楼 222 室召开的党政一把手期末工作会议。

（2）副馆长吕云生、齐晓航巡视全馆，祝大家暑假愉快并作安全提示。

7 月 18 日（周六）

18~22 日，因江苏建工对图书馆进行全面检修，图书馆将临时闭馆。

7 月 23 日（周四）

开始执行暑假开馆时间：9:00~17:00。

7 月 27 日（周一）

副馆长齐晓航出席在资产管理处会议室召开的图书馆物业合同续签谈判。资产管理处新任处长黄捷、离任处长梁尔华、副处长牛秀清共同主持会议。北京首华物业公司经理刘步庄、项目经理孙京山、物业公司主管李德勇、保卫处副处长袁祥、基建处王红伟工程师、资产管理处办公室主任吴志刚等就北京首华物业公司提出的增加物业费的各项要求进行了逐项谈判。

8 月

8 月 6 日（周四）

图书馆获悉：原图书馆内退职工冀路因心脏病突发在家中去世。

8月8日（周六）

馆长邱小红、副馆长齐晓航、流通阅览部戴陈出席冀路遗体告别仪式。

8月31日（周一）

（1）正式开学，恢复正常开馆。馆长邱小红，副馆长吕云生、齐晓航巡视全馆，慰问工作人员。

（2）技术部取消了一层读者检索机的上网功能。

（3）馆长办公会（邱、吕、齐）在716室召开，讨论了本学期的工作，拟申报光盘网络化解决方案、地下书库文献整理计划、新生培训和数据库采购问题等；决定向今天到馆的员工每人发放100元补贴。

（4）小时工刘正萍辞工。

9月

9月1日（周二）

10:00许，因E卡中心数据错误导致的部分读者刷卡进入门禁系统时出现的"过期卡"误报问题，得到解决。

9月2日（周三）

馆长邱小红出席同方知网公司在清华大学同方大厦举办的新产品发布会。

9月3日（周四）

馆长邱小红，副馆长吕云生、齐晓航出席在诚信楼三层国际会议厅召开的"对外经贸大学深入学习实践科学发展观活动总结暨群众满意度测评大会",并继续参加学校新学期工作布置会。

9 月 4 日(周五)

副校长刘亚到图书馆视察,馆长邱小红向副校长刘亚汇报了工作。

9 月 7 日(周一)

(1)馆长办公会(邱、吕、齐,特邀马兰)在 716 室召开,讨论了申报新馆建设经费项目追加采购物品的项目,包括 5 层书架,单双面各 10 个,数据采集器 10 个,地下书库用书标、膜、磁条、条码各 40 万个;讨论了新生辅导和歌咏比赛等问题。

(2)流通阅览部主任刘秀深、信息咨询部卢玲玲分别向馆领导汇报有关学校 BBS 上的问题,如下:

发信人:lovefree(自由的快乐),信区:UIBE_lib

标　题:请问这是不是图书馆的图书管理漏洞呢?

发信站:小天鹅 BBS 站(Tue Sep 1 17:17:48 2009),站内

比如说借了本书回去,然后把最后一页带扫描码的那张纸撕下来,去扫描。扫描完再把这张纸悄悄扔垃圾桶里。这样的话,就可以显示该书已经还了。而且图书馆最后应该也很容易认为这本书被放乱了,不知放哪去了……如果这样可以的话,算不算漏洞呢?每年该有很多书被弄"丢"了吧!

这是一点想法,不知道想的对不对,希望引起重视。

(3)20:00 许,八层电子阅览室因网络故障无法提供服务。

(4)图书馆收到书生公司快递来的《北京市朝阳区人民法院民事判决书(2009)朝民初字第 12840 号》,其中第四条判决为:被告对外经济贸易大学删除其购买的书生数字图书馆系统中的作

品《无可大师》；第五条判决为：驳回原告人民出版社的其他诉讼请求。

9 月 8 日（周二）

馆办发通知：因网络故障，临时关闭八层电子阅览室。

9 月 9 日（周三）

（1）学校向每位职工发放中草药，预防甲型流感。

（2）图书馆工会组织员工在一层多功能厅为歌咏比赛排练歌曲《让我们荡起双桨》《团结就是力量》。图书馆聘请中国煤矿文工团的宁峰为辅导老师。

（3）学校人事处在学校 OA 中发出《关于发放教师节、国庆节、中秋节过节费的通知》称：教师节、国庆节、中秋节即将来临，为体现学校领导对全校教职工的慰问与关怀，学校决定发放过节费，发放标准为每人 800 元。

9 月 10 日（周四）

（1）教辅党政联席会议在图书馆 705 室召开。副校长刘亚、教辅党总支书记张建华、副书记王海涛、馆长邱小红、副馆长齐晓航、网教中心主任孙强、副主任梅涛、教辅党总支秘书卢玲玲出席了会议。张建华、王海涛分别传达了教育部、北京市和学校有关安全稳定工作会议的精神；邱小红、孙强分别介绍了暑假期间各自单位的工作和本学期的工作设想。

（2）吕云生、齐晓航、马兰、彭絮、周红、尚喜超、刘福军、崔玉良、颜长森、陈建新、李益民、徐向伟、张金龙、汪雪莲、涂育红、丁江红出席在图书馆报告厅召开的"弘扬高尚师德、履行神圣使命"全校教职工大会。

（3）八层电子阅览室网络故障于 10 点排除，馆办发出通知：

16:30 起恢复服务。

（4）18:20，首次由学生工作部组织的"图书资源利用专题培训"在图书馆报告厅举办，分会场在宁远三层报告厅和视听中心，主讲人彭絮。

9月11日（周五）

（1）西文图书采购员丁江红出席在首都师范大学举办的学科专业资源建设系列论坛及展示，涉及进口非通用语种文献和艺术类文献。

（2）党委组织部在学校 OA 上发布《对外经济贸易大学关于处级领导班子和领导干部 2008~2009 学年度考核结果的通知》，馆长邱小红考核结果为优秀，副馆长吕云生、齐晓航考核结果为称职。

9月14日（周一）

（1）馆长办公会（邱、吕、齐，特邀马兰、汪雪莲）在716室召开，讨论了院系图书资料固定资产登记问题、数据库采购工作会议安排、秋游问题。

（2）副馆长齐晓航出席在资产管理处会议室召开的关于教育部审计报告中图书固定资产管理问题的研讨会。副校长胡福印主持会议，资产管理处处长黄捷，财务处处长黄潮发，基建处处长任鸣鹤，审计处邓婧出席会议。

9月15日（周二）

（1）副馆长齐晓航会见北京福卡斯特信息技术有限公司区域经理梁琳，听取了其对 EPS 产品及图书馆试用情况的介绍。

（2）馆长、校纪检委员邱小红出席在行政楼222会议室召开的"落实《关于加强高等学校反腐倡廉建设的意见》"工作汇报会。

9 月 16 日（周三）

9：00，图书馆电子文献采购工作会在 705 室召开。馆长邱小红，副馆长吕云生、齐晓航，信息咨询部主任汪雪莲、咨询员范利群，采编部主任周红，电子阅览部主任刘福军，工会主席马兰出席会议并原则通过了信息咨询部提交的新增数据库采购方案。

9 月 17 日（周四）

10：00，教师读者座谈会在 705 室召开。馆长邱小红，副馆长齐晓航，信息咨询部主任汪雪莲、咨询员范利群，网络与教育技术中心主任孙强和副主任梅涛，与 9 个学院的教师代表进行了座谈。

9 月 24 日（周四）

为庆祝新中国成立 60 周年，校工会举办了"祖国万岁"合唱比赛。全体图书馆员工在比赛中表现突出，取得了二等奖的佳绩！

9 月 29 日（周二）

馆办发出通知，为庆祝国庆 60 周年及中秋佳节，经馆长办公会决定，每人补助 400 元，参加合唱比赛者另加补助 100 元。请 10 月工资报盘后查收。

10 月

10 月 5 日（周一）

1~4 日关闭，5~9 日开放，并首次延长黄金周期间的晚间开放时间，由原来的 9:00~17:00，延长至 22:00。

10 月 10 日（周六）

馆长办公会（邱、吕、齐）在 716 室召开，讨论周四馆务会议题。

10 月 12 日（周一）

馆长办公会（邱、吕、齐）在 716 室召开，再次讨论周四馆务会议题和向刘亚校长汇报的工作内容。

10 月 14 日（周三）

（1）校长施建军、副校长刘亚、校办主任余兴发到图书馆调研。馆长邱小红，副馆长吕云生、齐晓航，部门主任李顺、刘福军、刘秀深、马兰、汪雪莲、王鸣心、颜长森、周红等出席了 705 室的调研会。馆长邱小红向校领导简要介绍了图书馆的情况、汇报了近期的主要工作和面临的主要问题。校长施建军指示：图书馆是学校教学、科研工作重要的支持部门，不能被边缘化；图书馆要加强主动服务，建立针对教授服务的网站，建立本校作者书架（库）；加强资源共享方面的工作，加大电子文献的投入力度，加大传统载体文献向数字化载体的转化工作；加强文化环境教育，把图书馆办成学校文化中心；提高管理水平、更新管理理念，对读者服务更加人性化，对队伍建设应遵照专业人员与临时人员混搭的格局。

（2）华北地区高等学校图书馆协会委员会授予丁胜民"2007—2009 年度华北地区高等学校图书馆先进工作者荣誉称号"。

10 月 15 日（周四）

13:30~14:30，馆务会在 705 室召开。副校长刘亚，馆长邱小红，副馆长吕云生、齐晓航，部门主任李顾、刘福军、刘秀深、马兰、汪雪莲、王鸣心、颜长森、周红出席会议。各部门主任汇报近期工作之后，馆长邱小红根据校长调研会上施建军校长的指示，部署了下一步工作内容：设立本校著者特色专架并建立特色数据库，建立本校博硕导师特色库，对我校重点学科资源进行整合。副校长刘亚仔细听取了汇报内容，并针对校长调研会上的交流意见，提出以下看法：①充分肯定图书馆已经取得的成绩，图书馆已经建成现代一流图书馆的管理运作模式；图书馆职责意识高，读者的传统需要已能够满足；在现有队伍结构有限的不利因素下，仍能够超能力完成任务。②明确自身存在的不足，现有的工作与建设一流的高水平大学相适应的图书馆不匹配；现有的队伍与建设一流的高水平大学相适应的图书馆不匹配；现有的管理机制与建设一流的高水平大学相适应的图书馆不匹配。③如何改进，首先要明确奋斗目标，学校在力争建立成为国际一流的高水平大学，图书馆就应该建立成为与一流的高水平大学相匹配的图书馆；其次，要明确主要工作，包括队伍建设（文化建设、优化结构、能力建设等）、拓展服务功能（纸质资源的电子化、对教学和科研的主动性服务、用户及馆员的培训）、优化图书馆管理环节等。

10 月 16 日（周五）

馆长邱小红出席首都经贸大学图书馆在通州台湖举办的图书馆学术研讨会，并与中央财经大学和北京工商大学图书馆的负责人进行了交流。

10 月 19 日（周一）

馆长办公会（邱、吕、齐）在 716 室召开，讨论设立本校著者书架和博硕士导师推荐书目问题，图书馆装饰方案问题，并一同考察了一层大厅。

10 月 20 日（周二）

馆办秘书彭絮、电子阅览部主任刘福军接待了中国人民大学图书馆一行 6 人的参观团，并向客人介绍了图书馆电子阅览室的运行情况。

10 月 23 日（周五）

（1）副馆长齐晓航会见四川外语学院图书馆馆长何天云教授，并陪同客人参观图书馆。

（2）在校羽毛球馆举行的 2009 年教工羽毛球团体赛的预赛中，图书馆与物业人员联合组成的图书馆代表队表现出色，冲进总决赛。

10 月 24 日（周六）

24~25 日，图书馆党支部、行政和工会组织员工赴山西大同，参观考察恒山、悬空寺、云冈石窟，并在下榻的红旗大酒店举办了超星数字图书馆的专题培训会。教辅党总支副书记王海涛应邀出席了本次活动。

10 月 27 日（周二）

馆办秘书彭絮接待了中国社会科学院研究生院图书馆馆长等一行三人，采编部主任周红、流通阅览部主任刘秀深、技术部夏宇红协助解答了有关金盘系统的使用问题。

10 月 28 日（周三）

馆长邱小红、副馆长齐晓航在 716 室会见继续教育学院副院长郁若虹一行，讨论了有关为 6000 名夜大学生开通外借功能的问题。

10 月 29 日（周四）

（1）副馆长齐晓航接到校办主任余兴发的电话称，北京市朝阳区人民法院转告我校，人民出版社诉我校购买的书生电子书《服务的品质》《无可大师》《最后撤出的人——一个 9.11 幸存者的自述》和《何其芳诗文撷英》等 5 册图书侵权案，在 9 月份一审完成后，原告提出了上诉的请求。

（2）图书馆与物业人员联合组成的图书馆代表队在学校 2009 年教工羽毛球团体赛中取得第 2 名的成绩。

11 月

11 月 2 日（周一）

（1）馆长办公会（邱、吕、齐）在 716 室召开，讨论了人员调整方案和馆领导分工调整方案。

（2）图书馆楼今起供暖。

11 月 4 日（周三）

（1）上午，我校离休干部、原经贸学院副教授、84 岁高龄的顾若曾老先生向学校捐赠图书资料仪式在顾老师家中举行。离退休工作处处长朱忠田主持仪式，副馆长齐晓航向顾老师颁发了捐赠图书证书，离退休处党总支书记吴兴旺、副处级组织委员赵瑾、工作人员王玉凤以及图书馆刘福军等参加了捐赠仪式。

（2）彭絮出席由 BALIS 资源协调中心与 Springer 出版社共同在首都师范大学（北一区）图书馆报告厅举办的 springerxue 学术

年会暨展望未来的图书馆：2025 研讨会。

（3）馆长邱小红出席由布莱克维尔公司在北京大学图书馆举办的新平台产品发布会。

11 月 5 日（周四）

（1）馆长邱小红，副馆长吕云生、齐晓航，采编部主任周红出席了在诚信楼三层国际会议厅召开的"对外经贸大学 2009 年中层干部换届动员大会"。校党委书记王玲做动员报告，校长施建军讲话。

（2）北京首华物业公司为图书馆大门安装塑料门帘。

11 月 9 日（周一）

（1）馆长办公会（邱、吕、齐）在 716 室召开，讨论机构调整及馆办公室人事调整方案。

（2）因工作需要，涂育红今起调任馆办公室秘书，与彭絮进行工作交接。

（3）副馆长吕云生所著的《〈礼记〉动词的语义分类研究》一书由中国广播电视出版社出版。

11 月 10 日（周二）

（1）因北京降大雪，道路交通状况恶劣，导致部分工作人员迟到。

（2）馆长邱小红会见北京超星公司李晓德，接受了有关会议的邀请。

11 月 12 日（周四）

（1）12~17 日，馆长邱小红应邀赴广州出席广东商学院图书馆新馆的开馆典礼，并出席全国财经类院校馆长会议中心馆筹备会。

（2）12~13 日，办公室副主任马兰、秘书彭絮出席由北京第二外国语大学图书馆在郁金香温泉花园度假村举办的"图书馆统计工作研讨会"。

11 月 13 日（周五）

（1）副馆长齐晓航出席由北京超星公司在北京远望楼宾馆四楼大会议厅举办的"图书馆发展建设研讨会暨超星数字图书馆产品推荐及交流会"。

（2）副馆长吕云生和教辅党总支书记张建华在 704 室会见了来访的清华大学图书馆筹建办曹老师一行，向她们介绍了新馆的建设和使用情况。馆办公室秘书涂育红陪同曹老师一行参观了图书馆。

11 月 14 日（周六）

副馆长吕云生、齐晓航应邀出席由中国留学人才发展基金会和我校共同在图书馆大报告厅举办的"第二届国际校长论坛"。

11 月 16 日（周一）

图书馆续订的海关库书柜于凌晨运抵七层书库。

11 月 17 日（周二）

（1）17~18 日，彭絮、卢玲玲出席由广东外语外贸大学图书馆主办的"全国外语院校图书馆联盟咨询与培训小组会议暨广东高校图书馆信息服务工作培训会议"。会议就文献传递与馆际互借、参考咨询、特色数据库建设等方面问题进行交流和探讨。

（2）因设备故障，闭馆提示音乐未能按时播放。物业值班员临时通过广播系统提示读者闭馆时间将近，闭馆时间延后。

11 月 18 日（周二）

（1）馆长邱小红，副馆长吕云生、齐晓航，信息咨询部范利群在 716 室会见中经网汪纯玲，商讨有关采购事宜。

（2）馆长邱小红陪同加拿大科瑞森特学校校长罗伯茨 Geoff Roberts、校董会主席罗约德及其夫人 Ronald S. Lioyd、学校首席发展官林奇 John Lynch 参观图书馆，国际处项洁老师陪同参观。

（3）因学校配电室原因，16:20 图书馆照明、插座等突然断电，16:40 恢复。

11 月 19 日（周四）

办公室副主任马兰出席在行政楼 222 会议室召开的办公室主任会议。在由校办、校工会、人事处、财务处组织的通气会上获悉，学校落实科学发展观、为教职工办实事，自 11 月起为每位在岗教职工每月 E 卡上补贴 300 元餐费，每年补贴 3000 元（每年按 10 个月补贴），补贴按学期发放，每学期 1500 元。

11 月 20 日（周五）

馆长邱小红陪同哈尔滨商业大学图书馆馆长陶颖参观图书馆。

11 月 23 日（周一）

10:20~10:40，根据党委组织部"关于召开行政职能部门处级干部换届述职会的通知"精神，图书馆在馆的全体员工前往行政楼 222 会议室，听取了馆长邱小红、副馆长吕云生的述职报告，并对他们的任职进行了民主评测。

11 月 24 日（周二）

（1）图书馆 OA 故障，于 9:56 修复。

（2）因学校中水泵房停电，导致图书馆卫生间无法正常冲厕。

11月25日（周三）

馆长邱小红在716室会见国际处处长夏海泉，讨论了有关小语种数据库采购、馆员国外进修、培训等事宜，副馆长齐晓航出席了座谈会。

11月30日（周一）

9:20~9:30，根据党委组织部"关于召开行政职能部门处级干部换届述职会的通知"精神，图书馆在馆的全体员工再次前往行政楼222会议室，听取了副馆长齐晓航的述职报告，并对其任职进行了民主评测。

12 月

12月1日（周二）

（1）校工会在学校信息平台发布《北京市先进教职工之家建设先进集体、先进个人表彰名单公示》，图书馆工会主席马兰获"优秀分工会主席"提名。

（2）馆长邱小红、副馆长齐晓航、信息咨询部范利群在716室会见同方知网公司销售经理李晓燕，讨论2009年博硕论文及报纸库涨价问题。

（3）副馆长齐晓航陪同资产管理处处长黄捷、副处长牛秀清、商务汉语国际推广中心执行主任韩亮考察图书馆的办公用房和空置房间情况。

（4）因业务发展需要，原信息咨询部咨询员华犁拟调任中文图书编目岗，与尚喜超进行工作交接。

12 月 3 日（周四）

（1）图书馆在学校信息平台、学校 BBS、图书馆主页等处发布了《图书馆关于新购数据库（专题）资源访问的通知》，图书馆新增了读秀学术搜索、中国经济信息网数据库、BVD 数据库、OECD 数据库、SSCI 数据库、WorldBank 数据库、OCLC 数据库、SAGE 数据库、WILEY 数据库、Springer Link 数据库、Elsevier（ScienceDirect）数据库和 ACM 数据库等 12 个数据库，截至目前图书馆已有数据库 32 个。

（2）馆长邱小红参加在行政楼 222 会议室召开的校领导班子民主生活会及征求各单位党政一把手意见座谈会。

（3）馆长邱小红、信息咨询部卢玲玲在 716 室会见到访的北京超星公司经理王宏、李晓德，观看了有关读秀平台的演示。

12 月 4 日（周五）

（1）副馆长齐晓航出席在行政楼 161 会议室召开的校领导班子征求党外人士意见座谈会。

（2）2~4 日，丁江红代表图书馆赴上海外国语大学虹口校区逸夫图书馆出席全国外语院校图书馆联盟文献资源协调编目小组 2009 年工作会议。

12 月 8 日（周二）

办公室副主任马兰出席在诚信楼财务处 911 室招标办召开的"关于图书馆补充购置书架的招标会"，最后确定继续由宁波圣达精工实业有限公司提供图书馆书架。参会人员有资产处刘志宏、审计处孙淑玉、财务处韩英和圣达公司汤国兵等。

12 月 9 日（周三）

（1）副馆长齐晓航、办公室副主任马兰在 703 室会见宁波圣达精工实业有限公司北京分公司销售经理汤国兵，讨论有关新书展架的款式问题。

（2）副校长刘亚召集图书馆领导班子集体座谈，听取馆长邱小红的工作汇报，并对图书馆下届领导班子的工作提出要求和希望。这是自 10 月 29 日副校长刘亚召集高级研修学院领导与图书馆领导班子座谈后的第二次座谈会。副馆长吕云生、齐晓航，办公室副主任马兰、秘书彭絮出席了座谈会。

（3）卢玲玲代表图书馆出席由北京超星公司召集的"北京市财经类院校资源共享平台技术讨论会"。

12 月 10 日（周四）

（1）馆长邱小红、电子阅览部主任刘福军、办公室副主任马兰、采编部陈长仲、流通阅览部陈建新、戴陈前往北京松堂临终关怀医院出席图书馆退休干部李勤同志遗体告别仪式。李勤同志因病医治无效，于 2009 年 12 月 8 日不幸在北京松堂临终关怀医院逝世，享年 86 岁。

（2）丁胜民陪同江苏淮阴工学院图书馆同仁参观图书馆。

（3）涂育红出席科研处在温都水城举办的"2009 年度科研秘书培训会"。

（4）教辅党总支秘书卢玲玲出席由组织部在行政楼 222 会议室召开的"年度党内统计工作会"。

（5）馆办在图书馆主页上发布通告，请勿将未办理借阅手续的图书带出馆外，若经发现，第一次将在馆内登记备案，第二次将同时给予馆内通报批评、院系通报批评处理，并限制其 E 卡入馆权限及借阅权限 30 天。

12 月 11 日（周五）

（1）馆党支部书记、副馆长吕云生，工会主席马兰，工会委员丁江红、胡京燕以及获奖者卢玲玲、刘福军出席校工会在诚信楼三层国际会议厅召开的"践行科学发展观，全面提升教职工之家建设水平"大会。图书馆工会主席马兰在"北京市先进教职工之家建设"中被评为"优秀分工会主席"；在"先进协会／社团"评选中，卢玲玲被评为"体育健身舞蹈队"；胡京燕被评为"教工合唱团"的先进个人；刘福军被评为"工会积极分子"。

（2）11：00 许，馆长邱小红引导教育部党组副书记、副部长陈希等一行参观了图书馆中外文报刊阅览厅、五层国内版本图书第三阅览厅以及七层特色馆藏海关文献阅览厅，并简要介绍了图书馆的基本情况。陈希副部长对图书馆的硬件设施、特色资源以及读者服务给予了高度评价。教育部部长助理、部党组成员林惠青和直属高校工作司司长陈维嘉陪同调研，我校王玲、施建军、杨逢华、陈建香、徐子健、刘亚、林桂军等领导陪同考察。

（3）BALIS 馆际互借中心发出《关于表彰 2009 年馆际互借服务先进集体及个人的决定》，图书馆李顺被评为"BALIS 馆际互借服务先进个人二等奖"。

（4）BALIS 原文传递中心发出《关于表彰 BALIS2009 年原文传递服务先进集体及个人的决定》，图书馆卢玲玲荣获"BALIS 原文传递服务先进个人二等奖"。

12 月 14 日（周一）

（1）馆长办公会（邱、吕、齐）在 716 室召开，讨论下周"北京市财经类院校图书馆共建、共享、共知研讨会暨协议签字

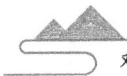

仪式"的安排。

（2）馆长邱小红、副馆长齐晓航、信息咨询部主任汪雪莲、办公室副主任马兰、秘书彭絮与到访的北京超星公司经理王宏、李晓德讨论"北京市财经类院校图书馆共建、共享、共知研讨会"的有关安排问题。

（3）尚喜超完成与华艺中文编目的工作交接，正式调入流通阅览部。

（4）14:00 许，外网中断。

（5）馆办收到人事处发出的王树成退休通知。

12 月 15 日（周二）

外网持续中断，10:00 许恢复。

12 月 16 日（周三）

馆长邱小红、副馆长吕云生出席在诚信楼三层国际会议厅召开的"对外经济贸易大学教育基金会成立暨 60 周年校庆筹备工作动员大会"。

12 月 17 日（周四）

（1）李颀、卢玲玲代表图书馆出席在北京邮电大学举办的"BALIS2009 年馆际互借和原文传递先进集体和个人表彰会"。

（2）基建处在学校 OA 上发布《我校图书信息中心工程喜获中国建设工程鲁班奖》消息，我校图书信息中心工程（新图书馆）喜获 2009 年度中国建设工程质量最高荣誉奖——鲁班奖。2009 年 11 月 25 日、26 日，第三届中国建设工程质量论坛暨 2009 年度中国建设工程鲁班奖（国家优质工程）颁奖大会在深圳隆重举办。住房和城乡建设部副部长郭允冲、中国建筑业协会会长郑一军出席开幕式并讲话。中国建筑业协会副会长徐义屏、住房和城乡建设部工程质量安全监管司副司长王树平分别宣读了鲁班奖颁奖决定和获奖单位。经过专家严格评选，我校图书信息中心工程和国家图书馆二期、北京电视中心、中国石油大厦、北京地铁五号线等 99 项工程荣获 2009 年度中国建设工程鲁班奖（国家优质工程）。

12 月 18 日（周五）

19:00，副馆长齐晓航应邀出席由校团委、校学生会、大学生理论学术中心、书友会共同在诚信楼三层国际会议厅举办的"进步的阶梯——惠园大型读书月系列活动之成果报告会"。副馆长齐晓航和校团委书记徐松为"建国六十周年推荐阅读书目、我的书单、贸大推荐阅读书单"揭牌。

12 月 21 日（周一）

（1）馆长办公会（邱、吕、齐）在 716 室召开，讨论周三"北京市财经类院校图书馆共建、共享、共知研讨会暨协议签字仪式"的细节问题；讨论接待江西财大同行事宜。

（2）副馆长齐晓航陪同到访的江西财经大学图书馆书记伍先斌，副馆长季小刚、童霞，流通部主任姚小建，阅览部主任胡荣，麦庐分馆副主任艾刚一行 6 人参观图书馆，齐晓航向客人介绍了图书馆的基本情况和新馆的建设与使用情况。馆长邱小红在 716 室与来宾进行了座谈。教辅党总支书记张建华，副馆长吕云生、齐晓航与江西客人共进午餐，并继续进行业务和党建交流。

12 月 22 日（周二）

（1）卢玲玲代表图书馆出席在北京科技大学会议中心二楼报告厅举办的"BALIS 联合信息咨询中心成立揭牌仪式暨高校学术信息分析与评价研讨会"。

（2）校工会发放 2010 年工会活动费，每人 300 元（现金）。

12 月 23 日（周三）

23~24 日，由图书馆和北京超星公司共同主办的"北京地区财经类高校图书馆资源共建、共知、共享合作研讨会暨协议书签字仪式"在图书馆一层多功能厅举行。副校长胡福印，教辅党总支书记张建华，图书馆馆长邱小红，副馆长吕云生、齐晓航，首都经济贸易大学图书馆副馆长张桂岩、教师杨阳，北京工商大学图书馆馆长高润芝，中央财经大学图书馆馆长韩志萍、副馆长李青，北京物资学院图书馆副馆长王新，北京超星公司董事长史超及我校部分学院的领导和图书馆教师出席仪式。吕云生副馆长主持此次仪式。

12 月 25 日（周五）

校长施建军签发《关于余兴发等同志任免的通知》（外经贸学组字［2009］254 号）称：经校党委常委会研究决定，2009 年换届调整后行政部门正处级领导干部任命如下：聘邱小红同志为图书馆馆长；副处级领导干部任命如下：聘吕云生同志为图书馆副馆长；聘齐晓航同志为图书馆副馆长。任期四年。

12 月 28 日（周一）

馆长办公会（邱、吕、齐）在 716 室召开，讨论关于小天鹅 BBS 站（Wed Dec 16 12:24:05 2009），站内惠园特快→《图书馆四楼的那个不和谐音符！！！！！》反映的问题；讨论元旦开放时间和研究生入学考试期间提前开放的安排。

12 月 30 日（周三）

（1）馆长邱小红出席在诚信楼三层国际会议厅召开的"中层党政一把手信息通报会"。

（2）馆长邱小红、外文图书采购员丁江红出席由中国国际图书进出口公司在凯瑞食府举办的新春联谊会。

12 月 31 日（周四）

（1）馆长邱小红陪同校长施建军等领导慰问工作人员，祝贺大家新年好。

（2）图书馆今年入藏中文图书 87419 册、外文图书 1414 册。

（3）全年（1 月 1 日至 12 月 31 日）接待入馆读者 1171141 人次。自 2008 年 9 月 1 日新馆起用后，累计接待入馆读者 1459195 人次。

2010 年

1 月

1 月 1 日（周五）

（1）元旦，全馆关闭。

（2）北京地区财经类高校图书馆资源共享平台正式开通。

1 月 2 日（周六）

2~3 日，按双休日时间开放：9:00~22:00。

1 月 4 日（周一）

（1）因 3 日北京降大雪，交通困难，导致部分员工迟到。

（2）馆长办公会（邱、吕、齐）在 716 室召开，讨论了 7 日馆务会议题。

（3）因工作需要，原信息咨询部范利群调入技术部。

1 月 7 日（周四）

（1）10:00，党政联席会在 705 室召开。副校长刘亚，教辅党总支书记张建华，馆长邱小红，副馆长吕云生、齐晓航以及部门主任李顺、刘秀深、刘福军、马兰、汪雪莲、王鸣心、颜长森、周红出席会议。各部门主任汇报本学期工作，副馆长齐晓航布置寒假工作，馆长邱小红通报近期重要情况和人事变动情况，教辅党总支书记张建华传达学校有关会议精神，副校长刘亚做总结讲话，肯定了图书馆的工作，要求图书馆加强宣传和科研工作。副馆长吕云生主持了会议。

（2）副馆长齐晓航陪同上海对外贸易学院党委书记武克敏、

校长孙海鸣、副校长叶兴国一行 5 人参观图书馆，齐晓航向客人介绍了图书馆的基本情况和新馆的建设和使用情况。校长施建军、副校长林桂军、校办主任余兴发等领导陪同考察。

1 月 8 日（周五）

副馆长吕云生、齐晓航出席由校长办公室、国际合作交流处在诚信楼三层国际会议厅主办的我校国际化工程启动动员大会。

1 月 9 日（周六）

9 日、10 日，因学校举办研究生入学考试封闭教学楼，图书馆提前 1 小时开放。

1 月 11 日（周一）

（1）馆长办公会（邱、吕、齐）在 716 室召开，讨论了春节和寒假期间向职工各发放补贴每人 500 元的提议；讨论了进一步在英语四、六级和研究生入学考试期间提前开放的提议；明确到馆邮件委托物业保安代收的问题；讨论了年度工作总结和新年度工作计划，做好常规工作，特别是加强整架，每年暑假进行馆藏图书的清点工作，加强宣传工作，搞好与工作相关的科研工作，努力建设研究和学习型图书馆，提出新馆装饰方案，推进经济类院校区域图书馆的建设。

（2）馆办秘书彭絮陪同广东商学院图书馆数字资源中心张燕萍、报刊阅览部刘晓燕、资源建设部陈永玲来参观考察图书馆。

（3）教图公司委派孟庆平接替杨震到馆工作。

1 月 14 日（周四）

（1）馆办在图书馆主页和学校 BBS 上发布《关于禁止占座的通告》：①读者离开阅览座位超过 30 分钟，不带走随身物品的视为占座；②确实找不到座位的同学，可以自行挪开占座物品或要求占座的同学空出被占用的座位；③图书馆工作人员会不定时清理占座物品；④被清理的占座物品如有丢失或损坏，后果自负。

（2）馆长邱小红，副馆长吕云生、齐晓航出席教辅党总支举办的送别午餐会，欢送网络与教育技术中心原主任孙强就任财务处处长，副校长刘亚，教辅党总支书记张建华、副书记王海涛，网络与教育技术中心副主任梅涛出席。

1月15日（周五）

馆办秘书彭絮陪同纪委办／监察处处长王涛带领的北大博士班成员参观图书馆。

1月16日（周六）

图书馆订购的斜坡架上午到货，因图书馆申请的是存报架，而到货的是存报箱，故未接收。

1月17日（周日）

（1）17~18日，馆长邱小红出席由北京高校图工委秘书处在北京汤山假日会议中心举办的"2009年北京地区高校图书馆年会暨BALIS工作会议"。

（2）期刊斜坡架安装完成。

1月18日（周一）

校工会在学校OA上发布《2009年下半年困难职工补助名单及金额》称：1月13日，校工会福利委员会召开工作会议，研究困难职工补助事宜。会议按照学校相关政策的规定，就本学期递交困难补助申请的职工情况进行了研究。图书馆詹若清、涂育红、杨娅丽三位员工分别获得700元、1000元和1000元的补贴。

1月19日（周二）

（1）馆长办公会（邱、吕、齐）在716室召开，通报年会精神；讨论了年底聚餐的提议、通过手机向读者发布信息的问题、加强与物业的合作问题。

（2）馆长邱小红出席在诚信楼三层国际会议厅召开的"中共对外经济贸易大学第十一次党代会动员大会暨全校宣传工作会议"。

1 月 21 日（周四）

图书馆工会组织员工在金汉斯餐厅聚餐，辞旧岁迎新年。

1 月 22 日（周五）

14：00，馆长邱小红，副馆长吕云生、齐晓航出席诚信楼三层国际会议厅召开的"2009 年度校级领导班子和领导干部考核述职与民主测评大会"。

1 月 23 日（周六）

23 日、24 日，因学校举办"自主选拔录取、非外语类保送生、外语类保送生考试"而封闭宁远楼，图书馆提前 1 小时开放。

1 月 25 日（周一）

（1）馆长办公会（邱、吕、齐）在 716 室召开，讨论有关北京超星公司读秀平台数据挂接的问题、派人接受齐凤山老师赠书的事宜。

（2）25~30 日，馆长邱小红赴黑龙江哈尔滨市出席全国财经类高校图书馆核心馆馆长会，讨论 2010 年工作方案。

1 月 26 日（周二）

副馆长齐晓航、馆办秘书彭絮前往图书馆退休职工齐凤山老师家，慰问齐凤山老师，并代表图书馆接受齐凤山老师捐赠的个人著作《学海扬帆六十年》和《风雨沧桑七十年》。

1月27日（周三）

副馆长齐晓航陪同原副校长王正富邀请的山东客人参观图书馆，江苏建工集团公司负责人一同陪同考察。

1月28日（周四）

（1）学校人事处在学校 OA 上发出《关于发放春节过节费的通知》称：春节即将来临，为体现学校领导对全校教职工的慰问与关怀，学校决定给全校教职工发放过节费，发放标准为每人1000元。

（2）副馆长齐晓航出席由人事处人才交流中心在羽毛球馆举办的新春联谊会。副校长徐子健，校工会主席胡东旭，人事处副处长高玲，人才交流中心主任张洪流，原主任安林、王稼祥，出席了座谈会，总结工作、表彰先进。

1月29日（周五）

副馆长齐晓航陪同浙江省义乌市副市长王迎一行考察图书馆。副校长林桂军、校办主任余兴发、校友会秘书长叶文楼、国际学院党总支书记袁利新等校领导一同考察。

1月30日（周六）

（1）刘秀深、颜长森、李顺、陈建新、陈凤军、徐向伟、张晓领、李文良和于秀春等到馆加班，参与期刊集中下架工作。

（2）副馆长齐晓航陪同南京大学校长陈骏一行参观图书馆。校长施建军、校办主任余兴发、校友会秘书长叶文楼、国际学院党总支书记袁利新等校领导一同考察。

2 月

2 月 1 日（周一）

寒假开放第一日，开放时间为 9：00~17：00。

2 月 4 日（周四）

副馆长齐晓航出席由农工党朝阳区委在朝阳宾馆举办的 2010 年新春联谊会，并获得农工党朝阳区委颁发的"2008~2009 年度优秀信息员"证书。

2 月 24 日（周三）

（1）开学，上班。

（2）馆长办公会（邱、吕、齐）在 716 室召开，讨论了向二级教代会汇报工作的问题、提高馆内补贴和慰问退休职工问题、人员调整问题等。

（3）馆长邱小红，副馆长吕云生、齐晓航巡视全馆，问候工作人员。

2 月 25 日（周四）

（1）13：30，在一层多功能厅召开图书馆二级教代会。馆长邱小红向二级教代会代表汇报 2009 年工作，通报 2010 年工作要点。

（2）党委组织部在学校 OA 上发布《第十一次代表大会代表候选人预备人选公示名单》，图书馆卢玲玲、吕云生和邱小红三位党员在教辅党总支（正式代表名额：5 名；预备人选名额：6

名）中获提名。

2 月 26 日（周五）

（1）馆长邱小红出席由组织部在行政楼 222 会议室主办的关于就"党委和纪委"报告听取意见、建议的座谈会。

（2）副馆长齐晓航出席由学校党委统战部在行政楼 161 会议室主办的关于就"党委和纪委"报告听取意见、建议的座谈会。

（3）教辅党总支秘书卢玲玲出席在行政楼 226 室举行的学校党代会党务秘书培训会。

3 月

3 月 1 日（周一）

（1）馆长办公会（邱、吕、齐）在 716 室召开，讨论了两数据库厂家质询图书馆某 IP 地址短时间大量下载原文的情况问题、5 月份赴台参会问题、与复印室谈判问题等。

（2）彭絮完成与涂育红的工作交接，正式调入信息咨询部；中文编目员廖琼与报刊采购员陈长仲互换岗位。

3 月 2 日（周二）

馆长邱小红、副馆长齐晓航、技术部主任王鸣心、技术部范利群、信息咨询部彭絮与北京超星公司李晓德、翟东亮在 716 室讨论有关题录数据转换的问题。

3 月 4 日（周四）

9:00，馆长邱小红、副馆长齐晓航出席在诚信楼三层国际会议厅召开的中层干部会。校长施建军、党委书记王玲分别讲话，布置本学期工作。党委副书记杨逢华主持会议。

3 月 5 日（周五）

9:00，馆长邱小红、副馆长吕云生、齐晓航，办公室副主任马兰在 716 室与复印室负责人胡先生讨论调整复印室承包费问题，最终双方达成 4.8 万元 / 年的协议。

3 月 8 日（周一）

（1）馆长办公会（邱、吕、齐）在 716 室召开，讨论了明天仪式的问题、草拟"十二五"规划问题、"三八节"向女职工发补贴每人 100 元的提议等。

（2）丁江红获得中国国民党革命委员会北京市委颁发的"2009 年优秀女党员称号"。

3 月 9 日（周二）

（1）馆长邱小红、副馆长齐晓航、信息咨询部彭絮在 716 室与汤森路透公司大区客户经理吕宁讨论 Web of Science（SSCI 网络版）开通仪式的有关事宜，初步商定于 4 月 15 日在图书馆多功能厅举办开通仪式。

（2）采编部主任周红应邀出席北京市新华书店与外语教学与研究出版社在中关村图书大厦举办的《自然》系列图书首发仪式。

（3）16:40，馆办秘书涂育红陪同太原理工大学图书馆馆长刘永胜，副馆长蔡喜年、陈晰明，自动化部主任侯艳鹏，工程师王宁一行 5 人参观图书馆。我校经贸学院博士生侯红卫陪同参观。

3 月 10 日（周三）

图书馆工会组织女工参加在诚信楼三层国际会议厅举办的健

康讲座，聆听了北京中医药大学教授、中医文化研究中心秘书长、中华中医药学会养生康复分会秘书长张宝春所做的"心态与养生"专题讲座。

3月11日（周四）

卢玲玲出席由BALIS中心在北京理工大学图书馆举办的"BALIS原文传递宣传月活动"准备会议。

3月15日（周一）

馆长办公会（邱、吕、齐）在716室召开，讨论参会事宜：3月19日书生公司产品推介会由邱小红出席，3月25日外研社产品介绍会由齐晓航出席，3月26日万方数据公司年会由邱小红出席；继续联系SSCI网络版开通仪式的嘉宾及领导；继续调研短信平台的搭建方式。

3月17日（周三）

12:00，图书馆工会在地下一层105室举办"庆三八女职工乒乓球比赛"。

3月18日（周四）

（1）馆长邱小红，副馆长吕云生、齐晓航分别为"庆三八女职工乒乓球比赛"的获奖者颁奖。一等奖：戴陈；二等奖：王晶、胡京燕、于学军；三等奖：李顾、杨振杰、蔡淑清、涂育红、彭絮。

（2）副馆长齐晓航出席农工党对外经济贸易大学支部在行政楼161会议室召开的工作会议。

（3）馆长邱小红，副馆长吕云生、齐晓航出席由党委宣传部在诚信楼三层国际会议厅举办的党委中心组理论学习会。聆听了中央教育科学研究所所长袁振国教授解读《国家中长期教育改革和发展规划纲要》。

（4）原中国农工民主党副主席、对外经济贸易大学党委书记、校长田光涛通过农工党对外经济贸易大学支部向图书馆捐赠了其个人传记《俯首甘为孺子牛——田光涛同志革命生涯》一书。

（5）施工单位在一层安装新书展架。

3 月 19 日（周五）

（1）馆长邱小红、副馆长齐晓航、电子阅览部主任刘福军、馆办秘书涂育红、信息咨询部彭絮在 716 室讨论有关校长施建军的赴港礼品——图书馆照片集的编辑方案。

（2）馆长邱小红出席由书生公司在北京春晖园度假酒店举办的产品发布会。

3 月 22 日（周一）

馆长办公会（邱、吕、齐）在 716 室召开，讨论了校长施建军赴港礼品图书馆照片集的编辑问题；讨论了 3 月 27 日因学校考试封楼而提前 1 小时开放和因参加"地球一小时"熄灯活动而提前 1 小时关闭问题；讨论了周四馆务会议题及组织部门负责人进行对口交流问题。

3 月 23 日（周二）

副馆长齐晓航陪同北京外国语大学图书馆办公室主任任放一行 5 人参观图书馆，其中包括咨询、采访、编目、技术等各部门主任。

3 月 24 日（周三）

（1）副馆长齐晓航代表图书馆与离退休工作处处长朱忠田，农工党主委、资产处副处长牛秀清等，前往我校退休职工、农工党党员屠珍教授家中，接收屠珍教授向图书馆捐赠的图书。

（2）副馆长齐晓航在 703 室会见北京匡九羽科技有限公司总经理周和平，接收了该公司有关数字图书馆的介绍材料。

3月25日（周四）

（1）8:30，党政联席会在 705 召开。刘亚、张建华、邱小红、吕云生、齐晓航、李顾、刘秀深、刘福军、马兰、汪雪莲、王鸣心、颜长森、周红出席会议。各部门主任汇报本学期开学以来的主要工作；邱小红布置下一步所要开展的工作，包括近期要开展的三项活动，一是 SSCI（社会科学引文索引）数据库开通仪式及讲座；二是召开"2010 年度北京地区财经类院校资源共享平台"会议；三是开展"数据库宣传周"活动，在一层大厅开设新书展示区，以便读者能够在第一时间阅览最新到馆图书，加强队伍建设，向兄弟院校取经。张建华书记通报了学校相关会议精神。主管副校长刘亚肯定了图书馆的工作，并做出指示，要求图书馆要关注整个学校的变化，关注学校的重大信息，抓学科建设、加强科研工作的进度、注重人才的培养，加强内外结合，加大宣传，让外界了解图书馆的工作，了解图书馆的工作亮点；走出校门，加强兄弟院校之间的交流，取长补短。

（2）13:30，小关地区防火办在图书馆一层多功能厅为图书馆职工和物业人员举办了"防火安全"讲座。

3月26日（周五）

（1）副馆长齐晓航应邀出席外语教学与研究出版社在大兴外研社国际会议中心举办的"外研社外语资源库——助力图书馆共享学习中心建设"研讨会。

（2）26~29 日，馆长邱小红赴海南出席万方数据公司主办的年会。

3 月 27 日（周六）

因学校举办计算机考试而封闭教学楼，图书馆提前 1 小时开放；又因图书馆参加"地球一小时"熄灯活动，提前 1 小时闭馆。

3 月 30 日（周二）

（1）馆长办公会（邱、吕、齐）在 716 室召开，讨论增补主管的方案；审议处理过期报刊的再请示和建设群发短信系统的文件；讨论清明节关闭图书馆的问题等。

（2）副馆长齐晓航、技术部范利群分别会见外语教学与研究出版社李白，讨论试用数据库问题，并对该数据库的建设提出了意见、建议。

4 月

4 月 2 日（周五）

副馆长齐晓航在 703 室会见校学生会干部周妍、王一智，讨论有关在图书馆展示"书友会"和教师共同推荐的图书问题。

4 月 5 日（周一）

清明节，根据学校《关于 2010 年清明、五一、端午假期安排的通知》精神，全馆关闭。

4 月 6 日（周二）

馆长邱小红出席由人事处在行政楼会议室举办的 2010 年新引进教工评审会。

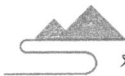

4 月 7 日（周三）

（1）馆长办公会（邱、吕、齐）在 716 室召开，讨论了增补主管的问题、下周四 SSCI 开通仪式的问题、分批组织部主任外出考察的问题、参加全国书市的安排；验收了《对外经济贸易大学图书馆新馆建成一周年纪念册》；讨论了数据库宣传周的安排、读者和老师推荐书目图书的展览安排。

（2）馆办在图书馆 OA 上发出《关于增补图书馆主管民意调查的通知》，启动民主推荐主管的程序。

4 月 8 日（周四）

（1）教辅党总支书记张建华，馆长邱小红，副馆长吕云生、齐晓航与即将退休的流通阅览部副主任颜长森共进午餐，感谢颜老师多年来为图书馆和学校所做的工作，并祝愿颜老师退休后保重身体、愉快生活。

（2）馆办向全馆人员发放民主推荐主管的选票。

（3）读者王小非将致校领导反映图书馆现刊问题的函抄送馆长邱小红。

（4）馆长邱小红，副馆长吕云生、齐晓航出席由党委宣传部在诚信楼三层国际会议厅举办的党委中心组专题学习，听取了北京市金融工作局党组书记霍学文所做的"从首都教育业发展看金融创新人才培养"专题报告。

4 月 9 日（周五）

（1）读者王小非反映图书馆订阅的《管理世界》《中国工业经济》和《经济研究》三种期刊，2010 年 1~3 月份的找不到。经查，《管理世界》2010 年 1~3 月份刊未到，《中国工业经济》2010 年 1 月份刊未到，2~3 月份刊已到馆但放错架，《经济研究》2010 年 1~3

月份刊未到。其中未到的原因是岗位交接和寒假而造成的积压。

（2）图书馆增补主管候选人民主推荐工作在吕云生、刘福军、马兰、刘秀深、涂育红、彭絮的监督下检票、验票。

（3）副馆长齐晓航陪同南京财经大学校长一行考察图书馆。副校长胡福印、后勤处处长王强、基建处处长任鸣鹤等陪同考察。

（4）9~10 日，办公室副主任马兰及秘书涂育红参加由学校人事处组织的"关于办公室主任及相关人员培训会"。

4 月 12 日（周一）

馆长办公会（邱、吕、齐）在 716 室召开，讨论参加北京地区高校图书馆运动会筹备会的安排、全国外语院校图书馆联盟 2010 年会安排、SSCI 开通仪式的安排、召开党政联席扩大会议的议题等。

4 月 13 日（周二）

（1）办公室副主任马兰出席由学生处在求真楼 220 会议室召集的"校园开放日暨财经外语类和部分在京高校联合招生咨询活动"协调会。

（2）副馆长齐晓航在 703 室会见商学院志愿者团陈姚红同学，讨论有关识字班分班上课的问题。

4 月 14 日（周三）

（1）工会主席马兰出席在行政楼 222 会议室召开的分工会主席会议，部署近期工作。

（2）馆长邱小红会见浙江商学院图书馆馆长张守凯教授。

4 月 15 日（周四）

（1）9:00，党政联席扩大会议在 705 室召开，就 4 月 9 日民主推选的 5 位主管候选人进行讨论和第 2 次投票。教辅党总支书记张建华，馆长邱小红，副馆长吕云生、齐晓航以及部门主任李顾、刘秀深、刘福军、马兰、汪雪莲、王鸣心、颜长森、周红，教代会代表丁江红、赵万霞出席会议并参与了投票。

（2）15:00，由图书馆和汤森路透公司共同主办的 SSCI 数据库开通仪式暨讲座在一层多功能厅举行。副校长刘亚、浙江财经大学图书馆馆长张守凯、汤森路透集团业务发展与政府合作总监吴翔等一行 4 人出席仪式。开通仪式结束后，汤森路透集团客户教育与培训专员张辉为与会师生做了题为《洞悉现在，发现未来 –Web of Science 在科研中的应用》的培训讲座，并详细介绍了数据库的各项功能及应用技巧。副馆长吕云生主持会议，馆长邱小红致辞，副馆长齐晓航及全体图书馆工作人员出席会议。

（3）财务处在学校 OA 上发布《关于下达 2010 年公用经费"切块"预算的通知》，批复图书馆 2010 年预算，行政经费 20 万元、自动化维护费 4 万元、特贴专项 50 万元、海关 5 万元、文献购置费 800 万元；另批准购买 V 型书车 20 个、1.5 万元，双层书车 25 个、23750 元，新书展柜 4 个，2 万元。

4 月 16 日（周五）

学校人事处在学校 OA 上发布《关于发放"五一"劳动节过节费的通知》称："五一"劳动节即将来临，为体现学校领导对全校教职工的慰问与关怀，向职工发放过节费，标准为每人 500 元，并要求各单位单独报盘。

4 月 18 日（周日）

图书馆参加学校的"校园开放日"暨全国财经外语类院校和部分在京高校联合招生咨询会活动，接待考生和家长参观图书馆。

4 月 19 日（周一）

（1）馆长办公会（邱、吕、齐）在 716 室召开，讨论过刊处理程序、增补主管问题；与丁江红一起讨论海外选书系统培训事宜；委派卢玲玲出席周四下午在首都师范大学图书馆召开的"区域数字图书馆建设研讨会暨 Medalink 外文学术搜索产品交流"会；与汪雪莲、马兰、范利群一起讨论数字资源宣传周活动安排；邱小红出席周五由北师大召集的新馆建设研讨会等。

（2）馆长邱小红出席由校长办公室、基金会（校董会、校友会）秘书处在行政楼 222 会议室联合举办的"学校教育基金会和校友工作会议"。

（3）馆办在图书馆 OA 上发布《关于增补卢玲玲同志为主管的任前公示》。

4 月 20 日（周二）

20~24 日，副馆长齐晓航应邀出席由北京市新华书店组团赴成都的全国第 20 届图书博览会，并与北京市新华书店副总经理张文广会谈。

4 月 21 日（周三）

（1）馆长邱小红出席由党委办公室在行政楼 222 会议室召集的学校中层党政一把手通气会。

（2）10：00，根据国务院有关通知精神，图书馆工作人员为表达对青海玉树地震遇难同胞的深切哀悼，在各自的岗位上，默哀 3 分钟。

（3）图书馆工会响应学校工会的号召，在图书馆 OA 上发出《关于向青海玉树地震灾区捐款的通知》。

4月22日（周四）

（1）15:00~16:00，图书馆与中国图书进出口总公司联合在图书馆一层多功能报告厅（109室）举办"海外图书采选（荐购）系统推广活动"，馆长邱小红出席会议并致辞，中图公司张洁做了主题报告。

（2）卢玲玲代表图书馆出席在首都师范大学图书馆召开的"区域数字图书馆建设研讨会暨Medalink外文学术搜索产品交流会"，并代表图书馆在会上做了主题发言。

（3）学校人事处发出了颜长森退休的通知。

（4）馆长邱小红首次应邀出席在行政楼222会议室召开的"本科教学院长联席会"，副校长刘亚主持会议，各学院的院长王丽娟、孙芳、郭敏、王永贵、许德金、郭德玉、鲍禄、巩喜云、李柱国、熊光清、李景瑜、王明辉、孙洁、张旭光、程振川、邬若虹、王海涛及教务处副处长郑东晓出席会议。

4月23日（周五）

（1）馆长邱小红出席由北京师范大学图书馆和BALIS中心共同在九华山庄举办的新馆建设研讨会，邱馆长做了题为"新馆建设经验谈"的主题报告。

（2）图书馆全体员工48人，共向青海玉树地震灾区捐款6350元。

（3）1995年，联合国教科文组织宣布23日为"世界读书日"。图书馆在学校OA上发出《倡导全民读书，建设阅读校园》的文章，并在一层大厅北侧设立了新书展架。

4月26日（周一）

（1）9:00，由图书馆主办，信息学院青志协、书友会、人文学社协办的"对外经济贸易大学图书馆数据库宣传周开幕式"在一层多功能厅举行。馆长邱小红、副馆长齐晓航与北京方正阿帕比技术有限公司营销中心产品市场经理张锦平等 6 家数据库商的代表出席了仪式,技术部主任王鸣心主持。仪式结束后,与会人员一起前往求真楼后的活动现场,开展宣传活动。

(2)馆长办公会(邱、吕、齐)在 716 室召开,讨论了主管申报问题、"五一"小长假开放和关闭的安排、在一层开设咖啡屋的设想等。

(3)图书馆向学校人事处呈报《关于增补卢玲玲同志为主管的请示》。

4 月 27 日(周二)

(1)馆长邱小红、副馆长齐晓航陪同副校长张新民一行考察了图书馆地下书库等处的防火设施。参加考察的有后勤处党总支书记祁雪栋,保卫处处长梁尔华,副处长袁祥,基建处处长任鸣鹤,资产管理处副处长牛秀清,保卫处黄银龙、陈世勇等。

(2)学校工会发放春游费现金,每人 200 元。

4 月 28 日(周三)

(1)副馆长齐晓航出席由审计处在诚信楼九层财务处会议室召集的学校审计工作会议。回答了审计员对图书馆赠书、丢书和剔旧图书处理的有关质询。审计处处长李常洲,财务处处长孙强、副处长付希珍、原处长黄潮发,资产管理处处长黄捷,审计处邓婧,资产处张玮以及审计员侯文彬、孙兆宇出席会议。

(2)学校党委在学校 OA 上发布《关于出席我校第十一次党代会代表名单的批复》(外经贸学党发〔2010〕20 号)中确定,教辅党总支 5 名代表人选为王海涛、卢玲玲(女)、吕云生、邱

小红、张建华。

4 月 30 日（周五）

校人事处（2010）校人内调字第 12 号通知：卢玲玲同志于
2010 年 5 月起聘为主管岗。

5 月

5 月 1 日（周六）

（1）劳动节，闭馆。

（2）1~2 日，中央人民广播电台电视剧制作中心在图书馆借
用场地拍摄电视剧《经营婚姻》。

5 月 2 日（周日）

2~3 日，按双休日时间开放：9:00~22:00。

5 月 4 日（周二）

（1）馆长办公会（邱、吕、齐）在 716 室召开，讨论了学校
审计中有关图书馆赠书和丢书问题的处理办法；讨论了组织部主
任出访的问题。

5 月 5 日（周三）

（1）馆长邱小红应邀出席在首都师范大学图书馆召开的
"《国家中长期发展教育规划》下的图书馆文献建设研讨会"。

（2）副馆长吕云生、齐晓航与流通阅览部新任领导班子成员
刘秀深、李顾、卢玲玲在 705 室讨论分工等有关事宜。

5 月 6 日（周四）

副馆长齐晓航出席学校 60 周年校庆筹备工作领导小组、校志编写办公室在行政楼 222 会议室召开"《校志（2000—2010）》编写人员培训会"。

5 月 7 日（周五）

技术部将图书馆 OA 的"常用网址"中原"图书馆咨询平台"置换为"经贸大学专署健康管理平台"。

5 月 10 日（周一）

（1）馆长办公会（邱、吕、齐）在 716 室召开，讨论组织部主任出访的问题和《校志》有关图书馆章节的起草问题。

（2）图书馆工会和二级教代会在图书馆 OA 上发出《关于 2010 年图书馆分工会委员换届选举的通知》，提名丁江红、马兰、范利群、胡京燕和彭絮五位工会委员候选人。

（3）馆办邀请部分在馆工作人员试穿运动服。

5 月 11 日（周二）

（1）副馆长齐晓航参加农工党北京市朝阳区委组织的参观新科技馆活动。

（2）技术部主任王鸣心提交的《对外经济贸易大学新图书馆信息系统建设经验》论文，荣获"2010 中国高校图书馆发展论坛"优秀论文一等奖。

5 月 12 日（周三）

（1）馆长邱小红、副馆长吕云生与各部门主任及全体共产党员前往诚信楼一层大厅，参加"党风廉政建设宣传教育月"活动，观看朝阳区检察院制作的"高校党风廉政案例专题展览"。

（2）学校财务处下发《扶贫资金发放说明》文件及具体方

案表。

（3）12~14日，遵照学校领导指示，馆长邱小红率领馆办副主任马兰、技术部主任王鸣心和信息咨询部主任汪雪莲一行4人赴武汉访问中南财经政法大学、武汉大学图书馆，与兄弟馆的同行进行对口交流。

5月15日（周六）

15~16日，北京电影学院表演系2008级高二班盛珺毕业短片《看不见的声音》在图书馆六层和四层拍摄。

5月17日（周一）

（1）馆长办公会（邱、吕、齐）在716室召开，讨论了扶贫资金发放方案、办公电话5007调整到期刊采访室的问题、参加高校运动会问题。

（2）馆长邱小红、副馆长齐晓航在716室会见武汉鼎森电子科技有限公司（bookan）销售代表王娇娇，听取了其对bookan数据库的介绍。

5月18日（周二）

馆长邱小红、流通阅览部副主任卢玲玲出席在中央财经大学学术会堂603会议室召开的"北京财经类院校资源共享平台研讨会"。

5月20日（周四）

（1）8:30，馆长邱小红，副馆长吕云生、齐晓航出席教辅党总支在图书馆705室召开的领导班子党风廉政工作专题会。教辅党总支书记张建华主持会议。

（2）副馆长齐晓航出席学校60周年校庆筹备工作领导小组、校志编写办公室在行政楼226会议室召开的关于《校志

（2000~2010）》编写工作第二次培训会。

（3）校园网外网故障。

（4）馆办向图书馆工作人员发放运动服。

5月21日（周五）

9:00，图书馆党支部在705室召开全体党员会，选举两委委员。

5月22日（周六）

邱小红、吕云生、齐晓航、马兰、涂育红、蔡淑清、陈长仲、丁江红，刘福军、刘秀深、卢玲玲、陈建新、丁胜民、胡京燕、任立艳、王秀凤、杨振杰、于学军、彭絮、范利群参加在北京交通大学召开的"北京地区高校图书馆第8届田径运动会"。邱小红获得馆长组50米托球跑第8名，吕云生获得篮球投准第2名，齐晓航获得馆长组60米跑第5名，彭絮获得女青组跳远第5名，涂育红、丁江红、卢玲玲、陈建新、齐晓航获得运水障碍计时（3分40秒）第2名，彭絮、范利群、胡京燕、于学军、齐晓航获得换球接力跑第5名。

5月24日（周一）

馆长邱小红应邀出席在中国传媒大学图书馆举办的文献采购评标会。

5月25日（周二）

（1）馆长办公会（邱、吕、齐）在716室召开，讨论学校运动会期间的参会和开馆安排问题、出席上海研讨会的问题。

（2）图书馆收到书生公司的函件，要求图书馆为人民出版社的终审案件提供有关授权文件。

5 月 26 日（周三）

26~29 日，副馆长齐晓航应邀赴上海出席全国外语类院校图书馆联盟馆长会。澳门科技大学图书馆馆长戴龙基再次当选联盟负责人。

5 月 27 日（周四）

（1）图书馆部分人员参加学校运动会开闭幕式，其余人员在馆维持开放服务。蔡淑青在足球射门项目中获得第 1 名；马兰、杨振杰、胡京燕在三人手足情项目中获得第 3 名；于秀春在铅球项目中获得第 4 名，在篮球投准项目中获得第 5 名；赵万霞在篮球投准项目中获得第 7 名；邱小红、丁胜民、陈建新、马兰、胡京燕、杨振杰、于学军、任丽艳、赵万霞、彭絮、卢玲玲、黄建华在集体跳绳项目获得第 6 名。

（2）范利群代表图书馆出席由万方数据公司在梅地亚宾馆举办的"深化知识服务助力科技创新——万方数据 2010 年产品发布会"。

5 月 28 日（周五）

（1）图书馆在学校 OA 上发出《关于开通与国家图书馆馆际互借服务的通知》。

（2）馆长邱小红出席在行政楼 222 会议室召开的安全稳定工作会议。

5 月 31 日（周一）

（1）5 月 31 日至 6 月 4 日，馆长邱小红应邀出席由上海财经大学图书馆在上海主办的"巨变中的大学图书馆——现代思考与学科化服务"学术研讨会。

（2）《对外经济贸易大学旬报》2010 年第 12 期，总第 643 期，第 2 版"好人好事大家说"栏目刊载《邱小红：见义勇为挽救母子生命》一文，文中写道："中南财经政法大学图书馆来函，通报表扬我校图书馆邱小红馆长在武汉见义勇为事迹。5 月 13 日，图书馆邱小红馆长一行 4 人前往武汉，在中南财经政法大学图书馆访问交流。当晚 9 点左右，在武汉长江大桥散步时，巧遇一起母子欲跳桥事故，紧急关头，邱馆长当机立断、挺身而出，果断抱住了母子两人，并及时给予劝导和安慰，成功避免了一场即将发生的悲剧，挽救了两条生命。"

6 月

6 月 1 日（周二）

副馆长齐晓航出席在诚信楼三层国际会议厅召开的"学习贯彻'全国加强和改进大学生思想政治教育工作座谈会'精神专题会"。

6 月 2 日（周三）

（1）副馆长齐晓航向学校党委统战部组织召开的"关于两委报告第 8 稿征求意见会"提交了书面意见。

（2）教辅党总支以《肝肠寸断武汉母子欲跃下八十米大桥 当机立断北京教师出手造十四级浮屠——武汉长江大桥救人记》为题，在学校 OA 上发布文章，详细介绍馆长邱小红、信息咨询部主任汪雪莲、技术部主任王鸣心、馆办公室副主任马兰 5 月 13 日在武汉长江大桥救人的事迹。

6月3日（周四）

因停电造成图书馆 OA 故障，8:40 修复。

6月4日（周五）

（1）副馆长吕云生、齐晓航出席在宁远楼三层国际会议厅召开的"党委换届主要候选人预备人选民主测评会"，并参与了投票。

（2）学校扶贫款自本月起发放，普通工作人员馆内津贴由原350 元／月，提高到 1200 元／月。

6月7日（周一）

馆长办公会（邱、吕、齐）在 716 室召开，讨论了端午节开放问题、数据库续签问题、读者调换条码虚拟还书问题、提高馆舍安全等级等问题。

6月8日（周二）

（1）8~10 日，办公室副主任马兰参加在中国农业大学举办的中国教育会计学会组织的"2010 年会计人员继续教育培训"。

（2）馆长邱小红，副馆长吕云生、齐晓航出席由教辅党总支在 705 室召开民主生活会。教辅党总支书记张建华主持会议，网教中心副主任王海涛、梅涛参加会议，总支秘书卢玲玲记录。

（3）副馆长齐晓航陪同党委组织部副部长徐松考察党代会会议用房。

（4）经贸学院安丁丁老师陪同美国威斯康星大学副校长一行来图书馆参观。

6月9日（周三）

（1）馆长办公会（邱、吕、齐）在 716 室召开，讨论了普通工作人员年度考核问题。

（2）馆长邱小红应邀出席北京联合大学图书馆的评审会。

（3）副馆长吕云生、采编部主任周红、信息咨询部彭絮与离退休处处长朱忠田、工作人员王玉凤同志前往我校退休教授、原国际经贸学院教授师玉兴住所接受了师教授向学校图书馆捐赠的300 余册图书。

（4）馆办在图书馆 OA 上发出《关于图书馆开展 2009~2010 学年考核工作的通知》，启动考核工作。

6 月 10 日（周四）

（1）9：00，馆务会在 705 会议室召开。馆长邱小红，副馆长吕云生、齐晓航及部门主任李顺、刘福军、刘秀深、卢玲玲、王鸣心、周红出席，马兰、汪雪莲请假。会议布置 2009—2010 学年度普通工作人员考核工作。

（2）馆长邱小红出席由纪检／监察处在行政楼 222 会议室关于举办推进廉政风险防范管理工作专题培训会。

（3）流通阅览部、信息咨询部联合考核工作会在 109 多功能厅召开，副馆长齐晓航主持会议。会议推荐了两部门 6 位考核"优秀"等级人员。两部门 27 人参与投票，得票前 6 位的是：丁胜民、李顺、陈建新、胡京燕、卢玲玲、张金龙。

6 月 11 日（周五）

学校人事处在学校 OA 上发布《关于发放防暑降温费的通知》，提及防暑降温费发放标准为每人 200 元。

6 月 12 日（周六）

信息咨询部彭絮代表图书馆出席由北京雷速科技有限公司在首都师范大学北一校区图书馆报告厅方略学术评价数据库发布会。

6月13日（周日）

（1）馆长邱小红出席在行政楼222会议室召开的学校向上级单位推荐干部的讨论会。

（2）馆长办公会（邱、吕、齐）在716室召开，讨论了各部门推荐优秀等级工作人员的情况，涂育红、周红、丁江红、崔玉良分别获得部分优秀提名；范利群提出调离图书馆的请求等。

（3）副馆长齐晓航与流通阅览部主任刘秀深与施工人员讨论确定新架标框的安装问题。

6月17日（周四）

（1）9:00，党政联席扩大会议在705室召开。馆长邱小红，副馆长吕云生、齐晓航及部门主任李顺、刘福军、刘秀深、卢玲玲、马兰、王鸣心、周红，教代会主席团成员丁江红、赵万霞出席会议。经过与会人员投票，选举出图书馆优秀等级人员为：陈建新、涂育红、丁胜民、周红、卢玲玲、张金龙、丁江红、崔玉良、胡京燕、彭絮、李顺。

（2）流通阅览部主任刘秀深出席在行政楼222会议室召开的"2010届毕业生离校工作协调会"。

6月18日（周五）

信息咨询部彭絮代表图书馆出席由同方知网公司在同方科技广场C座3层国际会议厅举办的"'CNKI三特刊'资源建设计划报告会暨'论文抄袭检测系统'首发式"。

6月20日（周日）

（1）6月20日出版的《对外经济贸易大学旬报》（2010年第14期，总第645期）第一版"党员先锋"栏目中刊载本报记者南方、陈萌，通讯员汪雪莲撰写的《邱小红：危急时刻 我不能袖手旁观》一文，介绍邱馆长救人事迹。

（2）同期第 4 版《干部师生共谋战略大计——"两委"报告第 8 稿征求意见》一文中称："参加党外人士座谈会的有：赵梅、黄勇、孙洁……赵秀芝，齐晓航提交了书面意见由学校党委统战部部长赵梅代为转达。"

6 月 21 日（周一）

（1）9：00，馆长邱小红出席在行政楼 222 会议室召开的"十二五"规划研讨会。

（2）电子阅览部主任刘福军发一组照片并配文字：自 11 点至 12：40 分，大批读者涌入八层电子阅览厅，峰值在线人数 215 位，创开馆以来的新高。（似因教务处开放网上选课系统，导致学生读者同时上线）

（3）13：30，馆长办公会（邱、吕、齐）在 716 室召开，讨论了范利群工作交接问题；"服务·创新·发展——2010 高校馆际互借理论与实务研讨会暨文专项目院校图书馆工作会议"的参会安排；图书馆"十二五"规划纲要等。

6 月 22 日（周二）

22~29 日，副馆长吕云生赴台湾出席"海峡两岸图书交易会"。

6 月 23 日（周三）

副馆长齐晓航、办公室副主任马兰出席在资产处会议室召开的"物业公司工作汇报暨合同续签讨论会"，与北京首华物业公司经理刘步庄、项目经理孙京山、物业公司主管李德勇、后勤管理处刘宝成、保卫处杜振忠、基建处叶林工程师进行了座谈，资产管理处副处长牛秀清主持会议。

6 月 25 日（周五）

（1）馆长邱小红、副馆长齐晓航出席在行政楼 222 会议室召开的"处级领导班子（职能部处）集体谈话会"。

（2）校工会发放夏游费，每人 200 元（现金）。

6 月 28 日（周一）

馆长办公会（邱、齐，吕出差）在 716 室召开，讨论了"十二五"规划研讨会的安排；在馆外增设地龙，在馆内增设探头，维修显示屏问题；提高前台服务质量的措施等。

6 月 29 日（周二）

（1）流通阅览部副主任卢玲玲参加 BALIS 与国家图书馆联合在国家图书馆三层报告厅举办的原文传递和馆际互借的业务培训。

（2）馆长邱小红出席在行政楼 222 会议室召开的中共对外经济贸易大学第十届委员会第八次全体（扩大）会议。

6 月 30 日（周三）

（1）图书馆办公室在图书馆 OA 上发布通报表扬：窦静波（北京市新华书店派驻图书馆工作人员）同志在图书馆四层阅览厅拾到钱包一个，内有现金 1400 元、银行卡等重要物品。该同志不为利益所动，立即请图书馆工作人员将失物交到图书馆办公室，并通过办公室的帮助寻找失主。

（2）经过 10 工作日的公示，图书馆向学校人事处呈报"2009~2010 年优秀考核等级人员：陈建新、涂育红、丁胜民、周红、卢玲玲、张金龙、丁江红、崔玉良、胡京燕、彭絮、李顺"。

7 月

7月1日（周四）

（1）技术部范利群调离图书馆，赴法学院任职。

（2）校党委书记王玲、党委组织部长王稳、宣传部长张小峰在馆长邱小红的陪同下，到图书馆办公室慰问图书馆困难共产党员涂育红，党委书记王玲向涂育红发放了慰问金。

7月5日（周一）

（1）馆长办公会（邱、吕、齐）在716室召开，讨论了近期及暑假期间的参会安排；周四馆务会议题；控制电话费支出问题；调整501办公室问题；削减《北京青年报》订购份数等问题。

（2）工会主席马兰出席在行政楼216会议室召开的新一届工会主席会议。

7月7日（周三）

馆长邱小红出席在行政楼222会议室召开的学校"十·二五"规划研讨会。

7月8日（周四）

9:00，党政联席会在705室召开。副校长刘亚、教辅党总支书记张建华、馆长邱小红、副馆长吕云生、齐晓航及部门主任李顾、刘秀深、刘福军、卢玲玲、马兰、汪雪莲、王鸣心、周红出席会议。会议涉及副馆长齐晓航暑假期间的工作；副馆长吕云生介绍访台的情况；流通阅览部副主任卢玲玲汇报两科研项目的进展情况；馆长邱小红介绍图书馆"十·二五"规划的要点；副校

长刘亚对本学期工作给予了肯定，并提出新的要求。

7 月 12 日（周一）

馆长办公会（邱、吕、齐）在 716 室召开，讨论了暑假期间的参会安排；在非工作时段关闭七、八层楼的提议。

7 月 13 日（周二）

校工会向工会会员发放每人"六神"沐浴露 1000+400ml、冰凉超爽沐浴露 200+60ml、喷雾花露水 180ml、止痒花露水 180ml、去珠清凉露 9ml 及 3 块 90g 香皂。

7 月 14 日（周三）

副馆长齐晓航召集流通阅览部主任刘秀深、副主任李顺、报刊部人员陈凤军、李文良、尚喜超、徐向伟和张晓领等在 705 会议室讨论报刊部分工问题。

7 月 17 日（周六）

图书馆卢玲玲（女）、吕云生和邱小红三位共产党员代表出席我校第十一次党代会。

7 月 19 日（周一）

（1）馆长办公会（邱、吕、齐）在 716 室召开，讨论了部分设备设施临时维保期的维修问题；

（2）副馆长齐晓航、办公室副主任马兰出席由基建处和北京首华物业公司在图书馆 109 室召集的新馆设备设施维修保养讨论会。基建处处长任鸣鹤、副处长冯二未、办公室主任王红伟，北京首华物业公司经理孙京山、主管李德勇，学校资产管理处、后勤处的代表，江苏建工集团等 20 余分包商代表出席了会议。会议商定：在本月底前，各分包商全面检查各自所负责的设备设施，进行全面的检修，月底由基建处、物业公司、图书馆一起再次召集会议，全面进行验收。

7 月 20 日（周二）

（1）教代会代表丁江红、吕云生、马兰、汪雪莲、赵万霞到诚信楼三层国际会议厅出席第六届教代会暨第十三届工代会第五次会议。

（2）副馆长齐晓航出席农工党朝阳区委举办的"关于朝阳区如何转变经济发展方式"调研课题开题会。

7 月 21 日（周三）

（1）21~25 日，馆长邱小红出席由中国教育图书进出口公司在湖南长沙举办的外文图书订购会。

（2）副馆长齐晓航出席学校党委统战部在行政楼226会议室召开的"校党委向党外人士通报第十一次党代会精神"通报会。校党委书记王玲、副书记杨逢华出席会议。

（3）21~25 日，技术部夏宇红出席重庆维普公司在青海西宁举办的"2010维普资讯用户年会"。

7 月 22 日（周四）

校工会福利委员会召开会议，决定向2010年上半年困难教职工发放补贴，图书馆詹若青、杨娅丽两同志分别获得700元和1000元补贴。

7 月 23 日（周五）

副馆长齐晓航与农工党朝阳区"关于朝阳区如何转变经济发展方式"调研组组长、北京元合田地科技有限公司执行董事姚鸿健、农工党朝阳区委秘书长鲁建玲等在705会议室讨论课题资料问题。

7 月 26 日（周一）

暑假开放第一天，开放时间 9:00~17:00。

7 月 27 日（周二）

7 月 27 日至 8 月 1 日，副馆长齐晓航出席由国研网在新疆乌鲁木齐举办的"第 5 届中国图情发展论坛暨国研网（2010 年）用户大会"。

8 月

8 月 2 日（周一）

图书馆在学校 OA 上发出《关于图书馆 2010 年暑假期间周末开放的通知》，根据学生的要求和校领导的指示，图书馆将于 8 月 7 日起，增加周末开放时间：9:00~17:00。

8 月 5 日（周四）

馆长邱小红出席党委组织部在行政楼 222 室召开的"赴美境外干部培训部署会"，校党委书记王玲出席会议并讲话。党委组织部部长王稳主持会议。

8 月 6 日（周五）

6~8 日，教辅党总支书记张建华、流通部副主任卢玲玲出席由全国高等财经教育研究会图书资料协作委员会在内蒙古锡林浩特市"全国高等财经院校图书馆长论坛暨全国高等财经教育研究会图书资料协作委员会 2010 年年会"。

8 月 7 日（周六）

即日起，增加周末开放时间：9:00~17:00。

8 月 8 日（周日）

8~26 日，馆长邱小红参加由校长施建军率领的赴美境外干部培训考察团，考察了美国 14 所大学。

8 月 13 日（周五）

校党委副书记陈建香，校团委书记、学工部副部长陶好飞到图书馆视察工作。流通部副主任卢玲玲向陈书记和陶部长介绍了图书馆暑期开馆情况。

8 月 30 日（周一）

（1）开学，上班。恢复正常开放时间。

（2）馆长办公会（邱、吕、齐）在 716 室召开，讨论了周四全馆会的议题；迎新生工作和信息推送服务；拟同意张欣出国随任一年的请求；采访工作会议安排；外出培训安排等。

（3）物业公司通知：办公地点迁回 203 室。

8 月 31 日（周二）

副馆长齐晓航与农工党朝阳区"关于朝阳区如何转变经济发展方式"调研组组长、北京元合田地科技有限公司执行董事姚鸿健，农工党朝阳区委秘书长鲁建玲等在 705 会议室讨论课题初稿。

9 月

9 月 1 日（周三）

（1）南、西两电梯故障，物业公司已联系维修。

（2）馆长邱小红，副馆长吕云生、齐晓航出席教辅总支在图书馆 705 会议室召开领导班子学习会。教辅党总支书记张建华传达书记培训会有关中央教育工作会议精神和《发展纲要》的解读的精神；两个单位的一把手汇报本学期的工作思路；各位中层干部根据自学情况，谈对《发展纲要》的理解和自身体会。网教中心副主任王海涛、梅涛与会。

（3）馆长邱小红、信息咨询部主任汪雪莲、咨询员彭絮与哥伦比亚大学夏勃博士、学刊部常务副主编郑宝银在 705 室讨论有关校刊国际化以及与 KuWord 平台合作等问题。

（4）图书馆工会委员丁江红、马兰、胡京燕、彭絮与副馆长吕云生在 704 室讨论本学期工会工作计划。

9 月 2 日（周四）

（1）10:00，图书馆全馆会在 109 多功能厅召开。教辅党总支书记张建华传达书记培训会有关中央教育工作会议精神和《发展纲要》的解读的精神；馆长邱小红总结上学期工作，布置本学期任务，并通报了赴美考察的情况；副馆长吕云生通报了赴台湾考察的情况；工会主席马兰通报工会工作。馆长邱小红还提醒大家在馆内交谈时控制音量，以免影响读者阅读。

（2）馆长邱小红，副馆长吕云生、齐晓航出席在诚信楼三层国际会议厅召开的新学期全校中层干部大会。党委书记王玲、校长施建军分别就贯彻全国教育工作会议精神和《发展纲要》以及本学期重点工作做了报告，党委副书记杨逢华主持会议。

9 月 3 日（周五）

馆长邱小红出席由教务处主办的教学工作研讨会。

9 月 6 日（周一）

馆长办公会（邱、吕、齐）在 716 室召开，讨论了增补新数据库的问题；检查学术不端软件的采购、使用问题；个性化数字图书馆设计建馆高级研修班的参会问题等。

9月7日（周二）

7~9日，技术部夏宇红、信息咨询部彭絮参加在由中国知网在同方大厦举办的"个性化数字图书馆设计建馆高级研修班"。

9月9日（周四）

（1）人事处在学校OA发通知，向教职工发放：教师节过节费每人1000元；国庆、中秋节过节费每人500元。

（2）人事处在学校OA发通知，发放本学期工作午餐费，16~17日报盘，每人1500元（每人每月300元）。

（3）图书馆党员及工会代表、委员出席在图书馆大报告厅举办的全校教职工大会。

9月13日（周一）

馆长办公会（邱、吕、齐）在716室召开，讨论了中秋节、国庆节期间倒班开放的问题等。

9月14日（周二）

（1）因学校电路改造，图书馆自22点至15日8点，停止网络资源服务。

（2）应学校财务处钟园园老师的求助电话，图书馆通过由图书馆牵头搭建的"北京地区财经类高校资源共享平台"为我校信息学院已毕业的2001级学生检索"玉米内州"科研相关的论文，以证明其携带进关玉米种子的科研用途，海关遂予放行。

9月15日（周三）

（1）流通阅览部张欣离岗赴美随任。

（2）因停电，网络逐步恢复，8:20各系统恢复正常。

9 月 16 日（周四）

馆长邱小红出席在行政楼 222 会议室召开的党委中心组专题学习会："学习贯彻全教会精神　推进学校事业科学发展"。会议结合赴美学习培训思考研讨教学、管理、服务如何推进学生全面发展。

9 月 17 日（周五）

（1）副馆长齐晓航参加纪检监察处组织的赴北京体育大学"国家训练基地综合训练馆"参观"教育系统反腐倡廉预防职务犯罪法制教育展"活动。

（2）图书馆工会向会员发放"味多美"提货卡，每人 100 元。图书馆首次向退休员工发放等值提货卡，以示慰问。本次提货卡得到继续教育学院的赞助。

9 月 19 日（周日）

（1）副馆长齐晓航出席校友总会在诚信楼三层国际会议厅召开的"对外经济贸易大学 2010 年校友工作大会"。

（2）馆长邱小红陪同到访的中南财经政法大学图书馆馆长黄梦黎参观图书馆，并进行了座谈。

9 月 20 日（周一）

（1）馆长邱小红出席在北京大学图书馆举办的 CALIS 工作会议。

（2）图书馆在学校 OA 中发出《关于图书馆开展新读者培训的通知》。

9 月 21 日（周二）

馆长邱小红陪同西南财经大学图书馆馆长李天行教授参观图书馆。

9 月 22 日（周三）

中秋节，全馆闭馆。

9 月 23 日（周四）

23~24 日，执行周末开放时间，9：00~22：00。

9 月 25 日（周六）

（1）工作人员上周四的班，26 日上周五的班。

（2）馆长办公会（邱、吕、齐）在 716 室召开，讨论了 10 月中旬后组织部主任外出考察安排，数据库续签问题，部分数据库大幅度涨价问题等。

9 月 26 日（周日）

馆长邱小红、副馆长齐晓航、技术部主任王鸣心、技术部夏宇红在 716 室会见上海万得信息技术股份有限公司（WIND 资讯）代表张亚平一行，讨论了有关采购 WIND 资讯的问题。我方对其限制终端用户的销售方式提出质疑。

9 月 27 日（周一）

（1）副馆长齐晓航陪同北京工商大学图书馆副馆长李艳芬一行 19 人参观图书馆。馆长邱小红在 716 室与副馆长李艳芬等就"十二五"规划等问题进行了座谈。副校长胡福印会见北京工商大学图书馆的客人。北京工商大学图书馆的同行与图书馆采编部和技术部人员进行了对口交流。

（2）副馆长齐晓航，办公室副主任马兰陪同副校长张新民，保卫处长梁尔华，资产处处长黄捷，保卫后勤总支书记祁雪栋，保卫处副处长袁祥等检查中控室。检查组对中控室无安全记录，保安员不会操作监控设备提出批评。

9月30日（周四）

馆长邱小红陪同校长施建军，副校长胡福印、张新民，校长助理、后勤处处长王强，校办主任余兴发、保卫处处长梁尔华、资产处处长黄捷、基建处处长任明鹤、宣传部副部长张小锋等部门负责人检查图书馆安全工作。

10 月

10月1日（周五）

1~3 日，国庆节，全馆闭馆。

10月4日（周一）

4~8 日，按周末开放时间开放：9:00~22:00。

10月9日（周六）

（1）9~10 日，工作人员上周一、二的班。

（2）馆长办公会（邱、吕、齐）在716室召开，讨论了赴河南学习的安排；"十一五规划执行情况总结"；接待即将来访的湖南商学院同行；数据库采购、续订以及检查学术不端软件的采购问题等。

10月10日（周日）

（1）馆长邱小红出席在行政楼222会议室召开的"十二五规划"研讨会。

（2）副馆长齐晓航在716室会见商学院志愿者团负责人熊晨宇同学，讨论有关"识字班"办班的问题。

（3）农工党对外经济贸易大学支部经过改选，推选牛秀清、赵秀芝、齐晓航、李琳为委员。

10 月 12 日（周二）

（1）副馆长齐晓航、张金龙出席在八宝山革命公墓举行的前图书馆馆长汪廷弼遗体告别仪式。

英语学院离休教授汪廷弼同志因病医治无效，于 2010 年 10 月 10 日上午 10:10 不幸逝世，享年 88 岁。汪廷弼同志 1922 年 10 月 9 日生于安徽省无为县。1949 年毕业于清华大学英国语言文学系。1954 年 7 月调入北京对外贸易学院（我校前身）一系（英语学院前身）任英语教师，先后任讲师、副教授、教授。曾任外贸英语教研室副主任、主任、系副主任；任一系学术委员会主任和学位委员会委员、校学术委员会委员、北京市语言学会委员、中国国际贸易学会委员等职；1984 年 9 月至 1986 年 9 月任图书馆馆长。

（2）馆长邱小红陪同湖南商学院副校长彭进清一行参观图书馆，副校长刘亚、馆长邱小红、副馆长吕云生、基建处处长任明鹤和资产处副处长刘志宏在 705 室与来访的湖南客人就新馆建设中的，建材选择、节能环保、装饰装修、经费预算、注重细节等几方面的经验和建议进行了座谈。

10 月 14 日（周四）

14~15 日，副馆长齐晓航参加农工党北京市委在昌平区拉斐特城堡酒店举办的培训会，农工党北京市委 2010 年树立和践行社会主义核心价值体系工作进展汇报；传达农工党中央宣传工作会议精神；宣布获得 2010 年农工党中央宣传工作先进名单；民主党派在树立和践行社会主义核心价值体系进程中的理论探讨与交流。

10 月 15 日（周五）

图书馆工会组织员工赴河南郑州、登封、洛阳进行文化考察，并就图书馆"十二五"规划草案进行了研讨。

10 月 18 日（周一）

（1）馆长办公会（邱、吕、齐）在 716 室召开，讨论了赴河南考察的情况和今后组织类似活动需注意的问题等。

（2）馆长邱小红出席由党委办公室在诚信楼三层国际会议厅召集的重要信息通报会。

10 月 19 日（周二）

流通阅览部副主任卢玲玲代表图书馆出席在北京邮电大学图书馆召开的 BALIS 馆际互借宣传月总结会。

10 月 21 日（周四）

（1）刘秀深、卢玲玲、吕云生、涂育红出席党委组织部在宁远三层报告厅召开的全体党员大会。

（2）副馆长齐晓航出席由农工市委在北京市委党派楼三层会议室举办的"参政议政"培训会，听取了北京市政协提案委员会副主任任英英的专题报告。农工党北京市副主委赵荣国到会讲话，秘书长刘迎主持会议。

10 月 22 日（周五）

（1）副馆长齐晓航出席由学校党委统战部在行政楼 226 会议室召集的重要信息通报会。党委副书记杨逢华主持会议，党委书记王玲通报了有关近期有些城市发生的反日游行和刘晓波获得诺贝尔和平奖的情况。

（2）图书馆工会与出版社工会共同在 802 室组织员工跟随国家体育体科所的教练学习"现代办公室健身操"。

10 月 25 日（周一）

（1）馆长办公会（邱、吕、齐）在 716 室召开，讨论了《校志》图书馆章节的修改问题；回应北京高校图书馆工作委员会发出的"北京高校图工委关于响应 SD 联合工作组及 DRAA 联盟倡议的通知"问题；采编部和流通阅览部部分岗位人员调整方案等。

（2）副馆长齐晓航在 703 室会见北京方正阿帕比技术有限公司营销部客户经理沈璐，听取了有关触摸屏读报系统的介绍并接收了资料。

10 月 27 日（周三）

18:30，副馆长齐晓航出席由党委宣传部在诚信楼三层国际会议厅举办的党委中心组理论学习大会。听取了国务院研究室副主任江小娟所做的"解读中共十七届五中全会精神"的专题报告。党委书记王玲主持会议，全体校领导、党委委员、纪委委员、中层干部、教授党员代表、思政部全体教师出席会议。

10 月 29 日（周五）

馆长邱小红陪同西南财经大学图书馆副馆长廖明扬参观图书馆。

11 月

11 月 1 日（周一）

馆长办公会（邱、吕、齐）在 716 室召开，讨论了周三馆务会议题；历年活动的照片整理和本校著者图书的存放问题；继续新生培训和文检课教材的编写；讨论齐晓航提交的《期刊组工作调研报告》和《3~5 层工作量调研报告》等。

11 月 2 日（周二）

（1）副馆长齐晓航、流通阅览部主任刘秀深、副主任李顺、卢玲玲，总出借台工作人员丁胜民、于秀春、赵万霞出席在 109 多功能厅召开的勤工助学学生工作会议。齐晓航代表图书馆欢迎和感谢同学们来图书馆工作，并希望同学们遵守图书馆的规章制度，在工作期间学习到更多的知识；另外齐晓航还转达了馆长邱小红的指示：各部门聘用助学生要由各部门主任向主管馆长提交申请，经馆长办公会讨论后由馆办负责联络，各部门再安排具体工作，流通阅览部的助学生由卢玲玲同志负责安排。副主任卢玲玲为勤工助学生进行了业务和岗位要求的培训。

（2）副馆长齐晓航在 703 室会见方正公司高级客户经理贾利杰、营销中心产品市场经理张锦平和营销部客户经理沈璐，听取了有关触摸屏读报系统和中国对外经济贸易数据库的介绍并接收了资料。

（3）校工会在学校 OA 上发布第五届教工羽毛球锦标赛成绩，图书馆胡京燕与张瑾搭档，获得女子双打 45 岁以上组冠军，戴陈与闫燕伶搭档获得季军。

11 月 3 日（周三）

10:00，党政联席会在 705 室召开。教辅党总支书记张建华，馆长邱小红，副馆长吕云生、齐晓航，部门主任李顺、刘福军、刘秀深、卢玲玲、马兰、汪雪莲、周红出席会议。各部门主任汇报了开学以来的工作情况，邱馆长布置了下一阶段的任务。会议通过了对在馆内吸烟读者采取谢绝入内的处罚决议。

11 月 4 日（周四）

馆长邱小红出席在东郊殡仪馆举行的原图书馆馆员王新月遗体告别仪式。

王新月同志 1925 年 4 月 21 日生于山东省莒县，1948 年 12 月参加革命工作，1954 年入党。1948 年 12 月至 1949 年 2 月在关东实业公司工作；1949 年 2 月南下；1949 年 4 月至 1950 年 2 月在旅大行政公署工作；1950 年 2 月至 8 月在湖北省政府工商厅业务段工作；1950 年 8 月至 1954 年在中国粮食公司工作；1954 年至 1959 年在湖北省粮食厅干部学校工作；1959 年 8 月至 1984 年 10 月在北京外贸学院、对外经济贸易大学工作，1984 年 10 月光荣离休。

11 月 8 日（周一）

（1）馆长办公会（邱、吕、齐）在 716 室召开，讨论了数据库续订和增订问题，同意公示《期刊组工作调研报告》和《3~5 层工作量调研报告》的初稿等。

（2）流通阅览部在图书馆 OA 上公示《关于流通阅览部 3~5 层书库工作量的调研报告》《关于流通阅览部报刊各岗位工作量的调研报告》两报告初稿，征求流通阅览部工作人员的意见、建议。

11 月 9 日（周二）

9:00，教辅部门中层干部会在 705 室召开。教辅党总支书记张建华主持会议，馆长邱小红，副馆长吕云生、齐晓航，网教中心副主任王海涛、梅涛出席会议，总支秘书卢玲玲记录。会议讨论了《中层干部考核意见》文件。

11 月 11 日（周四）

（1）9:30，馆长邱小红，副馆长吕云生、齐晓航，信息咨询部主任汪雪莲，技术部夏宇红在 716 室讨论并确定了数据库续订和增订方案。

（2）全体共产党员会在 705 室召开，支部书记吕云生布置了有关共产党员承诺书的事项。

11 月 12 日（周五）

流通阅览部在图书馆 OA 上再次公示根据大家意见、建议修改后的《关于流通阅览部 3~5 层书库工作量的调研报告》《关于流通阅览部报刊各岗位工作量的调研报告》，征求流通阅览部工作人员的意见、建议。

11 月 15 日（周一）

（1）馆长办公会（邱、吕、齐）在 716 室召开，原则通过了流通部两调研报告，讨论确定了《关于调整流通阅览部部分岗位人员和业务、确定工作量标准等有关事项的决定》，确定了周四下午流通阅览部全体会的议程；讨论有关学生会权益部提出的为阅览厅加装窗帘的意见。

（2）11:15~11:40，馆长邱小红，副馆长吕云生、齐晓航在 716 室约见胡京燕、杜文涛，当面听取其对两报告的意见、建议。

11 月 17 日（周三）

学校党委统战部网站发布消息《牛秀清、齐晓航被聘为农工党北京市委理论基地专家》，消息称：2010 年 11 月 16 日下午两点，农工党北京市委在民主党派团体办公大楼三层报告厅召开了"农工党北京市委理论研究基地揭牌仪式暨理论研讨会"，会议由农工市委副主委赵荣国同志主持，农工中央副主席汪纪戎同志到会并发表讲话，我校农工党员牛秀清、齐晓航被聘农工党北京市委理论研究基地专家。

11 月 18 日（周四）

（1）馆长办公（邱、齐）会在 716 室召开，讨论审议了两报告第 3 稿和《关于调整流通阅览部部分岗位人员和业务、确定工作量标准等有关事项的决定》，讨论下午流通阅览部全体人员会的议程。

（2）13:30~14:30，在 109 室召开流通阅览部全体人员会。副馆长齐晓航对两份调研报告中三个岗位未能明确工作量的情况作了说明，通报了同志们对两报告反馈的意见和建议情况，并对各岗位人员的工作提出具体要求；宣布了《关于调整流通阅览部部分岗位人员和业务、确定工作量标准等有关事项的决定》。馆长邱小红讲话：感谢大家的努力工作，同时也要看到工作中的不足，并提出四点要求，即提高认识、端正态度、提高水平、明确责任。

11 月 22 日（周一）

（1）22~26 日，馆长邱小红赴武汉出席全国财经类院校图书馆馆长年会预备会。

（2）按照《关于调整流通阅览部部分岗位人员和业务、确定工作量标准等有关事项的决定》要求，流通阅览部部分岗位人员到新岗位履职，部分岗位执行新的工作量量化标准。

11 月 23 日（周二）

（1）11:00~13:30，副馆长齐晓航出席在行政楼 161 会议室召开的"农工党对外经济贸易大学支部换届"会。经过与会农工党 18 位党员的讨论和投票，牛秀清任主任委员，齐晓航与赵秀

芝任副主任委员，李琳任委员，新一届支部委员会成立，任期5 年。

（2）副馆长齐晓航接受了由图书馆退休副研究馆员齐凤山题写序言、由凌凡著的《北京佛寺》一书。

11 月 26 日（周五）

10:45，图书馆工会主席马兰出席在行政楼 226 会议室召开分工会主席会议，布置近期有关工作。

11 月 29 日（周一）

（1）馆长办公会（邱、吕、齐）在 716 室召开，讨论了图书馆装订报刊的工作程序、新订报刊不再订双份的建议、已经装订报刊的整理思路等。

（2）流通阅览部所辖二至六层书库实施实名架区责任制。

（3）馆长邱小红、副馆长齐晓航陪同保卫处正处级调研员杜晓视察防火设施和存在的安全隐患。

（4）馆长邱小红，副馆长吕云生、齐晓航出席在诚信楼三层国际会议厅举办的"对外经济贸易大学校庆六十周年 300 天倒计时启动仪式"。

11 月 30 日（周二）

（1）图书馆党支部在图书馆 OA 上发布《关于开展"创先争优"活动党员承诺公示的通知》称：根据《对外经济贸易大学开展"创先争优，从我做起"主题实践活动实施方案》的要求和教辅党总支的工作部署，全体党员同志结合自身工作和岗位要求，对各人今后的工作做出承诺。教辅党总支书记张建华和图书馆支部 15 位党员的承诺书电子版进行公示，接受领导点评和群众评议，以进行党员承诺事项的跟踪检查监督。

（2）图书馆在学校 OA、图书馆 OA、学校 BBS、一层大屏幕等处发布《关于数据库订购的说明》，对暂缓发订 Elsevier（ScienceDirect）数据库和停订 Wind 资讯金融终端的问题进行了说明。

12 月

12 月 1 日（周三）

（1）馆长邱小红、副馆长齐晓航在 716 室会见北京方正公司高级客户经理贾利杰和营销部客户经理沈璐，商谈采购触摸屏读报系统的有关问题。

（2）图书馆在学校 OA、图书馆 OA、学校 BBS、一层大屏幕等处发布《关于延期归还 2011 年寒假前后借出图书的通知》，将还书日期在 2011 年 1 月 7 日之后的图书，统一顺延至 2011 年 3 月 14 日。

12 月 2 日（周四）

图书馆工会转发校工会关于《对外经济贸易大学职工医疗互助会》有关文件，并受理入会申请。

12 月 3 日（周五）

（1）北京地区高校图书馆文献资源保障体系（BALIS）在其网站上发布《关于表彰 2010 年馆际互借服务先进集体及个人的决定》，因图书馆在馆际互借工作服务中表现突出，被评为集体三等奖，奖金 1000 元（已汇入学校账户）；卢玲玲被评为先进服

务个人二等奖。

（2）馆长邱小红出席国际学院在香山饭店举办的留学生工作研讨会。

12 月 6 日（周一）

馆长办公会（邱、吕、齐）在 716 室召开，讨论了有关采购 EMIS 数据库的问题、"十二五"规划的修改方案、本周四财经类院校馆长会议的日程安排；确定了下周四讨论采购反学术不端检索软件的会议议程；圈选了方正读报系统的 32 种报纸；讨论了进一步调整流通阅览部岗位和人员的建议方案等。

12 月 8 日（周三）

副馆长吕云生、采编部主任周红等前往位于安德路的周礼均家中接受了周先生无偿捐赠的一批珍贵的外文原版图书：《Webster's Third New International Dictionary（of the English Language Unabridged）》（By G & C. Merriam Co. U.S.A 1976）（《韦氏新国际英语大词典》）、《The Grapes of Wrath》（By J.Steinbeck 1972，USA）（《愤怒的葡萄》），以及周先生本人著作《求真集》等。副馆长吕云生代表图书馆向周礼均授予《荣誉证书》以示感谢。

12 月 9 日（周四）

10：00，馆长邱小红在 705 室主持了北京地区财经类院校图书馆馆长会议。北京工商大学图书馆馆长高润芝、副馆长李艳芬，中央财经大学图书馆馆长韩志萍，首都经济贸易大学图书馆副馆长张桂岩等应邀出席会议。副校长刘亚出席会议并致欢迎词，图书馆馆长邱小红，副馆长吕云生、齐晓航和图书馆相关部门负责人出席会议。会议听取了图书馆流通阅览部副主任卢玲玲所做的有关财经类院校咨询平台工作的报告，会议讨论并原则通过了外省其他财经类院校加入本平台的申请。北京超星公司经理王宏、李晓德等出席并赞助了会议。

12 月 13 日（周一）

（1）馆长办公会（邱、吕、齐）在 716 室召开，讨论了周四反学术不端检索软件会议的安排；原则同意发布《关于进一步优化流通阅览部部分岗位设置和工作量标准的调研报告》并进行公示；确定 12 月 18 日提前开放等问题。

（2）流通阅览部在图书馆 OA 上发布《关于提交讨论＜关于进一步优化流通阅览部部分岗位设置和工作量标准的调研报告＞的通知》，征求意见。

12 月 14 日（周二）

（1）副馆长齐晓航出席由农工党对外经济贸易大学支部在"糖果"雍和宫店举办的年终总结会。

（2）10:00，图书馆党员大会在 705 室召开，汇报公开承诺履行情况。

（3）馆长邱小红出席党委组织部在行政楼 222 会议室召开的"校领导班子民主生活会"听取职能部门领导意见、建议的座谈会。

12 月 15 日（周三）

（1）副馆长齐晓航出席由学校党委统战部在行政楼 161 会议室召开的"校领导班子民主生活会"听取党外人士意见、建议的座谈会。

（2）图书馆在学校 OA、图书馆 OA、学校 BBS、一层大屏幕等处发布《关于图书馆 12 月 18 日临时提前开放的通知》，因学校英语四、六级考试而封闭教学楼，图书馆 12 月 18 日开放时间由 9 点提前至 8 点。

12 月 16 日（周四）

（1）10：00，反学术不端检索软件培训会在 705 室召开。副校长刘亚出席会议并讲话。科研处处长王强，研究生部副主任王颖，教务处副处长郑东晓，馆长邱小红，副馆长吕云生、齐晓航和图书馆相关部门负责人出席会议。信息咨询部彭絮向大家汇报了万方和知网软件的使用情况，万方数据公司产品培训工程师刘佳音和中国知网公司销售经理刘清华向与会人员介绍了各自的产品。

（2）副馆长齐晓航出席在诚信楼三层国际会议厅召开的 2010 年党委理论中心组学习专题报告会。听取了中共北京市委教育纪律检查工作委员会书记周燕所做的"党风廉政建设专题报告"和校长施建军所做的"赴澳大利亚大学考察报告"；党委书记王玲传达了第十九次全国高等学校党的建设工作会议精神，部署学习贯彻落实会议精神工作。校党委副书记杨逢华主持会议并传达了教育部党风廉政建设工作会议精神和教育部党组书记、部长袁贵仁讲话精神。

（3）图书馆工会向员工发放华堂购物卡，每人 500 元。

（4）图书馆所购方正读报系统硬件设备安装在一层大厅两电梯入口处。

（5）接学校人事处通知，拟于 2011 年 2 月为杨娅丽办理退休手续。

12 月 17 日（周五）

（1）流通阅览部副主任卢玲玲出席在中国人民大学图书馆西

馆报告厅联合举行 2010 年度 BALIS 馆际互借与原文传递服务总结大会。卢玲玲代表图书馆领取了"BALIS 原文传递服务集体三等奖""BALIS 原文传递宣传月活动集体三等奖""卢玲玲 BALIS 馆际互借先进个人二等奖""卢玲玲 BALIS 原文传递先进个人二等奖"和"卢玲玲 BALIS 原文传递宣传月先进个人二等奖"的证书。

（2）副馆长齐晓航在 705 会议室召集有关岗位人员业务工作会议，宣布了《关于进一步优化流通阅览部部分岗位设置、工作量标准及人员调整的决定》。刘秀深、李顺、汪雪莲、陈凤军、陈建新、李益民、李文良、尚喜超、徐向伟、张金龙和张晓领同志出席会议，卢玲玲、杨娅丽、马兰、夏宇红、陈建新五位同志请假。馆党支部书记、副馆长吕云生到会讲话。

（3）馆长邱小红出席在行政楼 222 会议室召开的"十二五"规划研讨会。

（4）馆长邱小红会见江西财经大学图书馆馆长蒋岩波一行，并座谈。

（5）副馆长吕云生、办公室副主任马兰陪同日前向图书馆赠送图书的周礼均参观图书馆。

12 月 18 日（周六）

因学校英语四、六级考试而封闭教学楼，图书馆开放时间由 9 点提前至 8 点。

12 月 20 日（周一）

（1）馆长办公会（邱、吕、齐）在 716 室召开，讨论了 1 月 8 日 CNKI 云南会议（邱出席）和 1 月 10 日湖北三新会（齐出席）的安排；讨论了采编部使用学生助理的问题；布置中层干部考核工作；讨论三新书业为图书馆提供的《中文图书馆藏数据统计分析》报告等。

（2）按《关于进一步优化流通阅览部部分岗位设置、工作量标准及人员调整的决定》要求，张金龙调往信息咨询部，陈凤军调往前台馆际互借岗，徐向伟调往六层书库管理岗履职，李顺、李文良、尚喜超、和张晓领等按新的岗位职责履职。

（3）为贯彻落实中央及上级党组织"建设学习型党组织"的精神及要求，教辅党总支用党费返还的款项为每位党员及非党员中层干部购买了西单图书大厦的购书卡（每人 200 元），用于购买学习资料。

（4）党委宣传部在学校 OA 上发出《关于学习贯彻全教会和教育规划纲要精神远程专题培训的通知》，馆长邱小红参加学习。

12 月 22 日（周三）

（1）图书馆办公室在图书馆 OA 上发布"关于召开图书馆中层领导干部和领导班子民主测评会的通知"，启动中层领导干部和班子民主测评程序。

（2）方正读报系统软件安装、系统调试完毕，开始试运行。

（3）副馆长齐晓航出席由学校党委统战部在九华山庄举办的党外人士培训会。我校"九三""农工""民盟"等党派的负责人和北京市人大代表、政协委员及党外人士 19 人参加了培训，校党委副书记杨逢华到会讲话。

12 月 23 日（周四）

（1）13:30，图书馆中层领导干部和领导班子民主测评会在 802 室召开。馆长邱小红代表图书馆领导班子做班子的述职报告；馆长邱小红，副馆长吕云生、齐晓航分别做个人的述职报告；在编人员对图书馆领导班子和三位领导干部进行网上测评。教辅党总支书记张建华主持了会议。

（2）15：00，我校"全球营销研究中心"傅慧芬教授等 10 余人出席在 802 室（检索课教室）举办的培训会。老师们听取了 ISI 全球新兴市场商业资讯·中国客户服务经理汪越对 EMIS 数据库的介绍，听取了图书馆信息咨询部彭絮对反学术不端检索软件、北京地区财经类院校图书馆共享平台和 CNKI 数据库等的介绍。副馆长齐晓航到会，感谢大家对图书馆工作的支持，并欢迎各位老师随时咨询有关电子文献方面的信息。

（3）15：30，副校长刘亚出席教辅单位领导班子点评会。教辅党总支书记张建华，馆长邱小红，副馆长吕云生、齐晓航，网教中心副主任王海涛、梅涛出席会议，接受副校长刘亚的点评。副校长刘亚对图书馆和网教中心，特别是党政一把手的工作表示肯定，认为两单位已将争先创优活动常态化，守土有责的意识较强，为角色而不是为官位负责和务实的工作作风值得肯定，工作中具有主动性和创造性；同时刘亚勉励两单位负责人，在现有客观条件下，再接再厉、多动脑筋，以求得更好的发展，使两单位的工作水平进一步提高。教辅党总支书记张建华、馆长邱小红和网教中心副主任王海涛分别发言，感谢刘亚校长对两单位和总支工作的理解与支持，将继续努力把工作做好。总支秘书卢玲玲记录。

12 月 24 日（周五）

副馆长齐晓航出席由北京高校图工委秘书处在通州台湖北京北发大酒店举办的"2010 年北京地区高校图书馆年会暨 BALIS 工作会议"。馆长邱小红再次当选北京高教学会图书馆工作研究

会第6届理事会理事。

12月27日（周一）

馆长办公会（邱、吕、齐）在716室召开，讨论了元旦放假的安排、BALIS获奖奖励、敦促中层干部网上民主测评工作等。

12月28日（周二）

（1）馆长邱小红出席在诚信楼三层国际会议厅举办的"教育部、商务部共建对外经济贸易大学协议签字仪式"。

（2）馆长邱小红出席由中国国际图书进出口公司在凯瑞食府举办的年会。

12月29日（周三）

校工会向会员发放"2011年元旦过节费"（现金），每人300元。图书馆工会会员交纳2010年下半年会费。

12月31日（周五）

（1）9:30，教辅党总支书记张建华，馆长邱小红，副馆长吕云生、齐晓航，网教中心副主任王海涛、梅涛出席在图书馆705室召开的教辅党总支中层领导干部民主生活会。与会人员结合学习科学发展观落实整改方案和干部考核的情况分别发言。副校长刘亚到会并讲话，他指出，两行政单位的领导班子工作思路比较清晰，工作重点把握得比较准确，能够积极研究问题，通过管理提高效率，通过管理解决空间和经费的问题；两单位注重通过人员培训不断提升核心竞争力，并在制度和能力建设方面取得了显著的进步；希望今后能继续把握好学校发展的总体方向，为建设国际化、信息化和绿色校园做好本单位的工作；继续加强领导班子建设，班子成员要在坚持原则的基础上互相支持与保护，做到既有分工也有合作。总支秘书卢玲玲记录。

（2）副馆长、农工党对外经济贸易大学支部副主委齐晓航陪同农工党对外经济贸易大学支部主委牛秀清、副主委赵秀芝前往老党员贾振之家中赠送慰问品，并祝贺新年。

（3）馆长邱小红出席在求真楼二层会议厅举办的"推介学术新知　倡导读书风尚：廉思《蚁族Ⅱ》新书发布会"。中国人民大学教授张鸣、公共管理学院院长郑俊田、图书馆馆长邱小红、党委宣传部负责人张小锋、中信出版社总编室主任祁明、中信出版社第三事业部主编王强等出席新书发布会。祁明主任、王强主编分别向我校图书馆馆长邱小红、公共管理学院院长郑俊田赠送图书。

（4）馆长邱小红陪同党委书记王玲，党委副书记杨逢华，副校长胡福印、张新民，校长助理赵忠秀，职能部门领导王云海、胡东旭、祁雪栋、高媛等慰问工作人员，祝贺大家新年好。

（5）图书馆今年入藏中文图书 18853 种、68755 册，外文图书 1656 种（册）。

（6）全年（1 月 1 日至 12 月 31 日）接待入馆读者 1376679人次。自 2008 年 9 月 1 日新馆起用后，累计接待入馆读者2814294 人次。全年外借图书 308866 册次，还回图书 309392册次。

（7）全馆在编员工 46 人，其中男性 13 人、女性 33 人；2 人因病全休在家，另外 1 人随任出国，实际在岗 43 人；另有返聘人员 2 人，有各图书公司派驻人员 5 人和校人才中心委派人员 1人供职，合计在岗任职人员 51 人。

www.ingramcontent.com/pod-product-compliance
Lightning Source LLC
Chambersburg PA
CBHW071404050426
42335CB00063B/972